INSTRUCTIONS

CHOISIES,

DE M. BRUGIÈRE,

CURÉ DE SAINT-PAUL.

C'était un homme éloquent et puissant dans les Ecritures, qui parlait avec ferveur d'esprit et enseignait avec soin ce qui regarde Jésus, convaïucant fortement ses auditeurs qu'il était le Christ.

Act. c. 18. v. 24 et suiv.

SECONDE PARTIE.

A PARIS.

An XIII. — (1805).

TABLE
DES INSTRUCTIONS
CONTENUES DANS CE VOLUME.

Fin de la Table.

INSTRUCTIONS

CHOISIES,

DE M. BRUGIÈRE,

Curé de S.-Paul.

Ier. DIMANCHE DE L'AVENT.

Dernier Avènement de J.-C., redoutable au Pécheur, et désirable au Juste.

Alors ils verront le Fils de l'Homme.
Luc, 21. 25.

LE jour qui doit précéder l'avènement du Fils de l'homme, sera, dit un prophête, un jour d'affliction et de misère, un jour de ténèbres et d'obscurité, un jour de nuages et de tempêtes. Les signes les plus effrayans seront les avant-coureurs de ce jour terrible, de ce jour à jamais déplorable. Déclarés contre les hommes, le ciel et la terre sembleront se disputer à l'envi les moyens de les jetter dans la consternation et dans l'abattement. La lune teinte de sang, le soleil éclipsé et privé de lumière, les astres déplacés, les étoiles errantes, annonceront dans le firmament le plus affreux désordre. Ebranlée jusques dans ses fondemens, la terre verra ses colonnes se briser : les secousses les plus violentes jetteront hors de son sein les débris de la mortalité qu'elle renfermait depuis le commencement des siècles. Franchissant les bornes que la main du Seigneur lui avait prescrites, la mer s'élevera avec des mugissemens horribles , et menacera tout l'univers d'une submersion totale. En un mot cette terre , ce monde visible , ces cieux qui font notre admiration , toucheront à l'instant qui doit les livrer à un embrasement général , pour faire place à une nouvelle terre , à des cieux nouveaux. Alors , c'est-à-dire , au-milieu de cette épouvantable catastrophe , ils verront le Fils de l'homme , qui viendra sur une nuée , avec une grande puissance et une gsande majesté. Il paraîtra dans les feux , selon l'expression du prophète Isaïe ; son char viendra fondre comme la tempête , pour répandre son indignation et sa fureur , et pour exercer sa vengeance au-milieu des flammes. Il sera précédé du signe adorable , le précieux instrument de notre rédemption : croix adorable , qui fera la consolation des justes et assurera leur bonheur , comme elle fera le malheur et le désespoir des réprouvés. Le sang se glace dans les veines à la vue d'un spectacle si extraordinaire. Eh ! quel est l'homme qui ne sécherait pas de frayeur dans l'attente de ce que présagera un événement aussi terrible ? Les puissances , les vertus des cieux seront ébranlées : quel sera donc l'état de l'homme dans une conjoncture aussi déplorable ? L'homme le plus intrépide , le plus décidé , n'est , par sa nature , que faiblesse , que pusillanimité ; comment pourra-t-il supporter le poids accablant de toute la puissance , de toute la majesté du souverain Juge ? Il n'est point de termes qui puissent exprimer la crainte qu'éprouveront toutes les nations de l'univers , lorsque le Fils de l'homme , assis sur une nuée comme sur un lit de justice, viendra, armé de sa croix, juger les vivans et les morts, et rendre à chacun selon ses œuvres. Qui pourra se dérober aux regards perçans d'un Dieu à qui les pensées les plus secrettes ne sont pas inconnues ? Qui pourra échapper à la sévérité des arrêts que prononcera un Dieu qui jugera les justices mêmes ?... Dans un sujet aussi effrayant, quel ordre aurais-je pu donner à mes paroles ? Chaque trait bien développé suffirait pour porter jusques dans le fond de l'ame, l'effroi et la terreur. Je me borne à une seule proposition : puisse-t-elle vous inspirer une crainte salutaire, et vous faire faire les derniers efforts pour vous rendre favorable le souverain juge !... Il n'y aura rien de plus terrible que le jugement qui se prononcera dans l'assemblée générale du genre-humain. Soutenez, je vous prie, quelques momens d'attention.

Cités au tribunal suprême, tous les hommes verront, dans le plus grand jour, le détail infini de toutes leurs actions ; la plus légère circonstance n'y sera point omise. Le grand livre, où le doigt de Dieu lui-même les aura tracées, sera ouvert : chacun y lira les différens traits de sa conduite : quels sujets de honte et de confusion chacun ne trouvera-t-il pas dans cette manifestation? Mais, dit un prophète, Dieu ne s'arrêtera pas à la manifestation des consciences : ce serait trop peu pour des hommes coupables et criminels, de n'essuyer que de l'opprobre. Saint et juste par excellence, Dieu punira les iniquités avec la dernière rigueur. Il est dans l'ordre, et la justice l'exige, qu'il y ait de la proportion entre l'offense et la peine ; l'iniquité porte un caractère de noirceur au-dessus de toute expression ; le châtiment doit être sans bornes. Dieu rendra , avec une surabondance infinie , aux superbes et aux ingrats , tout ce qu'ils méritent : *retribuet abundanter facientibus superbiam.* Que ne puis-je ici , M. F. , adoucir une si effrayante vérité ! . . . . O vous, qui toujours insensibles aux douces impressions de la grace, ne cessez d'accumuler sur vos têtes des trésors de colère , ouvrez enfin les yeux , et soyez saisis de frayeur à la vue d'un spectacle que la mort elle-même ne pourra supporter sans stupeur : *mors stupebit.* Le pécheur atteint et convaincu , couvert de confusion et de honte , n'attendant plus , aux pieds de son juge , que l'arrêt décisif de sa malheureuse destinée : il se prononce ce redoutable arrêt. Vous qui tenez dans le monde un certain rang , riches du siècle , vous aimez à vous faire illusion ; vous imaginez des distinctions chimériques : prétendus chrétiens , qui n'en avez pas même les apparences , vous vous rassurez sur les bontés de Dieu : impies , trop communs de nos jours , vous osez révoquer en doute sa puissance ; écoutez et tremblez : l'arrêt de votre condamnation sera sans réserve , sans miséricorde et sans appel.

Vous serez jugés sans réserve , et en voici toute la preuve : Dieu ne fait acception de personne : dans son jugement , il n'aura aucun égard ni à la qualité , ni à la condition des hommes , quels qu'ils soient , parce qu'ils sont tous égaux à ses yeux. Il découvre l'iniquité jusques dans les plus secrets replis du cœur ; il n'est de créature qui puisse se dérober à sa pénétration ; tout est nud et à découvert à ses yeux. Nulle action , nulle pensée la plus secrette , pas même la plus légère imperfection ne peut échapper à sa connaissance : *omnia nuda oculis ejus.* Il est tout œil , disent les Pères : *totus oculus est.* Il pénètre jusqu'aux replis de l'ame ; par-tout où il voit l'iniquité , il la hait et la punit nécessairement ; il ne s'arrête pas seulement à punir les crimes extérieurs , comme font les loix humaines , mais il punit les péchés les plus cachés ; non-seulement les péchés sensuels , mais même les péchés spirituels , qui ne se commettent que dans l'esprit et par l'esprit. Il démêle les mouvemens du cœur , et juge sévérement les meilleures actions , les justices mêmes. La miséricorde et l'indignation accompagnent toujours le Seigneur : il est puissant pour répandre sa colère ; celui qui est coupable de rapines n'échappera point. . . . Un objet séducteur , la considération , le pouvoir d'un homme riche , d'un homme en place que vous redoutez , ou que votre intérêt vous porte à ménager , peuvent bien , juges de la terre , vous intimider , vous faire absoudre le crime et condamner la vertu : mais incapable de telles faiblesses , souverain et indépendant , Dieu ne craint la puissance de qui que ce soit : *non verebitur magnitudinem cujusque.* Exempt de crainte et de passion , il est insensible à l'injustice. Telle est l'étendue , telle est la force de son autorité , que rien n'y résiste impunément ; telle est la vivacité de ses lumières , qu'elle s'étend jusqu'à nos pensées les plus cachées ; il sonde les intentions les plus secrettes. Les grands , comme les petits, les riches et les pauvres, sont l'ouvrage de ses mains : créateur des uns et des autres, il est en droit de les punir également, et de briser d'une même main le vase d'or et le vase d'argile, dès qu'il les trouvera également profanés. Malheur donc à vous qui vous serez fait des titres de grandeur imaginaire ; ils périront avec vous ; ils vous suivront peut-être jusqu'au tombeau, mais ils n'iront pas au-delà. Le Dieu qui doit vous juger, est le souverain de toutes les créatures ; insensible à tout l'éclat des grandeurs mondaines qui vous environne, qui vous éblouit et qui vous aveugle, il ne respectera, il n'exceptera la puissance de qui que ce soit : *non verebitur magnitudinem cujusque.* Il fallait, j'en conviens, qu'il y eût des puissances en ce monde, pour maintenir le bon ordre, pour conserver l'harmonie de la société. Ces puissances, Dieu lui-même les avait établies ; et ne pas s'y soumettre, ce serait se révolter contre Dieu même. Mais le monde détruit, toute puissance sera de même ; Dieu seul sera puissant ; Dieu seul sera grand en ce jour : *solus potens in illâ die.* Tout ce qui n'est pas Dieu sera petit bas, et rampant. Le prophète compare au néant toutes les grandeurs de la terre, en présence du souverain Juge : *tanquam nihilum ante te.* Et en effet, toutes les puissances seront abbaissées, toutes les fortunes détruites, tous les trônes renversés, les sceptres brisés, tous les titres effacés, tous les rangs confondus, Dieu seul régnera, Dieu seul s'élevera, Dieu seul sera grand, Dieu seul sera puissant en ce jour : *solus potens in illâ die...* Cendres qui reposiez autrefois jusques dans nos sanctuaires, et sous de pompeuses épitaphes que l'orgueil avait consacrées, vous que des mains sacrilèges ont inhumainement dispersées, à la honte de la raison et de la foi, vous ne ressusciterez point privilégiées, vous serez confondues avec ce qu'il y a de plus vil et de plus abject. O hommes, eussiez-vous porté la thiare ou le diadême, également trouvés coupables, vous serez enveloppés dans la même sentence de condamnation, que dis-je ! c'est sur les cèdres et sur les montagnes que tombe ordinairement la foudre ; et s'il est quelque distinction pour vous, ce sera d'être jugés plus sévérement : *durissimum judicium his qui præsunt, fiet.* Ceux qui commandent les autres, dit le sage, seront jugés avec une extrême rigueur. Il vous a faits les dépositaires de sa puissance, et il vous en demandera un compte rigoureux à son jugement. Il aura souffert la violence et l'oppression des faibles, afin d'en tirer de grands avantages pour sa gloire et pour le salut de ses élus, et alors il rendra justice aux petits contre les grands, comme étant également le créateur et le protecteur des uns et des autres. C'est en ce jour terrible que Dieu paraîtra aux yeux des anges et des hommes dans la souveraineté qui est inséparable du créateur, et que foulant aux pieds l'orgueil des superbes, selon l'expression de l'Esprit-Saint, il fera rentrer la créature jusques dans le centre de son néant. Il ne sonde pas seulement les reins, il pèse encore dans la balance de la justice et de l'équité, au poids du sanctuaire, les esprits et les cœurs : *spirituum ponderator est Dominus.* Instruisez-vous donc aujourd'hui, vous que la vanité décore du titre de grands de la terre , apprenez toute la futilité , tout le néant des grandeurs humaines. La gloire de ce monde est la voie qui mène à l'ignominie. Et vous , pauvres , et vous , petits , consolez-vous ; ceux que vous voyez aujourd'hui si fort élevés au-dessus de vous , insultant à votre faiblesse , ils ne sont après tout que ce que vous êtes : bientôt leurs cendres seront confondues avec les vôtres. Nous sommes tous égaux devant Dieu ; il nous jugera tous sans acception de personnes , de qualités , de conditions. Les rangs en ce monde ne sont que provisionnels et tout différens de ceux de l'éternité. La bassesse de l'état est le chemin qui conduit sûrement à la gloire. Non-seulement l'arrêt que Dieu prononcera au grand jour de ses vengeances sera sans réserve , il sera encore sans miséricorde.

Chantez , M. F. , si vous le voulez , sur le même ton , la justice et la miséricorde du Seigneur : ce sont-là deux de ses attributs essentiels: ôtez le premier, vous n'aurez qu'un Dieu mol et indifférent ; séparez-en le second , vous n'en feriez qu'un Dieu cruel , un tyran impitoyable. La miséricorde , il est vrai, fait en ce monde l'attribut dominant , l'attribut qui paraisse seul avec éclat dans ses œuvres ; les traits rares de sa justice , il ne les employa jamais que pour ramener les pécheurs des sentiers du vice à ceux de la vertu : ce sont plutôt des traits de miséricorde , que des traits de justice. Mais au grand jour des vengeances , il n'y aura plus de tems , conséquemment plus de miséricorde ; trop long-tems méprisée, la justice rentrera dans ses droits , exercera tout son empire. Dans le

tems, Dieu n'est qu'un père tendre, un Dieu
de bonté, un Dieu de miséricorde; mais alors
il ne sera qu'un Dieu vengeur, un juge inexorable; sa justice se répandra à grands flots;
il frappera sans ménagement; le mépris outrageant de ses bontés sera la mesure de sa
fureur; il la satisfera; il lui donnera toute l'étendue possible : *complebo furorem.*
Jamais il n'y eut de tendresse plus sensible,
et il n'y aura jamais d'indignation, de vengeance égale à la sienne; il appésantira son
bras, et le pécheur en ressentira tout l'énorme
poids par l'application entière de la divinité :
totâ divinitatis dexterâ percutiam eos. Déja,
pour l'accabler, il prononce d'une voix formidable, les plus affreuses malédictions : *dis-*
cedite, maledicti, retirez-vous, maudits;
discedite, retirez-vous; je vous bannis de ma
présence; je vous dépouille de tous les droits
que je vous avais acquis par mon sang; je
vous dégrade de la possession actuelle du souverain Être, que je vous avais méritée; vous
ne verrez jamais la face de celui qui vous avait
fait, et pour lequel vous étiez faits; vous ne
contemplerez jamais ces perfections aimables,
seules capables de satisfaire ce désir de félicité gravé dans le fond de votre cœur... Ah!
pécheur infortuné, créé pour être heureux,
tu ne le seras donc jamais! semblable à une
flèche décochée dans les airs, qui tend à son
centre, et en est toujours repoussée, tu te
porteras continuellement et avec impétuosité
vers Dieu qui est ton centre, sans pouvoir y
parvenir jamais. Dieu ne sera plus à toi, et
tu ne seras plus à Dieu; Dieu ne sera plus
dans toi, et tu ne seras plus dans Dieu; Dieu

ne sera plus pour toi, et tu ne seras plus pour Dieu ; et s'il est encore dans toi, ce ne sera plus sous ces formes qui le rendent aimable, mais sous celles qui le rendent terrible, ou pour mieux dire, qui le rendent cruel, suivant l'expression d'un prophête : *factus es mihi in crudelem.... Discedite, maledicti :* retirez-vous, maudits ; destinés à recevoir ma bénédiction, vous l'avez méprisée ; vous avez échangé ce droit inestimable avec les vils biens de la terre ; frappés de ma malédiction, vous ne serez plus l'objet de ma complaisance, mais bien celui de ma haine et de mon indignation : *discedite*, retirez-vous... Où pensez-vous que se retirera le pécheur, banni de la présence de son Dieu, et rejeté de devant sa face ? . . . Un profond silence sur un sort aussi déplorable serait sans doute beaucoup plus éloquent, et n'en affaiblirait pas l'impression. . . Le fratricide Caïn fut relégué par tout l'univers ; la terre entière était l'espace immense qu'il pouvait parcourir pour se dérober à la vengeance; mais la terre n'est plus, et la proscription du pécheur n'a d'autre terme que les gouffres enflammés, préparés pour les anges apostats, *in ignem :* dans un feu allumé par le souffle de la colère divine ; dans un feu dont il ressentira la brûlante activité ; dans un feu qui ne s'éteindra jamais, *aeternum.* Quel supplice ! quel désespoir ! être éternellement séparé de son Dieu ! *discedite.* Brûler éternellement, *in ignem.* Peine du sens, que tu es grande ! la justice d'un Dieu offensé est ta mesure ; mais peine du dam, que tu es bien plus grande, puisque tu ne saurais être mesurée que sur la grandeur de Dieu même !.. O mon Dieu, que

vous êtes terrible ! vos jugemens sont des abîmes ; qui pourrait en sonder la profondeur !
qui pourrait en mésurer toute l'étendue ! *quis
novit potestatem irae tuae !* en vain le pécheur
s'attacherait-il à faire valoir les titres augustes
par lesquels il appartient à Dieu ; ces titres
eux-mêmes, ces titres si respectables et si peu
respectés dans le tems, n'exciteront que davantage son indignation et sa fureur. Réclamerait-il la main qui lui a donné l'être, et qui
le forma à sa ressemblance ? Ah ! c'est cette
image déshonorée, qui sollicite plus puissam-
ment sa perte ; eh ! est-elle connaissable aux
traits grossiers qui la défigurent ? Osera-t-il
exposer que, membre de l'Eglise, il a participé à ses sacrifices, reçu ses sacremens ? Mais
ces sacremens, il les a profanés ; mais ces sacrifices, il en a abusé ; et jamais il n'y parut
revêtu de la robe nuptiale. Réclamerait-il enfin les souffrances, les travaux, les mérites,
le sang du Dieu fait homme ? Ah ! ce sont ces
souffrances rendues inutiles, ces travaux, ces
mérites méprisés, ce sang adorable foulé aux
pieds, qui crie hautement vengeance. Le Seigneur y prête une oreille facile ; le souvenir
de ses anciennes miséricordes n'enflamera que
toujours plus sa colère ; il n'y mettra pas de
bornes ; ses yeux verront sans pitié son extrême malheur, et son cœur n'y sera que tout
insensible : *non parcet oculus, nec miserebitur :* parole vraiment terrible, le pécheur en
éprouvera l'exécution. Le tems de la miséricorde est passé, lui dira le Seigneur, et mon
œil verra maintenant, sans pouvoir être fléchi,
le châtiment que l'impénitence de votre cœur
vous a attiré. Pour vous punir, je mettrai

vos crimes sur vous , comme un poids insupportable , dont vous ne pourrez plus vous dé-
charger ; parce que vous n'avez pas voulu ,
quand vous l'avez pu , sentir d'une manière
salutaire le poids énorme de ces crimes. Je
contenterai ma fureur ; je satisferai mon indignation ; je me consolerai dans vos maux :
c'est-à-dire , dit S. Jérôme , que l'impie , que
le pécheur ayant méprisé les effets de la bonté
du Seigneur , ne méritera plus que de ressentir les rigueurs de sa colère ; parceque le tems
de la miséricorde étant passé , la mesure de sa
malice sera la mesure des châtimens effroya-
bles qu'il doit lui faire souffrir : *non parcet
oculus , nec miserebitur.* . . . Réduit à de pareilles extrémités , que fera le pécheur ? Se
livrera-t-il à la rage et au désespoir ? Eclattera-
t-il en imprécations , en blasphêmes contre
l'inflexibilité de son juge ? Non : convaincu
de l'équité de sa condamnation , il cherchera
dans les amis de Dieu , des patrons , des inter-
cesseurs , mais inutilement ; cette démarche ,
cette précaution ne servira qu'à aggraver tout
le poids qui l'écrase. S'il invoque Marie , il l'a
trouvera unie d'esprit et de cœur avec son
Fils. Hélas ! le soleil éclipsé pour lui , comment la lune lui donnerait-elle sa lumière ?
Cette mère de miséricorde , cette mère si tendre pour les pécheurs pénitens , ne sera pour
lui qu'une mère impitoyable ; ses entrailles ne
sauraient s'attendrir , ni son cœur s'émouvoir
sur son infortune ; peut - être même vou-
dra-t-elle insulter à son malheur. . . . S'il implore la protection des Saints , nouveau motif
à son désespoir : comme autant d'assesseurs du
souverain Juge , ils concourront à sa sentence.

Que deviendra-t-il donc ? En appelera-t-il ? Et
à quel tribunal ? J.-C. est Dieu. . . Seigneur,
j'oserai porter mes supplications aux pieds de
votre trône ; je vous dirai avec un de vos prophètes : Vous ne méprisâtes jamais l'ouvrage
de vos mains ; rappellez, Seigneur, vos bontés, vos miséricordes infinies. . . . Mais c'est
suspendre trop long-tems les effets de ma colère : ministres de mes vengeances, je vous
le livre ce pécheur ; prenez-le, pieds et mains
liés ; jettez-le dans les ténèbres extérieures,
où il n'y aura que grincemens de dents... Ah !
c'en est donc fait, s'écriera alors le pécheur ;
c'en est donc fait ; je n'ai plus d'espérance ;
je n'ai plus de père, plus de Sauveur, plus de
Rédempteur ; mais un juge inéxorable. Ce
cœur, autrefois si tendre pour moi, n'est plus
qu'un cœur de bronze, impénétrable aux
moindres sentimens de commisération... Montagnes, tombez sur nous ; collines, écra-
sez-nous ; c'est la seule ressource qui nous
reste. Mais, insensés, les montagnes ne sont
plus, les collines ont disparu ; et quand elles
seraient encore, vous prêteraient-elles leur
ministère, elles dont vous avez tant de fois
abusé, pour la conservation de cet être dont
vous demandez aujourd'hui la destruction ?

Mais Dieu, dont la nature est bonté, *cujus
natura bonitas*, après avoir lancé, pendant
plusieurs siècles, tous les traits de sa colère
et de son indignation, s'appaisera peut-être
enfin, et se laissera toucher aux cris lamentables de ces infortunées créatures ? Aveuglé
par ses passions, l'impie aime à se donner
cette assurance ; séduit par les prestiges de
l'amour-propre, le mondain se flatte et s'en-

dort dans une funeste sécurité. Mais, M. F., ne vous y trompez pas : ce sentiment combat la foi ; c'est une erreur démentie par le témoignage des prophêtes, et condamné par l'Eglise dans les premiers tems. L'inconstance, la variété sont l'apanage des hommes ; des négligences sans nombre, souvent une ignorance coupable, rendent leurs jugemens défectueux et susceptibles de réforme : mais immuable dans son essence, Dieu ne connaît d'autres règles que l'équité ; la justice est la base des arrêts qu'il prononce ; sa volonté les rend irrévocables ; ils n'eprouveront jamais la moindre vicissitude ; les générations se seront écoulées ; mille et mille siècles auront fini leurs révolutions, et la parole de Dieu ne changera jamais. Vous pourrez bien toujours pleurer vos péchés ; mais vous ne sauriez jamais les réparer ; il faudrait pour cela vous tourner vers Dieu. Et comment le feriez-vous ? La grace vous en sera toujours refusée. Enchaînés dans les bras de la mort, vous n'en sortirez jamais ; les portes de la vie vous seront fermées à jamais ; et parce que vous n'aurez pas voulu réparer vos offenses dans le tems, elles seront irréparables dans l'éternité. La volonté de Dieu y sera toujours un obstacle insurmontable ; l'arrêt de votre condamnation sera sans retour, parce que ce sera un jugement vrai, juste et irréformable... Il est donc bien vrai, et dissipez, ô mon Dieu, les nuages de mon incrédulité, fortifiez la faiblesse de ma foi ; il est donc bien vrai que le pécheur ne pourra plus rentrer en grace avec vous... non, non ; *discedite*, qu'ils se retirent. Ministres de ses volontés, les anges s'empressent d'exé-

cuter ses ordres. La séparation est faite , et
déja les élus marchent en triomphe à la suite
de J.-C. , sous l'étendart de la croix , chan-
tant des cantiques d'allégresse. Les portes
éternelles s'ouvrent et laissent entrevoir les
beautés du céleste séjour , et les torrens de
félicité qui l'inondent. Les réprouvés l'apper-
çoivent ; ce grand spectacle ajoute à leur malheur ; ils se désespèrent. L'abîme s'ouvre , et
ils y sont précipités à jamais. Les portes de
l'éternité malheureuse se ferment ; Dieu les
scelle du sceau de sa toute-puissance. Ainsi
finit cette grande action. Ce n'était donc pas
sans raison , que le prophète disait que le jour,
que le grand jour où le Fils de l'homme paraîtrait dans l'éclat de sa puissance et de sa
majesté , serait un jour bien terrible. Il n'y a
pas lieu d'en être surpris , puisque le pécheur
y sera condamné sans ressource et sans appel. Frappé de l'évidence des forfaits du pécheur , l'univers entier applaudira à la justice de sa condamnation. Mais ce qu'il y a
d'étonnant, c'est le peu d'impression que fait
une vérité si effrayante , sur des hommes qui
font profession de la croire. Nos chaires en
ont retenti bien souvent : et qu'a-t-elle opéré
jusqu'ici ? L'émotion qui s'est faite en nous ,
n'a été , hélas ! qu'une émotion passagère ;
elle n'a fait qu'effleurer l'esprit et le cœur ; et
la preuve , c'est que la réforme n'y a point
passé. Tremblons , M. T. C. F. , de tant d'insensibilité ; craignons le jugement à venir ;
mais que ce ne soit point une crainte stérile ;
rentrons en nous-mêmes , et songeons sérieusement à changer de conduite. L'heure est
venue de nous réveiller du profond assoupis-

sement où nous sommes depuis tant d'années. Quittons, il en est tems, quittons les œuvres de ténèbres. Mettons sérieusement la main à l'œuvre ; revêtons-nous des armes de lumière : *induamur arma lucis* ; ne négligeons rien pour éviter la dernière condamnation, cette condamnation qui sera sans adoucissement et sans appel : condamnons-nous nous-mêmes à toutes les rigueurs de la pénitence, à tout ce qui contrarie la nature, et à tout ce qui la mortifie ; faisons avec nos yeux un pacte éternel pour ne point voir des objets illicites, criminels ou dangereux. Faisons un divorce continuel avec le monde, que le Seigneur a réprouvé comme une société digne de sa malédiction. Vivons dans le mépris, dans le détachement des richesses ; rendons-nous pauvres pour J.-C., par une abnégation volontaire ; pratiquons, avec exactitude, avec fidélité, les préceptes de l'Evangile, jusqu'au dernier *iota;* sollicitons avec la plus vive ardeur ces graces puissantes, ces graces efficaces sans lesquelles on ne peut accomplir le moindre des commandemens. Rappellons sans cesse à notre souvenir ce jour formidable qui décidera de notre éternité. Faisons les derniers efforts pour nous rendre favorable le jugement que J.-C. prononcera au-milieu de ses Saints ; appaisonsle par nos soupirs et par nos larmes ; rendonsnous le propice par la pratique constante des œuvres de miséricorde. Vaincu par nos bienfaits, il nous pardonnera nos offenses ; nous aurons le bonheur d'entendre prononcer en notre faveur la sentence qui mettra les élus en possession de la bien-heureuse éternité. Je vous le souhaite.

IIe.

I Ie. DIMANCHE DE L'AVENT.

C'EST UN DEVOIR, TANT COMME PÉCHEUR QUE
COMME CHRÉTIEN, DE PORTER LA CROIX
AVEC J.-C.

> *Heureux celui qui ne prendra pas de moi un sujet
> de scandale.*
>
> Math. 11. 12.

LE scandale que J.-C. annonçait aux disciples de Jean, et dont pour leur bonheur ils
devaient se garantir, c'était le scandale de la
croix; cette folie qui devait révolter le monde
dans toute la suite des siècles. Attachés à leur
maître, les disciples de Jean portaient à Jésus
une envie secrette. Les prodigieuses merveilles qu'il opérait, auraient dû leur déciller les
yeux, et les convaincre de sa divinité. Bien
loin de répondre aux questions qu'ils lui fesaient, pour éloigner le reproche qu'ils auraient pu lui faire, de se rendre témoignage à
lui-même, il aime mieux les laisser juger eux-
mêmes de ce qu'ils voyaient, et les instruire
par leurs propres yeux. Allez, dites à votre
maître les miracles dont vous avez été les témoins; apprenez vous-mêmes, par la guérison de tant d'aveugles, de tant de boîteux,
de tant de malades de toute espèce, qui je
suis. Ces guérisons miraculeuses n'étaient que
l'image très-sensible de celles qu'il opérait in-
visiblement dans la guérison et la résurrection
des ames. Connaissant leurs dispositions in-
térieures à son égard, les sentimens d'envie

2　　　　　　　　　　　　　B

et de jalousie dont ils étaient animés, il leur
fait un reproche secret, en leur disant : Heureux celui qui ne prendra pas de moi un sujet
de scandale. . . . J.-C. ne pouvait pas ignorer
qu'ils étaient eux-mêmes scandalisés sur son
sujet, et le scandale n'avait d'autre cause que
l'envie secrette qu'ils lui portaient Il leur découvre de telle sorte ce qu'il y avait de caché
au fond de leurs cœurs, qu'il n'en rend témoins que leur conscience. Mais ces paroles
de J.-C. marquaient encore, selon S. Grégoire-
le-Grand, que l'humiliation de la mort qu'il
devait souffrir, scandaliserait bien des gens,
qui ne pourraient allier ensemble les effets
miraculeux de sa toute - puissance avec une
mort si humiliante. C'est effectivement cette
espèce de scandale qui a éloigné long-tems les
sages et les grands du siècle de se soumettre à
la croix du Fils de Dieu, qui était, comme dit
S. Paul, un scandale aux juifs, et une folie
aux gentils. C'est encore ce scandale qui fait
de nos jours tant d'ennemis de la croix de J.-C.
scandale qui fait particulièrement la honte de
notre siècle. A peine pardonne-t-on aux ministres de l'Evangile d'annoncer Jésus crucifié. Une orgueilleuse philosophie, d'accord
avec la nature corrompue, ne fait envisager
les efforts d'un zèle éclairé, que comme les
fruits d'une imagination exaltée, comme les
effets d'une vertu farouche, d'une humeur
attrabilaire. Le scandale est à son comble ; et
si Dieu, par un effet de sa justice autant que
de sa miséricorde, n'en arrête les funestes
influences, il faudra effacer du code évangélique la nécessité indispensable d'être conformes à l'image de celui qui n'est entré dans
le sanctuaire éternel, que par l'effusion de

tout son sang ; et l'obligation générale et sans exception , de n'être pas des membres délicats , sous un Chef couronné d'épines. Mais les réclamations de la nature corrompue, mais les efforts des passions , mais les sarcasmes de l'incrédulité , du libertinage , mais la lâcheté , mais l'indifférence de tant de chrétiens qui ne veulent pas bien connaître Jésus - Christ , ne prévaudrons jamais contre la certitude du dogme le plus important de notre Religion , celui des souffrances. L'évangile ne prescrira jamais ; on y lira toujours cette maxime essentielle : La croix est le partage des chrétiens ; heureux celui qui n'en prendra pas un sujet de scandale. Pour vous prémunir contre une impression si funeste au salut , je vais développer deux puissans motifs pour vous déterminer à vous y soumettre avec une parfaite résignation. Vous êtes chrétiens, vous êtes pécheurs. Dans le beau jour de votre régénération , vous avez contracté l'obligation de porter tous les jours le précieux fardeau de la croix de J.-C. ; en qualité de pécheurs, vous devez vous empresser de saisir avec joie toutes les occasions d'accomplir en vous tout ce qui peut manquer à la passion de J.-C. notre Sauveur. . . Pouvais-je , M. T. C. F. , traiter cette intéressante matière dans un tems plus favorable ? Les circonstances fâcheuses où nous a placés une révolution que nos péchés euxmêmes ont nécessitée , ces circonstances sont pénibles et difficiles à supporter. Il est donc dans l'ordre de la providence et dans l'esprit de l'Eglise de vous présenter des moyens propres à en adoucir l'amertume , et à en alléger la pésanteur. C'est servir , tout à-la-fois , la Religion et l'Etat. Daignez m'accorder quelques momens d'attention.

L'Eglise ne vous a reçus dans son sein, elle ne vous a mis au nombre de ses enfans, incorporés au corps mystique de J.-C. ; en un mot, elle ne vous a marqués du sceau de sa grace, que sous la condition expresse de marcher sur les pas de celui qui, sans être pécheur, s'est fait lui-même péché, a porté toute la peine du péché, en a lavé les souillures par l'effusion de tout son sang. Vous en avez contracté l'engagement à la face du ciel et de la terre ; vous en avez pris à témoin les anges et les hommes. Les annales de l'Eglise sont les dépositaires de vos sermens ; mille fois, peut-être, vous les avez renouvellés, à la face des autels : par quelle fatalité les avez-vous oubliés ces sermens solemnels ? De quels prétextes pourriez-vous couvrir l'insouciance coupable dans laquelle vous vivez à l'égard d'un engagement aussi précieux, aussi essentiel ? Il est de l'honnête homme d'être fidèle à sa parole ; le monde, tout injuste qu'il est, vous en fait un devoir. Rappellons ici une obligation aussi indispensable ; ce souvenir doit vous couvrir de confusion : eh ! puissiez-vous salutairement rougir de l'espèce d'apostasie qui vous caractérise, et qui vous déshonore.

C'est une maxime généralement avouée et reçue chez tous les peuples, que la vie, la conduite et les actions d'un homme doivent être telle qu'est son état et sa condition. Le militaire doit se distinguer par des actions de valeur et d'intrépidité, braver les dangers et la mort même, verser son sang jusqu'à la dernière goutte pour la défense et la gloire de sa

patrie : sans cesse occupé à l'étude, à la mé-
ditation approfondie des loix, le magistrat
veille à la conservation et au maintien de l'ordre public ; consumé de soins et de fatigues,
toute sa gloire est de réprimer les fureurs de
la chicane, de rendre la justice à qui elle est
due, d'être le défenseur de la veuve, le protecteur de l'orphelin, le vengeur inexorable
de l'innocence opprimée. La grace du baptême
vous a faits chrétiens ; vous devez donc faire
les œuvres d'un chrétien ; et la principale disposition d'un chrétien est de souffrir continuellement, à l'exemple de J.-C., le modèle
et le chef auguste des chrétiens. Pour vous
convaincre de cette importante obligation,
sentez toute la grandeur, toute l'excellence de
cette qualité, et connaissez enfin à quel prix,
à quelle condition vous en avez été revêtus...
La naissance que vous avez tirée d'Adam, vous
avait rendus tout terrestres, charnels, impurs,
injustes, esclaves du péché, enfans du démon : la renaissance que vous avez tirée de
J.-C. vous a rendus tout spirituels ; vous avez
été faits enfans de Dieu, frères de J.-C., les
membres précieux de l'Eglise, son corps mystique. Comme enfans d'Adam, vous étiez destinés à une perte éternelle ; la glorieuse qualité de frères de J.-C. vous rend héritiers d'un
royaume éternel, vous fait participans d'une
vie immortelle, d'une gloire qui ne finira jamais. En un mot, et redoublez d'étonnement
et de reconnaissance, vous êtes chrétiens,
c'est-à-dire, vous ne faites qu'une même chose
avec J.-C. par la communication de son corps
et de son sang ; vous n'êtes qu'un corps et
qu'un esprit avec J.-C., votre vie doit donc

être nécessairement semblable à la sienne. Jésus-Christ, dit S. Grégoire de Nazianze, a pris la vérité de notre nature, afin de nous communiquer la sienne ; il a voulu ressembler aux hommes, afin d'imposer aux hommes la loi de lui ressembler ; il a pris notre chair, afin que nous prenions son esprit. Il a fait, dit l'Écriture, avant de parler ; il a pratiqué premièrement ce qu'il a prescrit, afin que nous suivions son exemple. Tout chrétien doit donc l'avoir toujours présent, comme le parfait modèle sur lequel il doit régler sa conduite et toutes ses actions Or, M. F., quel est l'esprit de Jésus - Christ ? Quelle a été sa conduite ? Esprit de Jésus - Christ, l'Ecriture nous apprend que c'est un esprit de douleur et de souffrances, un esprit qui fait ses délices de l'amertume et des afflictions. C'est ainsi que le caractérise le prophète Isaïe : un homme de douleur et qui sait ce que c'est que l'infirmité : *virum dolorum et scientem infirmitatem...* La conduite de J.-C., vous le savez, M. F., sa conduite a été un exercice continuel de cette terrible science qu'il est venu apprendre aux hommes, la science des infirmités. Semblable à chacun de nous dès le premier instant, les larmes et les pleurs en furent le triste partage. Son enfance, comme celle des autres enfans, éprouva toutes les faiblesses, toutes les vicissitudes de cet âge tendre et fragile. Sa vie privée ne présente qu'obscurité, que privation ; sa vie publique n'a été qu'un enchaînement de travaux, de peines et de persécutions ; elle se termine enfin par le plus honteux et le plus cruel des supplices : en un mot, depuis la crèche jusqu'au calvaire, J.-C. ne fut qu'un homme de douleurs, un homme d'infirmité, *virum dolorum et scientem infir-mitatem.* Le portrait n'est point surchargé, l'Histoire en atteste la vérité et la parfaite ressemblance. Malgré les noires couleurs qu'il présente, il ne saurait être trop envisagé par des hommes voués par état à en être les imitateurs. Hommes trop sensiblement délicats, qui vous élévez sans cesse contre la prétendue sévérité de l'Evangile, de la loi de grace, transportez-vous successivement à Bethléem, à Nazareth, au jardin des Olives, sur le Calvaire, et considérez attentivement le modèle que vous avez promis d'imiter. Que vous disent ces langes, ces haillons dont il est envéloppé ? Que vous dit cette misérable chaumière où il gît, exposé à l'intempérie de l'air et aux rigueurs de la plus dure saison ? Que vous dit cette retraite obscure où appliqué à la profession pénible d'un artisan, il gagne, à la sueur de son visage, un pain matériel, pour subvenir aux frais de sa subsistance ? Que vous dit le jardin des Olives largement arrosé de l'eau et du sang qui découlent abondamment de toutes les parties de son corps ? Que vous disent ses blessures, ses plaies, tout son corps en un mot, qui ne présente rien de sain, rien d'entier ? Que vous dit enfin sa croix ? N'y lisez-vous pas en caractères assez visibles, en caractères ineffaçables, la loi des souffrances ? O chrétiens ! O enfans des douleurs de J.-C. et de son sang, pouvez-vous encore le méconnaître ? Le monde vous abusera-t-il toujours ? La philosophie du siècle vous fascinera-t-elle toujours les yeux ? En croirez-vous toujours les révoltes de la nature corrompue ? Ce que vous dit l'Evangile, de la nécessité des souf-

frances; ce que vous en disent l'esprit et la vie
de J.-C. ; ce que vous impose d'obligation l'auguste qualité de membres de son corps, ne
fera-t-elle sur vous qu'une impression légère ?
Ignorez-vous donc ce que dit le prince des
apôtres, que J.-C. a souffert afin que vous
marchiez sur ses traces, et que vous suiviez
son exemple ? Ce que dit S. Paul, qu'il faut être
configuré à la mort de J.-C., pour participer
à sa résurrection glorieuse ; ce que vous dit
Jésus-Christ lui-même, que pour être son disciple, pour marcher sous ses étendards, il faut
porter sa croix comme il a porté la sienne, et
être marqué du sceau de ses souffrances. Rougissez du peu de ressemblance qui se trouve
entre vous et votre chef, et prenez enfin des
idées dignes de lui, des idées conformes à
votre seconde nature. C'est sur la croix qu'il
vous a enfantés : son sang est le germe fécond
qui donne des enfans à Dieu et à l'Eglise; écou-
tez-le avec le respect qu'il a droit d'attendre
d'un disciple fidèle, d'un enfant bien né. Le
Calvaire est son école ; la croix est la chaire où
il instruit tout l'univers; c'est sur la croix qu'il
apprend à tous les hommes, et la grandeur du
péché de leur père commun, et la grandeur
de la réparation immense qu'il en exige. Sil a
fallu, dit l'apôtre, que le Christ souffrît, n'est-
ce pas une conséquence naturelle que ceux
qui se disent ses disciples, doivent marcher
dans la même carrière ? Si le bois verd a été
ainsi traité, le bois sec doit-il s'attendre à être
traité différemment ? La croix sera toujours le
sceau des chrétiens, la croix sera toujours le
signe adorable auquel on reconnaîtra ceux qui
appartiennent à J.-C. C'est en vain qu'on se
pare du nom de chrétien, si, à l'exemple du

chef auguste de tous les chrétiens, on n'est
pas un homme de douleurs, de souffrances,
d'infirmités. C'est alors seulement qu'on commence d'être disciple de Jésus-Christ, quand
on souffre avec lui ; c'est le témoignage que
rendait à la vérité un des successeurs du
prince des apôtres dans le siége d'Antioche :
c'est cette espèce de martyre continuel qui fait
le caractère essentiel du chrétien, comme il
en fait la gloire et le bonheur. La croix est le
berceau du chrétien ; la croix est l'autel où le
chrétien s'immole chaque jour ; la croix enfin
est le lit de douleur où le chrétien doit payer
le dernier tribut à la nature. Quelle est donc
déplorable l'illusion des chrétiens de nos jours!
Ils se glorifient d'être les enfans de J.-C., d'ê-
tre les disciples de J.-C., d'être les membres
du corps de J.-C., et à peine portent-ils quelques traits de conformité avec l'image de leur
père ; ils rejettent hautement les maximes et
les leçons de leur maître ; ils ne veulent vivre
ni de l'esprit, ni de la vie de leur chef. Contradiction étonnante, elle est le comble de la
déraison ; elle est la preuve trop certaine que
le christianisme de nos jours n'est qu'une vaine
apparence. La religion ne prêche que croix,
que souffrances, et pas un chrétien qui veuille
souffrir ; la religion ne reconnaît pour l'auteur et le consommateur de sa foi qu'un Dieu
crucifié, et pas un chrétien qui veuille s'attacher à la croix avec lui ; des murmures odieux,
des plaintes continuelles retentissent de tous
côtés dans les différens états de la vie ; le pauvre ne supporte qu'impatiemment la faim, la
soif, le froid, la nudidité ; le riche s'épuise
en soins pour éviter la moindre incommodité ;

les uns et les autres semblent oublier quel est
le chef auquel ils ont l'honneur d'appartenir ;
ils ne réfléchissent pas assez à quel prix ils ont
été la conquête de J.-C. Voilà pourquoi ils
ont tant de répugnance à souffrir. S'ils étaient
convaincus que les souffrances sont de l'essence du christianisme ; que le caractère propre des élus n'est autre que la ressemblance
avec J.-C souffrant ; que le chrétien, dans le
langage des Pères de l'Eglise, doit être un
autre J.-C. ; que quiconque n'a rien souffert,
n'a pas encore commencé d'être véritablement
chrétien, avec quel empressement ils iraient
au-devant des croix ! Ils seraient ingénieux à
faire naître les occasions de souffrir avec J.-C.
et pour J.-C. ; ils se feraient un honneur de
porter visiblement les impressions et les marques de la passion de leur divin maître ; ils s'es-
timeraient heureux de partager avec J.-C.
toute l'amertume de son calice, toutes les rigueurs de sa croix ; et bien loin d'éclater en
plaintes, de ce qu'ils souffriraient, ils convien-
draient avec justice, qu'ils mériteraient bien
de souffrir davantage en qualité de pécheurs.

Nos péchés en effet, nos péchés particuliers
justifient pleinement l'obligation indispensable où nous sommes de souffrir. Que nous
soyons pécheurs, et de grands pécheurs, c'est
une vérité de conviction. Tous ont péché ;
tous sans exception, dit l'apôtre, ont besoin de
la grace de Dieu. Le salut des pécheurs est la fin
de l'incarnation de J.-C. ; il est la propitiation
pour nos péchés ; il a paru sur la terre pour les
effacer. Ce sont-là, M. T. C. F., des vérités
adorables, des vérités bien consolantes ; elles
sont la base de notre foi, le gage assuré de nos

espérances. Quoique justifiés gratuitement par la grace de J.-C., nous ne devons cependant pas être sans crainte : cette grace précieuse, nous la portons dans des vases fragiles, le moindre choc peut les briser, et nous la faire perdre ; nous ne savons si nous sommes dignes de haine ou d'amour ; que nos péchés nous soient remis, c'est ce que nous ignorons ; c'est ce que chacun de nous ne peut assurer : aussi l'Ecriture nous avertit-elle d'être toujours dans la crainte pour les péchés dont nous croyons avoir reçu le pardon : *de propitiato peccato noli esse sine metu.* Ce sont encore là des vérités précieuses ; elles doivent nous tenir dans une dépendance continuelle ; elles nous imposent l'heureuse nécessité de nous humilier sans cesse sous la main toute-puissante de Dieu : mais une vérité qui n'est pas moins précieuse, ni moins incontestable, c'est que nous sommes obligés de satisfaire à la justice de Dieu, pour les péchés même pardonnés. Quoiqu'immenses, les satisfactions de J.-C., ses mérites quoique infinis, ne nous en dispensent pas. Les nôtres ont l'avantage d'être le supplément de la passion de J.-C. ; c'est pour nous une nécessité d'accomplir en notre chair ce qui reste à souffrir à J.-C. Les souffrances sont les effets du péché ; elles en sont aussi la peine, et par conséquent le partage de tout pécheur. Ah ! M. F., si l'on était bien convaincu de ces vérités ; si l'on sentait bien la force et toute l'énergie de cette expression : je suis pécheur ; si l'on était fortement persuadé de ce mot terrible de Tertullien : je suis une victime que Dieu engraisse pour le grand jour de sa colère, avec quelle ardeur on s'empresserait de la désarmer ! avec quel courage on saisirait tant d'occasions qui se présentent dans la vie d'acquitter cette immensité de dettes qu'on a contractées avec Dieu, de le venger par les mêmes endroits par lesquels on l'a offensé , de faire servir à la justice , des membres qui ont servi à l'iniquité !

Serais-je repréhensible à vos yeux , M. T. C. F. , si je vous classais avec cette espèce d'hommes qui ont eu le malheur d'outrager le ciel et d'encourir sa disgrace ? Oseriez - vous protester contre la vérité de ces expressions consignées dans nos divines Ecritures : si nous disons que nous sommes sans péché, nous nous séduisons nous-mêmes , et la vérité n'est point en nous ? Seriez-vous assez heureux pour n'avoir pas souillé la blancheur de la robe dont vous fûtes revêtus dans votre baptême ? Auriez-vous précieusement conservé l'innocence qui vous fut rendue dans ce beau jour ? Ah ! s'il en est ainsi , graces immortelles en soient rendues au Seigneur , qui , dans sa miséricorde , vous a prévenus de ses bénédictions , qui vous a garantis , par sa grace , de la corruption du monde , de la séduction de ses exemples , et de la perversité de ses maximes. Mais que dis-je! et n'est-il pas à craindre que ce ne soit là une chimérique supposition ? Quel est l'état de votre ame devant Dieu ? Sondez sérieusement votre cœur en sa présence : vous ne sauriez sans doute désavouer le témoignage qu'il vous rend de vos infidélités sans nombre , de vos prévarications multipliées à l'infini. Peut-être , suivant l'expression d'un prophète , buvez - vous l'iniquité comme l'eau ; peut-être vos péchés ont - ils égalé le nombre des cheveux de votre tête ; au moins, et vous ne sauriez en disconvenir, vous n'êtes irréprochable ni dans vos mœurs, ni dans votre croyance ; l'Evangile n'est point la règle de vos actions ; la charité ne purifie point, ne sanctifie point vos affections, vos mouvemens ; votre foi n'est point celle qui agit par la charité ; elle n'a rien de sa première vivacité ; votre ferveur s'est rallentie ; votre faible vertu s'est endormie dans le calme, dans la dissipation d'une vie purement mondaine. Ennuyé des plaisirs de l'innocence, vous avez eu recours à des plaisirs coupables ; cette injuste préférence a enfanté le crime dans votre cœur; si vous n'avez pas entièrement oublié les biens éternels, au moins ne sont-ils pas l'objet de vos inquiétudes et de vos empressemens ; toujours occupés du présent, l'avenir n'est pour vous qu'une chimère. Quelle négligence, quelle inertie pour la plus importante des affaires, celle de votre salut? Quel dégoût pour les exercices de la Religion ! quelle indifférence pour ses pratiques saintes ! Pouvez-vous vous dissimuler l'abus criminel de tant de dons que le ciel versa sur vous, et dont sa main libérale ne cesse de vous combler chaque jour ? Rappellez à votre esprit cette contradiction étonnante, qui se trouve entre votre conduite et les maximes de l'Evangile. Rappellez cette oisiveté honteuse dans laquelle vous croupissez, qui vous rend un poids inutile sur la terre, que vous devriez éclairer et édifier par la sagesse et l'activité de vos travaux. Rappellez cette mollesse efféminée qui vous assujettit à tous les caprices d'une nature corrompue ; de ce corps terrestre, ce corps de péché, que vous

devriez traiter en esclave rébelle , et assujettir
aux rigueurs de la pénitence , aux règles invaria-
riables d'une exacte sobriété. Rappellez ce luxe
immodéré , ce ridicule étalage de vanité , ces
excès de volupté qui dégradent la nature humaine, dans le sein d'une religion qui ne prêche que l'humilité, que la pénitence. Rappellez
cette dureté constamment soutenue envers les
malheureux , et qui vous fait le tyran et l'homicide de vos frères , au-milieu du christianisme, qui ne prêche que bonté , que bienfai-
sance , que charité. Rappellez enfin tant d'années passées dans l'indépendance de Dieu ,
dans l'oubli total de Dieu , dans la violation
de ses loix , de ses préceptes , dans l'abus de
ses graces , dans le mépris de sa parole et de
ses exemples. . . Vous rapportez tout à vous-
même ; vous vous regardez comme votre fin
dernière ; en un mot , vous êtes une espèce
d'athées de mœurs et de conduite , sous l'auguste empire de la Religion la plus sainte. . .
Mille fois vous avez rougi du nom de chrétien ;
dans toutes les occasions, vous vous déclarez ennemis de J.-C. et de sa croix : elle n'est toujours
pour vous qu'un scandale et une folie ; vous
êtes un déserteur de la foi , un apostat de la
religion : pouvez-vous vous plaindre, si le Seigneur appésantit sur vous sa main vengeresse ?
A combien de titres n'avez-vous pas provoqué
sa justice , allumé sa colère ? Enfant ingrat ,
serviteur infidèle , pouvez-vous trouver trop
amer le calice qu'il vous présente ? Pourriez-
vous assez déplorer l'injuste et criminelle préférence que vous avez donnée au monde et à
vos passions ? Pourriez-vous assez pleurer vos
égaremens , vos scandales , vos attentats ? Ces

peines, ces adversités qui excitent vos murmures, ces misères inséparables de la condition
humaine, ces misères qui choquent votre orgueil, elles sont la juste peine, la juste punition de vos péchés : sont-elles même proportionnées à l'étendue de cette justice inexorable, devant laquelle les plus justes doivent continuellement trembler ? Ah ! baisez la main
qui vous frappe ; bénissez son saint nom ; exal-
tez sa miséricorde ; il vous fait expier par quelques légères tribulations, des crimes qu'une
éternité de pleurs ne saurait effacer. Eh ! ignorez-vous donc que ces peines, ces tribulations,
que les souffrances de la vie présente n'ont
point de proportion avec cette immensité de
gloire qui en sera la récompense ? Elevez-vous
au-dessus des sentimens de la nature ; imposez
silence à votre raison ; appellez à votre secours
la foi, la religion. Les souffrances, dit le sage,
sont des lumières que Dieu nous envoie pour
nous faire connaître nos devoirs. La croix, dit
le prince des apôtres, est le gage de la gloire
que J.-C., nous a méritée. La tribulation, dit
un Père de l'Eglise, est le supplément de la
parole de Dieu. Quelle doit donc être votre attention, M. T. C. F., à suivre constamment
la route que vous traça cette divine lumière,
à écouter avec docilité cette divine parole, à
la consulter dans le tems des souffrances? C'est
alors qu'elle se fait entendre avec plus d'autorité, et qu'elle parle plus fortement au cœur.
Elle nous apprendra que, disciples d'un Dieu
crucifié, que coupables d'une infinité de fautes
énormes, la croix fait notre apanage, qu'il
faut la porter tous les jours de sa vie ; que c'est
une nécessité indispensable. Elle nous appren-

dra que, bien loin de vous plaindre, vous devez regarder les afflictions, les souffrances,
comme une faveur que Dieu ne fait qu'à ses
bien-aimés, comme s'exprime l'apôtre S. Paul:
il châtie celui qu'il aime, et il frappe de ver-
ges tous ceux qu'il reçoit au nombre de ses
enfans. Elle vous apprendra que c'est une grace
qu'il vous a faite, non-seulement de ce que
vous croyez en J.-C., mais encore de ce que
vous souffrez pour lui. Pour connaître la grandeur de ce bienfait, écoutez ce que disait à son
peuple S. Jean-Chrisostôme, qui en relève le
mérite avec son éloquence ordinaire : Cette
grace que Dieu fait de pouvoir souffrir quelque chose pour J.-C., est un don plus admirable que de ressusciter les morts et faire les
plus grands miracles. Non, dit-il ailleurs, il
n'y a point de bonheur pareil à celui d'être
maltraité pour J.-C. Je ne trouve pas saint
Paul si heureux d'avoir été ravi au ciel, que
d'avoir été mis dans les chaînes : mais pour
voir quelle gloire c'est à un serviteur de
Jésus-Christ d'être enchaîné, de souffrir pour
son maître ; écoutez ce que dit Jésus-Christ
lui-même : Vous êtes heureux : pourquoi ?
est-ce parce que vous ressuscitez les morts ?
non : est-ce parce que vous guérissez des
aveugles, des boîteux, des paralytiques ?
non : pourquoi donc, et quand serez-vous
heureux ? lorsque l'on vous déshonorera, lorsque l'on vous outragera, lorsque l'on vous per-
sécutera et que l'on dira toute sorte de mal
contre vous à cause de moi. Ainsi, je le redis :
c'est un grand don, c'est une grande grace de
souffrir pour J.-C. Je préférerais cela au pouvoir d'arrêter le soleil ou la lune au-milieu
                                        de

de sa course, ou d'ébranler les fondemens du monde. Jésus - Christ n'a pas choisi d'autre moyen que les souffrances pour entrer dans sa gloire. Dieu n'a prédestiné ses élus que pour être conformes à son Fils. La marque la plus assurée de la prédestination à la gloire de J.-C., c'est la conformité à ses souffrances et à ses humiliations : n'est-ce donc pas un grand honneur d'y être associé pour être les co-héritiers de son royaume éternel ? Il faut donc souffrir, et ne jamais se lasser de souffrir. Conséquence terrible ; mais conséquence juste et légitime ; la nature, l'Evangile, la raison même en avoue la légitimité... Quelle doit donc être notre soumission, M. T. C. F., dans ces instans déplorables, où l'amertume et la douleur empoisonnent tous les jours de notre vie ? Armons-nous de courage ; et bien loin de nous répandre en plaintes injurieuses, en murmures outrageans, adorons les décrets de la providence : c'est sa bonté, c'est sa justice qui nous fait souffrir dans la vie présente, pour nous épargner dans la vie future. Apprenons à nous sanctifier dans les maux qu'il plaît au Seigneur de nous envoyer. Mettons toute notre gloire à plier la nature sous le joug de l'Evangile. Des hommes coupables doivent s'estimer heureux de laver dans l'abondance de leurs larmes les taches honteuses d'une vie criminelle. Des soldats, des disciples de J.-C. ne doivent pas regretter l'effusion de tout leur sang pour acquérir une plus parfaite conformité avec leur chef et leur maître. En un mot, M. T. C. F., souffrons puisqu'il le faut, mais ne souffrons pas comme ces ames infortunées qui sont assises dans les ténèbres et dans les ombres de la mort. Souffrons avec J.-C. ; souffrons pour J.-C. ; souffrons comme J.-C. Nous aurons le bonheur d'être glorifiés avec J.-C. , et de régner avec J.-C. dans tous les siècles. Ainsi soit-il.

IIIᵉ. DIMANCHE DE L'AVENT.

Nécessité de préparer la voie du Seigneur pour le recevoir dignement dans la sainte communion.

Préparez la voie du Seigneur ; rendez droits dans la solitude les sentiers de notre Dieu.

Isa. 40. Luc. 3. 4.

AINSI parlait autrefois le prophête Isaïe à des hommes insensibles. Jean-Baptiste ne trouva que la même résistance parmi les Juifs de son tems : et , de nos jours , trouvons-nous plus de docilité ? En vain l'Eglise redouble de soins et d'empressemens ; en vain fait-elle annoncer les approches du Seigneur : sa voix n'est qu'un faible organe ; on méprise ses leçons , ses soins excitent à peine la sensation la plus légère. Si quelquefois on applaudit au zèle de ses ministres , on n'en persévère pas moins dans son obstination. C'est-là , M. F. , une de ces vérités d'expérience que malheureusement on ne peut pas contester. Des excès sans nombre infectent le christianisme ; les suites en sont funestes ; elles influent fortement sur nos mœurs , et présagent évidem-

ment la décadence, la perte de la foi parmi
nous. Nous ne devons cependant pas le dissimuler : s'il est des chrétiens que les soins et les
desirs de l'Eglise n'affectent pas, il en est qui,
plus dociles, semblent s'occuper de l'avènement du Seigneur, et à préparer ses voies.
Mais comment rendent-ils droits dans la solitude les sentiers de notre Dieu? On ne l'honore
solidement que par l'amour; mais l'amour n'est
pas oisif; il se manifeste par les œuvres. Ce n'est
point assez de croire la présence réelle de J.-C.
dans le sacrement de son amour; il ne suffit
pas de professer la transubstantiation, c'est-à-
dire, le changement de la substance du pain
et du vin au corps et au sang de J.-C,; il faut
encore participer à ce grand mystère par la
manducation sacramentelle de ce précieux
sang, de ce corps adorable. S'il est des chrétiens lâches et timides, que des prétextes aussi
frivoles que spécieux en éloignent, n'en est-il
pas de téméraires, qui confondant cet auguste
mystère avec une nourriture commune, ne
font pas un sage discernement du corps et du
sang de Jésus-Christ ? Poussés à cet acte de
religion, le plus auguste comme le plus terrible, par des guides dont le zèle est moins selon
la science des Saints, que selon la prudence
de la chair, victimes d'une aveugle crédulité,
d'une pieuse ignorance, d'une piété supersti-
tieuse, ils font au corps et au sang de J.-C. la
violence la plus horrible et la plus cruelle.
Combien, peut-être, dans l'auguste solemnité
de la naissance temporelle du Fils de Dieu,
insulteront à son amour et à l'immense charité de son Père pour les hommes, par une réception purement pharisaïque, toute profane,

C 2

toute terrestre ! Pour éloigner de vous un si grand malheur, M. T. C. F., pour vous prémunir contre les insinuations perfides de ces hommes, d'autant plus dangereux, qu'exerçant sur les personnes simples et crédules l'empire de la domination, sous les apparences de la piété, à la faveur de l'autorité que donne l'éclat des places, leurs lèvres distillent le poison le plus mortel, en foulant aux pieds les saintes règles de l'Evangile, et de l'Eglise qui en est la dépositaire et la fidèle interprète, je vais exposer les principales dispositions qu'il faut apporter pour le réception de l'Eucharistie ; je n'avancerai rien que de vrai, rien que d'utile, rien dont je n'aie pour garant l'Ecriture, la Tradition et les Pères. Les choses saintes ne sont que pour les Saints : participer au corps et au sang de J.-C. sans y apporter les plus saintes dispositions, c'est manger sa condamnation, c'est boire son jugement, c'est puiser la mort dans la source inépuisable de la vie. La sainteté de la vie est d'une nécessité absolue ; pour manger avec fruit le pain des anges, il faut mener une vie angélique, une vie toute céleste ; la vie toute entière du chrétien doit être une préparation continuelle. La vie toute entière du chrétien, quelque sainte qu'on la suppose, suffirait à peine, et que dis-je ! ne suffirait pas pour recevoir, même une seule fois, le corps adorable, le précieux sang de J.-C. Daignez m'honorer de quelques momens d'attention la plus favorable.

Qu'elle est étonnante l'opposition qui se trouve entre nos mœurs et la sainteté de l'Eucharistie ! Le christianisme de nos jours ne diffère en rien du paganisme des premiers tems : même licence, mêmes désordres, même dépravation. On est tout occupé de sa fortune ou de son plaisir ; les habitudes les plus honteuses, les passions les plus criminelles règnent avec un empire absolu ; la religion et ses pratiques ne sont plus que des devoirs de bienséance. On est chrétien comme on serait payen ou mahométan ; on se fait un jeu des destinées éternelles ; les adorables obscurités de la foi révoltent ; on croirait déshonorer sa raison, en la soumettant à l'autorité de la révélation ; en un mot, des grands et des riches, voluptueux, irréligieux, sans pitié, censeurs audacieux de la religion et de son culte, infracteurs scandaleux des loix de l'Eglise... un peuple grossier, ignorant, superstitieux, souillant un travail utile et honnête par les excès de la débauche, les emportemens de la fureur, le mensonge et la rapine. Opposons à ce tableau général de nos mœurs, la règle infaillible de la vérité, les Ecritures. Tout ce qui est écrit, dit l'apôtre, est écrit pour notre instruction. Nous lisons dans l'Histoire, que la manne ne tombait point dans le camp d'Israël : ce camp d'Israël est la figure du monde. L'Evangile nous apprend que J.-C. ne donna de la nourriture aux malades qui l'avaient suivi dans le désert, qu'après les avoir guéris : ces maladies sont l'image des blessures que le péché a faites à notre ame ; et cette nourriture que J.-C. donna aux malades, est l'image de l'Eucharistie, qui est le pain de Dieu descendu du ciel pour donner le vie au monde. D'où je conclus, avec S. Ambroise, que pour approcher dignement de l'Eucharistie, il faut mener une vie séparée du commerce du monde, figuré par le désert ; qu'il faut être guéri de ses blessures spirituelles, purifié de ses souillures par la pénitence, image du remède qu'employa J.-C. pour la guérison des malades. Il faut être sain et vigoureux pour manger avec fruit le pain des forts. Le pain de Dieu n'est que pour ceux qui cherchent J.-C. dans le désert. Ce n'est que dans la solitude, dans la fuite du monde, qu'on peut parvenir à rendre droits les sentiers de notre Dieu.

Séparation du commerce du monde : première disposition essentielle. Vous le savez, M. T. C. F., un chrétien est un homme séparé du monde par le baptême ; il est uni au corps dont J.-C. est le chef auguste. Les enfans de l'Eglise ne sont distingués que par le renoncement au monde et à ses pompes. Le pain de l'Eglise n'est donc point pour ceux qui, infidèles à leur vocation, sont rentrés dans le monde auquel ils ont renoncé dans leur baptême. Il faut être enfans de l'Eglise pour manger le pain des chrétiens ; et ceux-là ne sont pas les vrais enfans de l'Eglise, qui vivent dans le monde, qui agissent par l'esprit du monde, et qui s'attachent à ses maximes. Ces principes sont certains ; la preuve en serait déplacée ; ils sont avoués par la raison. D'ailleurs il ne suffit pas de porter la qualité de chrétien pour participer à l'Eucharistie, il faut vivre de la vie du chrétien : or la vie du chrétien ne diffère en aucune manière de celle de J.-C. Mais la vie de J.-C. n'est qu'une vie de séparation, de silence, d'adoration, d'humiliation intérieure, de mortification ; et pour avoir en nous cette vie de J.-C., il faut, dit S. Augustin, être membre de son corps. Il n'y a que le corps de J.-C. qui vive de l'esprit de J.-C. ; mais son corps, qui est son Eglise, est séparé du monde. La vie qui l'anime est donc une vie de séparation ; pour vivre de la vie de J.-C., et lui être uni dans le sacrement, il faut donc être séparé du monde, avoir quitté le commerce du monde, n'y tenir par aucun amour déréglé. Ce sont encore-là des principes certains, et les conséquences sont incontestables.

Mais, quelles sont ces liaisons du monde qu'il faut rompre, ce commerce du monde qu'il faut quitter ? Suivant la doctrine de saint Augustin, il y a un rapport essentiel entre l'Eucharistie et la vision béatifique : tout ce qui exclut du ciel, exclut nécessairement de la Table-Sainte ; par conséquent tout commerce incompatible avec la sainteté du chrétien, toute liaison qui éteint en nous la vie de J.-C., et qui porte par elle-même l'exclusion du royaume des cieux, doit être abandonnée nécessairement, si nous voulons nous rendre dignes de recevoir J.-C. dans l'Eucharistie. Ne savez-vous pas, dit l'apôtre, que les injustes ne seront point héritiers du royaume de Dieu? Ne vous y trompez pas, les fornicateurs, les adultères, les impudiques, les abominables, les ravisseurs du bien d'autrui, n'entreront jamais dans le ciel. Voilà les commerces qu'il faut absolument quitter : rien d'injuste, rien d'impur n'habitera la céleste Sion, et la Table-Sainte rejette, sans exception quelconque, toute injustice, toute impureté. Ainsi, vous que l'avarice domine, qui ne pensez qu'à l'établissement de votre fortune, qui embrassez indifféremment toutes sortes de professions,

qui entrez dans toutes sortes d'affaires propres
à vous enrichir, sans considérer si Dieu les
approuve, et si elles sont conformes à cette
justice qui doit régler soutes les entreprises
d'un chrétien : il faut rompre ces injustes commerces ; il faut abandonner ces biens que vous
avez acquis injustement ; il faut restituer à
ceux que vous en avez cruellement dépouillés,
soit par vos usures, soit par vos concussions,
soit par votre mauvaise foi dans le négoce,
soit par vos iniquités dans les affaires, soit
enfin par celles qui se commettent tous les
jours dans l'administration de la justice. Vous
qui êtes dans des commerces de débauches,
il faut les rompre pour toujours, en éloignant
les personnes qui y contribuent, en ôtant de
vos yeux et de vos mains tout ce qui peut en
rappeller le souvenir, et ne les reprendre jamais. Vous qui vivez dans des haines invété-
rées, et dans des ressentimens contre votre
prochain, qui vous portez à lui nuire en tout,
à décrier sa conduite, à flétrir sa gloire, à
vous opposer à son bien, il faut vous réconcilier de bonne foi, lui pardonner de tout votre cœur, le prévenir, et prendre des mesures
pour vivre avec lui comme doivent vivre les
enfans d'un même père, les membres d'une
même famille, d'un même corps. Vous enfin
qui croupissez dans cette vie molle, inutile,
sensuelle, volupteuse ; qui passez une grande
partie de votre tems dans le jeu, dans les spectacles, dans des conversations oisives et souvent criminelles, dans la recherche de vos
aises, la satisfaction de vos sens ; il faut absolument changer de vie, en renonçant à la société des personnes qui vous y entretiennent ;

en un mot, tous les commerces contraires aux
engagemens du baptême, qui portent exclusion de la gloire éternelle, doivent être absolument rompus pour approcher de J.-C. dans
l'Eucharistie ; elle n'est instituée que pour ses
enfans ; il ne veut nourrir que ses disciples ;
et il ne veut donner son corps qu'à ceux à qui
il prépare sa gloire.

J'en dis autant de vos engagemens dans le
monde, des différentes professions que vous
exercez dans le monde : il en est de criminelles
en elles-mêmes ; la raison seule dit qu'il faut
les quitter, parce qu'encore, dit toujours l'a-
pôtre, on ne peut point participer à la table
du Seigneur et à la table des démons. Il en est
de dangereuses ; il faut s'en tenir à la même
règle : ainsi, M. F., le négoce est une profession honnête en elle-même ; on peut être
bon chrétien, négociant irréprochable ; mais
si l'avidité de gagner ne vous fait garder aucune mesure, si vous trompez ceux qui traitent avec vous ; dès-lors le négoce devient
pour vous une profession qu'il faut quitter.
Ceci est de la dernière importance : il faut être
dans les différentes conditions du monde sans
être du monde : il vous est permis d'être les
sujets du monde par vos emplois ; mais il ne
faut pas être les sujets du monde par le péché
de vos emplois. Dieu ne donna la manne à son
peuple qu'après avoir quitté l'Egypte ; Jésus-
Christ ne donne point son corps à ceux qui
sont sous la domination du monde et esclaves
du péché, esclaves des volontés et des loix de
son ennemi : il ne nourrit que ses disciples.
Ainsi, M. F., soit que vous soyez les esclaves
du démon par les péchés que vous commettez

dans vos emplois, soit que vous le soyez par la corruption de votre cœur, ou par le déréglement de vos passions, il faut rompre ces malheureux commerces qui vous attachent au monde, et qui vous rendent indignes de J.-C.

Ce n'est point-là une doctrine nouvelle; l'enseignement a toujours été de même dans l'Eglise; et il est de l'esprit de l'Eglise de ne point varier. Ecoutez ce que disait à l'Empereur Antonin un grand apologiste de la Religion : Apprenez, ô empereur, que la nourriture des chrétiens n'est point une nourriture commune que l'on prenne sans préparation. Voici les seuls que nous admettons à la Table sacrée : ceux dont la foi est vive et soumise, qui professent de cœur et de bouche la doctrine des apôtres, instruits par J.-C. même; ceux qui observent le plan de l'Evangile, et qui vivent comme J.-C. l'a ordonné : tous les autres en sont exclus : *nulli alii participare licitum est.* La suite des tems, il est vrai, a introduit le relâchement, mais le relâchement ne prévaudra jamais contre la sainteté des règles; elles sont aussi immuables que l'autorité de J.-C. qui les a établies. Sachez donc, chrétiens hardis et téméraires, qui citez au tribunal d'une raison orgueilleuse la sainteté de nos mystères, qui rougissez devant les hommes de J.-C. et de sa morale, qui préférez les maximes du monde aux pratiques austères de l'Evangile, sachez que fidèles au ministère saint qui nous est confié, nous opposerons une barrière invincible, insurmontable à vos attentats; religieux observateurs des règles qui nous sont prescrites, nous vous fermerons l'entrée du sanctuaire; nous vous dirons avec force, avec toute l'autorité dont nous sommes revêtus : schisme éternel avec le monde ; fuyez la société du monde ; le monde est l'ennemi de Dieu ; détestez les œuvres du monde, elles sont mauvaises ; éloignez à jamais toutes les occasions qui pourraient vous y engager : tout doit céder à la nécessité de vous préparer pour approcher de votre Dieu. La première, et la plus essentielle disposition, est de vous séparer du monde et de ses maximes : et si, par un effet de la miséricorde de Dieu, vous n'avez point de liaison à rompre, point de séparations à faire, vous ne sauriez vous dissimuler que vous avez des plaies à guérir. Telle est la contagion de l'air que l'on respire dans le monde, souvent la vertu la plus austère y reçoit de mortelles atteintes ; vous avez besoin de pénitence. On ne peut prendre de nourriture solide, quand la santé n'est point parfaitement rétablie : de même, dit S. Ambroise, on ne participe point à la Table du Seigneur, quand l'ame, souillée par le péché et ses mauvaises habitudes, n'est point rentrée dans les voies de la justice par le remède salutaire de la pénitence : seconde disposition essentielle pour approcher dignement et avec fruit des SS. Mystères.

Il n'est point d'objet dans la morale sur lequel on s'abuse plus facilement. L'amour-propre est toujours ingénieux à se faire illusion. Flattés par les passions, l'esprit et le cœur concourent unanimement à se tromper. Nous sommes tombés dans le malheur dont S. Augustin menaçait les hommes de son tems. Déja on négligeait les remèdes de la pénitence, et le soin de rétablir la santé et la vigueur de

l'ame ; de nos jours, on se fait un jeu de son
péché ; la pénitence n'est plus qu'une pure cérémonie ; et bientôt la Religion ne sera qu'un
objet de bienséance. O mon Dieu ! où en sommes-nous aujourd'hui ! quelle idée avons-nous
de votre grandeur et de la sainteté de vos mystères ! Que n'ai-je ici le zèle et l'éloquence
des Cyprien, des Chrisostôme, pour m'élever
avec force contre un abus d'autant plus déplorable, qu'il est plus commun. Je frémis, M. F.,
je suis glacé d'effroi, lorsque je réfléchis sérieusement sur la conduite des chrétiens de
nos jours : quel affligeant spectacle pour la
foi ! O vous qui aimez la Religion, qui avez à
cœur les intérêts de J.-C. et de son Eglise,
pourrez-vous l'entendre et n'en être pas alar-
més ! Des hommes, après avoir passé des années entières dans l'oubli, dans l'éloignement
de Dieu, sans autre préparation qu'une revue
superficielle de leurs consciences ; sans avoir
examiné, par les bonnes règles, leur condition, leurs engagemens dans le monde, leurs
inclinations, leurs habitudes, se confessent,
font pénitence, et communient, dans une
heure de tems. Quelle témérité ! quelle démarche ! quelle profonde ignorance des principes dans le sacrement de la réconciliation !
quel mépris plus insultant de la grandeur de
J.-C., et plus encore de toute l'immensité de
son amour ! Je vous avoue, M. F., que cela
fait trembler, et qu'il faut être dépourvu de
sentiment, pour ne pas se livrer à la plus juste
indignation, contre un attentat aussi énorme.
Est-ce donc que l'on passe si promptement et
si facilement de l'état du péché à celui de la
justice ? La conversion du cœur n'est-elle donc

que l'affaire du moment? Tant de péchés énormes, tant d'injustices criantes se réparent-elles donc dans un instant, dans une minute, dans une heure? Pécheurs impénitens, où est votre foi? Comment avez-vous oublié l'état de grandeur dont vous êtes déchus, l'état d'avilissement dans lequel vous êtes tombés? Quelle idée vous formez-vous de Dieu, de ses perfections adorables, et sur-tout de sa sainteté? Je l'ai déjà dit d'après S. Augustin : il y a un rapport intime entre la possession de Dieu dans la gloire, et la possession de J.-C. dans l'Eucharistie. Rien d'impur ne peut entrer dans le ciel, et le froment des élus n'est que pour ceux qui se sont guéris de leurs plaies, et fortifiés par l'exercice de la pénitence. L'esprit qui anime, qui soutient l'Église, est toujours le même : Jésus-Christ était hier ; il est aujourd'hui : sa sainteté est aussi immuable que son essence : pour être digne de le recevoir, il ne suffit pas de confesser ses péchés à la hâte, et d'en recevoir aussitôt l'absolution ; il faut, selon le commandement de S. Paul, s'éprouver soi-même, faire des dignes fruits de pénitence.

Telle est et a été la pratique constante de l'Église pendant plusieurs siècles : pourquoi ne serait-elle plus la même ? Elle est fondée sur la conduite que Dieu lui-même garde sur ceux qu'il a remis en sa grace, et qu'il purifie en l'autre vie, avant de les mettre en possession de sa gloire. Il est certain que ce sont des jutes ; ils ont la charité ; ils sont morts dans le Seigneur ; et cependant la justice de Dieu les fait souffrir des années entières, et d'une manière qui surpasse toutes nos expressions.

L'Eglise ne cesse d'offrir pour eux le redoutable sacrifice, pour obtenir de Dieu qu'il
lui plaise de les introduire dans ses tabernacles éternels. Et l'on se croirait dignement préparé à s'unir à Dieu, lorsqu'après
avoir suivi tous les désirs corrompus de son
cœur, on s'est contenté de dire qu'on a regret d'avoir ainsi vécu ; qu'on veut vivre
d'une autre manière ; que pour satisfaire à
Dieu et à sa justice, on a récité précipitamment quelques formules de prières , donné
quelqu'aumône légère, fait quelques jeûnes
bien adoucis ! Encore une fois, où en sommes-
nous ? Et conséquemment, que penser de tant
de communions précipitées ? Que penser de
ces chrétiens que l'on voit passer rapidement
du tribunal de la pénitence à la Table sacrée !
Ah ! M. F. , s'il nous était permis de sonder
la profodeur des jugemens de Dieu, que de
choses terribles la foi nous découvrirait ? Combien verrions-nous de malheureux qui se donnent la mort en recevant l'auteur de la vie ?
Combien de sentences de damnation éternelle
que J.-C. prononce contre ceux qui pensent
l'honorer ? Songez-y sérieusement , pécheurs ;
si vous avez la hardiesse d'approcher de la Table sainte avant de vous être fortifiés par l'exercice pénible d'une pénitence laborieuse , les
terribles effets de la juste indignation de Dieu
s'exécuteront sur vous : l'histoire de Baltazar
sera celle de votre attentat ; vous n'aurez pas
seulement profané les vases du temple , vous
aurez fait violence au corps de J.-C. L'image
de la punition de l'impie Baltazar sera celle de
votre perte : votre arrêt est prononcé ; cette
nuit même vous en subirez la peine.

Mais, direz-vous, quelle pénitence faut-il donc faire ? Et ne suffit-il pas de se repentir de ses fautes, d'être dans la résolution de quitter son péché et de mieux vivre à l'avenir ? Ne vous y trompez pas, M. F., il n'est point de vraie foi sans confession, point de vraie charité sans œuvres, ni de vraie pénitence sans satisfaction. Il y a une grande différence entre se repentir et faire pénitence. Le repentir n'est que le seul regret que nous avons de nos fautes ; au lieu que la pénitence, selon l'usage de l'Eglise, consiste à les expier par nos mortifications et nos bonnes œuvres. Demandez aux Pères de l'Eglise quelles sont, à proprement parler, les actions d'un pénitent ? Ils vous diront que ce sont les mortifications de la chair, le retranchement des plaisirs et des divertissemens, même permis, la profusion des biens et des richesses, et les travaux et les peines inséparables de la vie ; ils vous diront que faire pénitence, c'est expier ses péchés par une satisfaction salutaire, les laver dans l'abondance de ses larmes ; que c'est en arracher le pardon de Dieu par les gémissemens et les soupirs, les racheter par les aumônes, les couvrir par les bonnes œuvres, les effacer par les jeûnes ; ils vous diront tous unanimement que tout homme qui a commis des péchés mortels, ne doit point approcher de l'Eucharistie, qu'après avoir passé par les exercices de la pénitence ; et que c'est communier indignement que de communier dans le tems où il faut faire pénitence.

N'allez pas accuser les Pères, en ce point, d'une humeur austère et d'une insupportable rigueur : ce serait un ridicule ; je dis plus, ce serait une impiété que vous avanceriez avec Calvin. Quoi ! l'Eglise durant tant de siècles et dans son âge le plus florissant aurait ignoré la véritable manière de ramener les ames à Dieu? Cette pensée peut-elle tomber dans l'esprit d'un homme sage ? Et quelle extravagance de s'imaginer que ces grands docteurs, ces hommes si remplis de l'esprit de Dieu et de la science des Saints aient eu, ou moins de connaissance que nous de la grandeur infinie de la miséricorde divine, ou moins de zèle et moins de charité, pour avancer la guérison de leurs frères, ou moins de lumière pour régler ce zèle ? Il ne faut dispenser la miséricorde aux pécheurs, dit S. Ambroise, que suivant la parole de Dieu et la raison. Ce n'est donc pas être sévère envers les pécheurs, c'est les traiter avec une miséricorde salutaire, et une douceur conforme à la parole de Dieu, que de les faire soupirer quelque tems, dans l'attente de l'Eucharistie, pour les y mieux disposer par les exercices de la pénitence.

Que penser, encore une fois, de ces chrétiens qui nous demandent à faire pénitence, et qui veulent en même tems qu'on les reçoive aussitôt à la communion ? Je tremble, M. F., de vous citer la réponse de S. Ambroise ; elle est foudroyante ; elle condamne tout-à-la-fois et notre condescendance et la témérité de ces chrétiens. Ils ne désirent pas tant d'être déliés, comme ils désirent de lier le prêtre : ils ne déchargent point leur conscience, ils ne font que charger celle du prêtre. *Suam enim conscientiam non exuunt, sacerdotis induunt.* Blâmerez-vous après cela, critiquerez-vous encore la conduite que tiennent envers les pécheurs,

ces

ces ministres éclairés , ces hommes instruits de
la science des Saints ? Renouvellez , ô mon
Dieu , dans votre Eglise , cet esprit de force et
de sagesse , qui seul peut arrêter les profana-
tions de nos SS. Mystères ; donnez à vos enfans la docilité et la soumission nécessaires :
qu'il serait consolant de voir les pasteurs et les
fidèles concourir unanimement à en rendre la
fréquention , et plus sainte , et dès-lors plus
commune !

La difficulté n'est pas de prescrire des règles ; elles sont sagement établies : mais l'importance est de trouver des gens qui veuillent
s'y soumettre et les suivre. Voici donc , M. F.,
les moyens que nous vous proposons pour
vous disposer à recevoir dignement le corps
adorable de J.-C. , et ne pas vous exposer à
manger votre jugement et votre condamnation ; nous les avons puisés dans l'Ecriture ,
la Tradition et les Pères ; pourrions-nous vous
égarer avec de tels guides ? Commencez par
un examen exact et sérieux de votre état , de
vos engagemens , de vos habitudes , de vos
passions , pour faire une accusation fidèle ,
sincère et non précipitée , de la disposition de
votre ame : écoutez avec respect , avec humilité, les conseils que vous donnera la personne
à qui vous vous serez adressée , et que vous
aurez choisie avec beaucoup de soin : prenez
avec elle des mesures pour réformer , pour retrancher , pour changer tout ce qu'elle jugera
nécessaire : recevez en même tems l'ordre de
votre pénitence , c'est-à-dire , la qualité des
œuvres pénibles et laborieuses par lesquelles
vous pourrez satisfaire à la justice de Dieu ;
la retraite , l'éloignement du monde , la lec-

ture assidue des Saintes-Ecritures , le travail ,
la prière , l'aumône , le jeûne , la visite des
pauvres , des hôpitaux , des malades , le retranchement des plaisirs , même permis ; prenez du tems pour cette satisfaction. Ne vous
plaignez ni de la sévérité , ni de la longueur
de la pénitence ; vous ne ferez rien aujour-
d'hui de ce qu'on faisait autrefois pour de
moindres péchés que ceux dont vous êtes coupable. Songez à la sainteté de J.-C. , à la justice que Dieu exerce sur ceux qui doivent le
posséder ; et enfin souvenez-vous que Dieu ne
vous épargnera autant que vous ne vous serez
point épargné vous-mêmes. Après cela , vous
pouvez approcher de la Table du Seigneur ,
non-seulement avec humilité , mais avec confiance ; et avec ces dispositons , ce serait un
très-grand mal de n'en pas approcher. Je vous
exhorte , M. T. C. F. , je vous conjure par les
entrailles de J.-C. , de vous mettre en état ,
par tous les moyens possibles , de les prendre
ces heureuses dipositions. Fuyez , quittez le
monde , c'est-à-dire , tous les engagemens du
monde qui sont contraires à votre salut. Guérissez , par la pénitence la plus sérieuse et la
plus suivie , les playes que vous avez reçues
dans le commerce du monde. Heureux si cette
Instruction produit le fruit que je me suis proposé ; la communion deviendra sainte , fréquente et utile. Vous vous nourrirez souvent
du pain des anges , du pain des forts ; vous ne
ferez tous qu'un corps avec J.-C. sur la terre ;
et J.-C. uni à vous corporellement , par le sacrement de son amour , vous sera le gage assuré de l'immortalité bien-heureuse , dans le
séjour de sa gloire. Dieu veuille bien vous en
faire la grace. *Amen.*

IVe. DIMANCHE DE L'AVENT.

Nécessité de la Pénitence
pour la remission des péchés.

*Jean-Baptiste parcourait toute la région de la Judée,
préchant le baptême de la pénitence, pour la rémission des péchés.*

Luc. 3.

Qu'ils sont admirables les effets de la grace !
Qu'elle est prodigieuse sa puissance ! Animé
de l'esprit de Dieu, Jean-Baptiste annonce
aux hommes la venue du Messie ; il les exhorte
fortement à préparer les voies du Seigneur, à
réparer leurs désordres par l'humilité de l'esprit, par la droiture du cœur. Dociles à sa
voix, les publicains et le peuple s'empressent
d'embrasser la pénitence, et de recevoir le baptême de l'eau, dans l'espérance de recevoir la
remission de leurs péchés... Plût à Dieu, M. T.
C. F., que cette grace eût encore les mêmes
effets, et que la résistance de nos cœurs ne
fût point un obstacle à ces prodiges immenses
qu'elle eut toujours le pouvoir d'opérer sur les
cœurs les plus durs et les plus insensibles !
Mais hélas ! et soyons-en dans la plus grande
confusion, tous les jours la voix de Dieu se
fait entendre, sa grace sollicite sans cesse nos
cœurs, nos chaires retentissent des oracles de
J.-C. ; et quel en est le succès ? Que fait-on
pour réparer tant de coupables excès, tant de
désordres, tant d'aveugles erreurs, qui ex-
cluent du royaume des cieux ? Toujours sourd
à la voix du ciel, toujours insensible au zèle

éclairé de ses ministres , on se contente de les
écouter , on hésite , on balance , ou plutôt on
refuse constamment de se soumettre à la rigueur de la pénitence qu'exigent nécessairement , et tant d'aveugles erreurs , et tant de
coupables excès , et tant de crians désordres.
Mais fut-il jamais d'aveuglement plus déplorable ! Avez-vous donc oublié , M. T. C. F. , que
si vous ne faites pénitence , il n'y a point de
salut pour vous ; vous vous perdez évidemment pour toujours ? Que n'ai-je sur vos cœurs
un peu de cet ascendant qui étonne , qui
ébranle , qui gagne , qui entraîne ? Et que ne
puis-je , comme un autre Jérémie , vous apprendre à fondre en larmes , à pousser des
cris lamentables , et à vous affliger sincérement devant le Seigneur ? Que n'ai-je la douce
persuasion d'un Jean-Baptiste , pour vous engager à saisir la seconde planche après le naufrage ; à recevoir , non le baptême de l'eau ,
mais le baptême de la pénitence : c'est le sujet
de cette Instruction ; et voici ce que je me propose : Faites pénitence , l'obligation en est expresse ; j'en apporterai les motifs les plus pres-
sans. Notre siècle ne présente que le plus affreux débordement , le relâchement le plus
général , la mollesse la plus effrénée , la sensualité la plus immodérée. Il est de notre devoir d'élever la voix , et d'opposer une digue
salutaire à ces torrens impétueux d'iniquités
qui nous inondent. Puis-je y réussir plus heureusement qu'en vous proposant de précieuses
leçons de pénitence ? Daigne le ciel seconder
mes vœux , et former parmi nous une succession de larmes sincères et continuelles , qui
soient l'édification des fidèles , la consolation

de l'Eglise , la sanctification de nos ames !
Daignez m'accorder quelques momens d'attention.

Quoique coupable aux yeux de Dieu, l'homme était l'ouvrage de ses mains le plus beau et
le plus accompli. Par un effet de sa miséricorde , Dieu lui remit son offense ; et pour lui
faire expier l'excès de sa malice , il y mit une
condition essentielle , celle de passer ses jours
dans l'exercice non interrompu d'une pénitence laborieuse. Héritiers de son crime , nous
sommes assujettis à la même peine ; nous ne
saurions nous y refuser sans nous rendre coupables de désobéissance ; et ne pas s'y soumettre , c'est encourir la disgrace de Dieu , et conséquemment s'exposer à brûler pour toujours
dans des feux horribles , allumés par sa juste
vengeance. *Aut paenitendum in hoc saeculo ,
aut ardendum in futuro.* J'en conclus l'obligation , à raison de la volonté de Dieu qui
l'ordonne , à raison de nos intérêts éternels
qui l'exigent , et pout ôter tout prétexte à notre lâcheté et à notre faiblesse , j'ajoute un
dernier moyen , les exemples sans nombre que
nous fournit l'antiquité la plus éloignée et la
plus respectable : en un mot la volonté de Dieu,
l'autorité de la tradition , nos intérêts éternels,
tels sont les puissans motifs sur lesquels j'établis la nécessité de la pénitence. Vous êtes trop
judicieux pour n'en pas avouer la légitimité ,
et trop éclairés pour ne pas vous y rendre.

Pénitence donc indispensable à raison de
l'autorité de Dieu qui l'ordonne. Il n'est point
de vérité plus clairement établie dans les Ecritures. Si le Seigneur fait annoncer aux hommes
ses miséricordes par la bouche des prophêtes ,

c'est toujours en exigeant d'eux la conversion du cœur, comme une condition indispensable. Convertissez-vous , et vous serez sauvé. Chaqu'expression des prophètes est une invitation tendre de la part du père des miséricordes : convertissez - vous au Seigneur notre Dieu , parce qu'il est bon et compatissant ; que l'impie quitte sa voie ; que l'homme injuste renonce à ses pensées criminelles, qu'il retourne enfin à son Dieu ; il est plein de bonté ; il lui fera miséricorde. Tel est le langage de ces hommes animés de l'esprit de Dieu: ils en étaient les ministres , et ils n'étaient que les organes de sa volonté suprême. Elle a toujours été la même ; la succession des siècles n'y a point dérogé ; la pénitence fut indispensable dans tous les tems. Jean-Baptiste paraît sur les bords du Jourdain ; il n'a point d'autre langage que celui des prophètes. Envoyé lui-même , il n'est, comme eux , que l'interprête de celui qui l'envoie ; sa mission n'a d'autre fin que de disposer les pécheurs à la pénitence. Toute la région de la Judée retentit de ses invitations..... Jésus-Christ ne s'est fait homme que pour expier les péchés des hommes ; et si cet Homme-Dieu commence à prêcher l'évangile du royaume des cieux , c'est pour ne mettre aucune différence entre l'obligation de croire à sa parole et de faire pénitence : *paenitemini et credite Evangelio:* faites pénitence et croyez à l'Evangile.... Elevés à l'école de la vérité , instruits par J.-C. même , les apôtres ne préchaient que la pénitence, ne préchaient que Jésus crucifié. Convertir les hommes à Dieu , les retirer des voies de l'iniquité , les faire rentrer dans les sentiers de la justice , tel

était le but de leur ministère et de leurs accablans travaux... Parcourez les écrits des Pères,
lisez les décisions des conciles, c'est toujours
l'esprit de Dieu qui s'explique par leur organe.
Vous ne trouverez par-tout que les preuves les
plus convaincantes de l'indispensable nécessité
où nous sommes de nous convertir au Seigneur,
de tout notre cœur. Venez dans nos temples,
nos chaires retentissent des solides instructions de vos pasteurs ; ils ne se proposent
d'autre fin que votre conversion : et plût à
Dieu qu'elle fût le fruit de tant de sollicitudes!
Leur doctrine n'est point celle des hommes ;
ils l'ont apprise des apôtres ; les apôtres l'a-
vaient reçue de J.-C. Jésus-Christ est Dieu ;
et conséquemment la doctrine de l'Eglise, sur
la nécessité de la pénitence, vient du ciel ;
Dieu lui-même en est l'auteur : il est de sa volonté que la pénitence soit annoncée par-tout
l'univers ; que tous les hommes l'embrassent :
ut omnes ubique agant pænitentiam. Volonté
suprême, trouve-t-elle chez vous la déférence
qu'il est en droit d'en attendre ? Et quel est
votre empressement à vous y soumettre ?
Mais hélas ! en vain il vous fait proposer
ces voies anciennes que vous n'auriez jamais
dû quitter pour votre repos et la consolation
de vos ames, vous vous obstinez toujours à
ne pas y marcher ; vous refusez constamment
de satisfaire pour vos offenses aux droits de sa
justice. Ne croyez pas que ces reproches soient
hasardés et sans fondement, Dieu lui-même
s'en plaint amèrement par la bouche d'un prophète. J'ai considéré avec attention : la terre
est inondée de crimes ; les hommes boivent à
longs traits le poison de l'iniquité ; le parjure

et le mensonge font leur infâme langage ; ils
ont porté l'abomination à son comble ; ils sont
l'iniquité même ; et malgré mes représenta-
tions, malgré mes sollicitations les plus pres-
santes, je ne vois point de changement parmi eux ; ils ne me craignent point ; il n'en est
aucun qui fasse pénitence de son péché : *nullus
est qui pænitentiam agat super peccato suo.*
Ah ! sachez en trembler, pécheurs trop obs-
tinés ; son bras vengeur est levé sur vos têtes
trop coupables ; il saura bien l'appésantir, et
vous rendre avec usure ce que vous méritez.
Mais voulez-vous donc toujours mépriser les
immenses ressources que vous présentent les
trésors infinis de ses bontés et de sa patience ?
Ignorez-vous donc que ses miséricordes vous
invitent à la pénitence ? Il est de sa volonté suprême que vous l'embrassiez promptement ;
vous ne pouvez vous y refuser sans vous rendre coupables d'une désobéissance la plus ou-
trageuse. Eh ! qui êtes-vous, pour oser résister à des ordres aussi respectables ?

Mais un motif bien important, dès qu'il
vous intéresse, doit enfin vous arracher à
cette molle indifférence dans laquelle vous vivez pour votre salut. Il est de votre intérêt, de
votre bonheur éternel, d'embrasser avec ardeur toutes les austérités de la pénitence. . . .
Quelques satisfactoires que soient les mérites
de l'Homme-Dieu, ils suppléent seulement à
notre faiblesse, et ne nous dispensent pas de
satisfaire de notre part. Il est pour chacun de
nous d'une nécessité absolue d'accomplir ce
qui manque à la passion et aux souffrances du
Sauveur ; la satisfaction est indispensable ; le
péché doit être puni ; et il est de l'intérêt du

pécheur de ne pas différer sa pénitence, dont le délai et l'incertitude lui fait risquer sa félicité éternelle. Oui, M. T. C. F., et puissiez-vous bien vous en convaincre, ne pas se convertir au Seigneur, ne pas entrer dans la pénible carrière du second baptême, c'est tout perdre pour l'éternité. . . . . Il est horrible de tomber entre les mains du Dieu vivant ; l'idée d'un Dieu juste et vengeur du crime jusqu'à la dernière génération du coupable ; l'idée d'un Dieu justement irrité, qui a les armes à la main, à qui le pécheur ne saurait échapper ; d'un Dieu qui abaisse, qui humilie, qui réprouve, une pareille idée est effrayante. Vous frémissez d'horreur au seul souvenir d'une aussi souveraine justice : mais faites pénitence, et voilà votre juge tout favorable ; et voilà toute l'horreur de ses jugemens dissipée ; vous avez tout à espérer de sa clémence.... Vos crimes, vos forfaits ont surpassé le nombre des cheveux de votre tête ; ils ont égalé les grains de sable de la mer ; vos excès crient vengeance ; vous avez insolemment insulté au Tout-Puissant ; vous avez abusé de ses graces ; ses bienfaits, entre vos mains, sont devenus la source de l'ingratitude la plus noire ; mais faites pénitence, et voilà vos crimes, vos forfaits effacés, et voilà vos excès pardonnés, et voilà le Tout-Puissant calmé, l'abus de ses graces réparé, votre ingratitude, vos infidélités oubliées... Le sein de l'abîme va s'ouvrir sous vos pas ; votre iniquité l'a creusé, et un torrent d'abominations vous y roule chaque jour ; des feux horribles allumés et attisés par la main vengeresse de Dieu sont prêts de vous dévorer : mais faites pénitence, et voilà le

sein de l'abîme fermé, et voilà ses feux horribles éteints... Les portes éternelles du céleste
séjour se ferment pour toujours pour vous ;
vos excès, vos erreurs doivent vous en exclure
pour toujours : mais faites pénitence ; elle eut
toujours le singulier privilège de les ouvrir ;
elle fut toujours le plus heureux frein à opposer à la colère du ciel... Vous êtes l'image
de Dieu, vous portez sa ressemblance ; mais
quelque défigurée qu'elle soit, quelque hideuse que vous l'ayez rendue par l'iniquité,
l'éblouissante blancheur de la neige est l'heureux symbole de la réparation qu'y opère la
pénitence : *quasi nix de albabuntur.* Tel
est, ô Dieu de miséricorde, tel est l'excès
de vos bontés : vous invitez le pécheur à se
convertir ; il est l'ouvrage de vos mains : vous
l'aimez et vous dissimulez son iniquité, si,
sensible à vos démarches, il veut faire enfin
une sérieuse pénitence : *dissimulas peccata
hominum propter paenitentiam.*

Ainsi, M. T. C. F., vit-on autrefois le Seigneur pardonner à son peuple, lorsque touché
de ses égaremens, il revenait à lui dans toute
la sincérité d'un cœur contrit et humilié. Un
prophète annonce à David son adultère et son
homicide : David confesse son péché ; il se
convertit au Seigneur ; le Seigneur lui remet
l'iniquité de son crime : ainsi, chargé de fers
à Babylonne, Manassès lève les mains au ciel ;
il déteste ses abominations ; et, propice à ses
vœux, le Seigneur exauce sa prière, le re-
tire de l'esclavage, et le fait remonter sur le
trône de ses pères : ainsi Béthulie n'échappe à
la fureur d'Holoferne, que par les prières les
plus ferventes, et les prières soutenues des prati-

ques les plus austères de la pénitence... Quarante jours passés dans les jeûnes et les gémissemens, sous le sac, la cendre et le cilice, ne
firent-ils pas révoquer l'arrêt de la destruction
de Ninive ? Pierre répand un torrent de larmes les plus amères, et il obtient le pardon du
bas reniement qu'il avait fait de son bon maître. Lassé enfin dans les voies pénibles de l'i-
niquité, le Prodigue revient à son père, et
n'obtient-il pas la grace d'une parfaite réconciliation ? Plongé dans la tristesse et dans l'a-
battement, le Publicain n'ose lever les yeux
au ciel ; le visage prosterné contre terre, ar-
rosant le pavé de ses larmes, il appaise le ciel
irrité, et il emporte chez lui le bienfait inestimable de la justification... Zachée répare ses
injustices ; il partage tout avec les malheureux ; et l'heureux gage de la paix lui est accordé. Ainsi, M. F., tout est accordé à la pénitence ; la crainte disparaît ; point d'iniquités
qu'elle n'aie le droit d'effacer. La confiance
prend la place du trouble et de l'effroi, suc-
cède enfin une parfaite réconciliation avec
Dieu, et une gloire éternelle, prix de cette
heureuse réconciliation... Mais tout est à craindre, tout est désespéré pour quiconque ne
veut pas se soumettre à la pénitence. C'est un
oracle de la vérité, et non de ces raisonnemens humains qu'une vaine terreur eut toujours le secret d'exagérer : l'exclusion du
royaume des cieux est assuré à l'impénitence.

Que ne puis-je mettre fidélement sous vos
yeux, M. T. C. F., les malheurs inséparables
d'une vie douce, délicieuse, impénitente !
Que ne m'est-il donné de vous ouvrir ces abîmes, où, victimes infortunées de la colère de

Dieu, les pécheurs font pénitence, il est vrai, mais pénitence, hélas ! la plus cruelle, par là même qu'elle est infructueuse. Ah ! M. F., vous sur-tout qui gémissez sous le joug honteux de vos passions, n'ouvrirez-vous jamais les yeux ? Serez-vous toujours insensibles aux bontés de votre Dieu ? Ah ! sachez en rougir : il vous aime ; il vous appelle ; et vous ne répondez à ses invitations et à son amour, que par l'éloignement le plus obstiné : mais sachez en trembler, hommes de peu de foi, le bras du Tout-Puissant n'est pas raccourci, sa puissance est la même ; les trésors de sa colère sont immenses ; ils ne sont pas épuisés ; sa vengeance vous poursuit ; vous ne sauriez échapper à ses traits. Plus coupables que bien d'autres, seriez-vous plus heureux, et ne subiriez-vous pas le même sort ? Ah ! ce serait s'abuser, et donner dans la plus ridicule présomption. Dès l'origine du monde, le fratricide Caïn souille ses mains dans le sang du juste ; il ne s'en humilie pas, et il est frappé d'anathême : quelques siècles après, toute chair corrompt ses voies ; lassée enfin des désordres des habitans de la terre, la patience du Seigneur les fait périr tous par le déluge... Privé de ses espérances, Esaü se livre au rugissement : mais sa douleur n'était que dans ses cris, et il est réprouvé. Frappé des playes les plus mortelles, Pharaon s'obstine à poursuivre le peuple de Dieu ; dans sa fureur, il veut s'enivrer de leur sang ; et il consomme son impénitence dans le sein de la Mer Rouge. Jéroboam ne se convertit pas, et un miracle éclattant, la guérison de samain, ne fait que l'endurcir dans son impiété. Achab, l'impie

Achab périt dans un combat ; Dieu lui-même dirige le trait qui lui porte la mort dans le sein. Et le plus méchant et le plus scélérat des hommes, Antiochus n'est-il pas rejetté de Dieu, pour avoir retardé jusqu'à la mort de demander miséricorde pour tous les maux qu'il avait faits ? Et vous que l'impiété de vos senti-mens, que le déréglement de vos mœurs ont transformés en Jéroboam, en Achab, en Antiochus, vous prétendriez vous soustraire à la fureur du Dieu des vengeances ? Vous vivez sans règles, et bientôt vous serez sans re-mords ; peut-être n'avez-vous que trop bien réussi à étouffer dans vos cœurs le cri de la foi ; vous avez formé le monstrueux projet de persévérer dans l'iniquité ; vous ne voulez pas rompre les chaînes qui vous captivent ; vous ne voulez pas faire pénitence, et rentrer par ce moyen dans les sentiers de la justice : eh bien ! voici ce que dit le Seigneur ; je le dis avec toute l'autorité que me donne mon mi-nistère ; je le dis avec assurance, mais pénétré de la plus vive douleur : Vous ne voulez pas faire pénitence, vous mourrez dans votre pé-ché ; l'abîme est creusé sous vos pieds ; chaque pas que vous faites est un pas vers l'éternité malheureuse. Pécheurs invétérés, des ména-ces aussi terribles ne vous arracheront-elles pas à la funeste sécurité qui vous endort dans le crime ? L'assurance de votre perte éternelle ne ferait-elle donc sur votre ame qu'une émo-tion passagère ? N'en serait-elle pas fortement ébranlée ? Quoi ! vous verriez d'un œil assuré l'abîme entrouvert sous vos pieds, et prêt à vous engloutir, et vous ne vous empresseriez pas sagement à l'éviter ? Ah ! votre cœur trop coupable ne vous pardonnera pas une aussi cruelle insensiblité.... Mais c'est résister trop long-tems à la grace qui vous presse ; rentrez en vous-mêmes, imposez silence à vos passions, écoutez enfin avec quelque docilité la voix de la raison.

Si vos intérêts les plus chers ne vous trouvent qu'insensibles ; si la volonté de Dieu ne trouve en vous qu'une fière indocilité à ses ordres, puis-je espérer que vous le céderez enfin à toute la force de tant d'exemples que l'antiquité de tous les siècles nous met sous les yeux ? Je n'ai lieu de me le promettre que de la bonté de Dieu, attendri enfin sur toute votre insensibilité. L'autorité la plus victorieuse, c'est, sans contredit, celle de l'expérience ; et le motif le plus pressant et le plus propre à encourager, c'est l'exemple de ceux qui nous ont précedé. Rapprochons donc des tems si précieux, les premiers siècles du monde ; pour être éloignés du nôtre, ils ne donneront qu'un nouveau poids à la vérité que je prêche. Vous connaissez la pénitence de notre père commun : chassé du lieu de délices, neuf cens et trente années ne suffirent point à l'expiation de sa désobéissance ; nous en portons encore la déplorable peine. Serait-il nécessaire de tracer à vos yeux les Israëlites errans l'espace de quarante années dans le désert, et expians leur idolâtrie et leurs odieux murmures par la perte de la Terre-Promise ? Je passe sous silence l'amertume et les regrets accablans du conducteur de ce peuple infidèle, lorsqu'il se vit exclus de la terre de bénédiction, pour une défiance que notre raison aveugle trouve toujours plus excusable. Faut-il rappeller à votre

souvenir la pénitence de David? Ses gémissemens, sa douleur, ses humiliations profondes sont assez connus : eh ! que de chrétiens,
trop fidèles imitateurs de ses désordres, trouveront un jour dans sa pénitence l'arrêt, le
terrible arrêt de la plus juste condamnation !
Jettons simplement les yeux sur les premiers
siècles de l'Eglise ; rappellons les mœurs des
premiers chrétiens, nos pères dans la foi ; que
de saintes rigueurs exercées contre les pécheurs pénitens ! Quelles œuvres, et qu'elles
étaient pénibles ! Avec quelle soumission héroïque ils entraient dans l'esprit de Jésus pénitent ! Avec quel zèle ils vengeaient Dieu de
tant d'outrages ! Avec quelle ardeur ils sacri-
fiaient à la justice, des membres trop coupables, qu'ils avaient prostitués à l'iniquité !
Bientôt on les vit s'arracher au commerce du
monde, et disputer aux animaux sauvages les
antres les plus obscurs et les plus inaccessibles.
Delà cette foule de Solitaires qui remplirent
ces vastes régions, le théâtre immense de tant
de saintes cruautés. Et si ces tems, pour être
trop éloignés, nous paraissent plus merveilleux qu'imitables, n'avons-nous pas eu dans
notre France, et malgré la dépravation et le
dérèglement des mœurs qui infectaient les cloî-
tres, n'avions-nous pas encore, de nos jours,
de ces saintes maisons de pénitens qui éga-
laient, qui surpassaient peut-être tout ce que
nous lisons des anciens anachorètes ? Que le
tems ne me permet-il de vous faire parcourir
en esprit ces saintes retraites ! Quel sanglant
reproche pour votre délicatesse ! mais quel en-
couragement pour votre faiblesse, ou plutôt
pour votre lâcheté, que l'édifiant spectable de

ces respectables asiles ! La Religion et l'Etat
pleureront long-tems la perte et la destruction
de ces établissemens , que la piété éclairée de
nos religieux pères avait élevés. Le vandalisme
qui les a renversés , a fait à l'Etat et à l'Eglise
la playe la plus incurable : osons espérer que ,
dans sa miséricorde, Dieu permettra que, sous
un gouvernement plus équitable, on rétablisse
ces asiles privilégiés , où , en satisfesant à la
justice de Dieu , les prévaricateurs de ses loix
réparent , par une retraite volontaire , des
scandales qui auraient déshonoré , et l'Eglise ,
et l'Etat. Mais en attendant que Dieu opère
parmi nous ce prodige , que de motifs de confusion ne trouverons-nous pas dans la conduite
de simples particuliers ! Combien en effet en
est-il dont la vie toujours plus austère , vous
surprendrait étonnamment ! Oui, M. F. , il en
est que l'esprit de pénitence rend ingénieux à
se punir eux-mêmes ; ils savent se priver de
tout , des choses même les plus indifférentes ;
ils savent tout souffrir dans le plus religieux
silence , pour satisfaire à Dieu , pour appaiser
sa colère , pour réparer tant de fautes énormes dont ils sont coupables à ses yeux. Là ,
c'est un Paul , pour qui la faim , la soif , la
nudité , le froid , le chaud , sont les moyens
dont il se sert pour châtier et réduire en servitude une chair trop rébelle , dont les contrariétés sont si humiliantes pour l'esprit ; ici c'est
une Madeleine , qui salutairement dégoûtée
du monde et de ses folies , multiplie chaque
jour ses sacrifices , par les privations continuelles de ce qu'elle avait de plus cher et de
plus précieux : ce corps dont elle était follement idolâtre , qu'elle traitait avec tant de
                                        soins

soins et tant de ménagemens, elle le traite aujourd'hui en esclave rébelle ; et elle remplit dans ce corps de péché ce qui peut manquer à la passion du Sauveur.

Quelle paraît étrange l'impénitence de ce nombre infini de chrétiens de nos jours, lorsque nous les comparons à ce que la grace a fait et fait faire chaque jour à tant de saints personnages ! Lâches déserteurs de la discipline de l'Eglise, timides chrétiens, ennemis toujours plus déclarés de l'esprit et de la croix de Jésus-Christ, ne céderez-vous jamais à toute la force, à toute l'autorité de la tradition ? Les exemples de tant de Saints qui ne se sont sauvés que par la pénitence, ne vous forceront-ils donc jamais à en embrasser sérieusement les pratiques ? Regardez ces généreux vainqueurs de la chair et de ses concupiscences : pourquoi ne feriez-vous pas, pourquoi pourriez vous pas ce qu'ils ont pu, ce qu'ils ont fait ? S'il eût été de moyen plus assuré pour satisfaire à la justice de Dieu, eût-il échappé à leur discernement ? Ne l'eussent-ils pas employé ? Mais ils étaient convaincus, ils étaient persuadés de la nécessité de la pénitence ; et, d'après l'exemple qu'ils vous en ont donné, vous ne devez pas hésiter un instant à marcher sur leurs traces. Ils étaient hommes ; ils étaient faibles comme vous ; et vous êtes hommes, et vous êtes pécheurs, sans doute plus coupables qu'ils ne le furent jamais. Frivolité dans les prétextes que vous pourriez alléguer : les raisons de naissance, d'état, de condition, de sexe, d'âge ne sont point recevables ; vous comptez parmi ses illustres pénitens, des rois, des em-

pereurs, des princes, des personnes de tout
âge, de toute condition, et des femmes, dans
les premiers siècles de l'Eglise. La pénitence
est donc toute indispensable : Dieu l'ordonne ;
nos intérêts les plus chers l'exigent ; la tradition la plus ancienne et la plus respectable
l'autorise. Tant de loix, tant de leçons, tant
d'exemples doivent enfin concourir efficacement à nous faire entrer avec courage dans la
carrière pénible du second baptême, à en embrasser avec joie, avec persévérance, les exercices les plus pénibles et les plus laborieux ;
en un mot, à nous faire réparer nos péchés,
satisfaire à la justice de Dieu, et nous convertir
à lui dans les sentimens d'un cœur sincérement
contrit et profondement humilié.

Nous ne cesserons jamais de demander à
Dieu, M. T. C. F., de faire fructifier dans vos
ames les vérités saintes que nous vous annon-
çons. Ne cessez aussi de demander pour nous
au Dieu des miséricordes, la grace d'être les
imitateurs de Jean-Baptiste ; de n'être pas seulement les prédicateurs de la pénitence, mais
que nous soyons vos modèles, en vous présentant toujours dans nos sens la mortification de
J.-C. ; que nous n'ayons pas le malheur d'être
réprouvés après vous avoir montré la voie du
salut. Secondez nos vœux ; armez-vous de courage et de patience. A l'exemple de S Paul
notre glorieux patron et notre puissant inter-
cesseur, châtions nos corps, réduisons-les en
servitude ; humilions nos esprits, déchirons
nos cœurs et non nos vêtemens. Quoiqu'il en
puisse coûter à la nature, à l'amour-propre,
persévérons constamment dans ces saintes pratiques ; notre salut y est nécessairement atta-

ché ; faisons de dignes fruits de pénitence, et nous serons sauvés. Dieu veuille bien nous en faire la grace. *Amen. Amen.*

ANNONCIATION

ET INCARNATION.

Le Fils de Dieu s'est fait Homme pour rendre les Hommes Enfans de Dieu

Je vous salue, ô pleine de grace, le Seigneur est avec vous : vous êtes bénie entre les femmes.

Luc , 1. 28. 30.

IL ne fallait rien moins que le ministère et le langage d'un ange, pour adresser à Marie un éloge aussi glorieux. Eh ! quel homme eût été capable de parler un langage aussi sublime ? Le tems destiné à la rédemption du genre-humain était enfin arrivé ; les nuées devaient faire descendre le juste comme une pluie, et la terre s'ouvrir et germer le Sauveur. Dans l'excès de sa miséricorde, Dieu fait annoncer ce prodige à celle que, de toute éternité, il avait préordonnée et choisie pour être la mère de son Fils. L'incarnation miraculeuse du Verbe éternel dans le sein d'une Vierge ; l'assemblage merveilleux de la plus heureuse fécondité, avec la virginité la plus pure dans Marie : voilà l'important objet de la mission céleste. Vous avez trouvé grace devant Dieu ; vous concevrez dans votre sein ; et vous enfanterez un fils ; et il sera appellé le Fils du Très-Haut. Quelle prérogative pour

Marie ! elle allait devenir la mère de Dieu ; et quel avantage pour les hommes ! ils allaient recevoir l'Homme Dieu, le messie des juifs, le désiré des nations et l'attente des gentils. Le Verbe s'est fait chair, et il a habité parmi nous.

Votre piété, M. T. C. F., demanderait sans doute que le grand mystère de l'incarnation du Verbe fût le sujet de cette Instruction : c'est en effet, à proprement parler, dans ce jour que s'accomplit ce grand ouvrage de son amour pour nous : c'est aujourd'hui qu'il descend des cieux ; qu'il sort du sein de son Père, pour habiter dans celui d'une vierge, où le Saint-Esprit lui forme un corps, et la rend sa mère, par cette bienheureuse habitation. Mais mon dessein est de vous faire envisager ce grand mystère, non-seulement en soi, mais dans les suites qu'il nous présente par rapport à nous. Sous ce point de vue, l'Instruction n'en sera ni moins chrétienne, ni moins utile, ni moins intéressante pour vous. Le tout se renferme dans deux idées bien simples et bien faciles à saisir : par la miséricorde de Dieu, nous participons à l'alliance que J.-C. forme avec Marie par son incarnation ; motif de la plus vive reconnaissance. Quelles sont les dispositions que Dieu a mises dans Marie, pour la préparer à cette alliance ? Elles doivent faire l'objet de nos vœux et de nos désirs les plus ardens, et celui de nos demandes les plus assidues et les plus empressées. Accordez-moi, je vous prie, quelques momens d'attention.

Dans son infinie miséricorde, Dieu nous fait participer à l'alliance que J.-C. forme aujourd'hui dans Marie, par le mystère de son incarnation ; c'est un trait de la bonté de Dieu qui doit exciter en nous les sentimens de la plus vive reconnaissance. Quiconque révoquerait en doute cette précieuse vérité, celui-là ignorerait quelle est la grandeur du christianisme, et à quelle dignité sont élevés ceux que Dieu y appelle par sa miséricorde. Pour s'en convaincre, il suffit de se rappeller, d'un côté, le dessein de J.-C. dans cette alliance ; et de l'autre, ce que nous devenons par cette même alliance.

Le dessein de J.-C. nous est clairement manifesté par l'Evangile : l'ange l'expose dans le discours qu'il fait à Marie : ce dessein extraordinaire, c'est de se faire homme, de prendre un corps dans le sein de Marie, et de devenir homme par une nouvelle naissance qu'il reçoit d'elle. Écoutons avec respect l'explication qu'en donne à Marie l'envoyé du ciel : Vous allez concevoir, lui dit-il, dans votre sein, et vous enfanterez un fils ; vous concevrez dans votre sein ; le Saint-Esprit vous couvrira de son ombre : c'est pourquoi le fruit qui naîtra de vous sera appellé le Fils de Dieu. L'Esprit-Saint, comme Esprit de grace, de sanctification et d'amour, remplit, prépare et élève le corps de la Vierge pour le mystère de l'incarnation, et le Fils de Dieu prend en elle et d'elle une nouvelle nature, la nature humaine, qui est rendue sainte.

Quelle grandeur ! Quelle élévation ! Vous est-il jamais venu à l'esprit que cette alliance du Verbe éternel avec Marie vous fût propre et particulière ? Eussiez-vous jamais osé porter vos vues aussi loin, et vous flatter d'une participation aussi glorieuse ? Rien cependant n'est plus véritable : c'est nous qui sommes l'objet de cette salutaire, de cette incompréhensible alliance de la nature divine avec la nature humaine : c'est pour nous que Dieu l'a formée. Marie n'a été choisie pour être la mère de J.-C , c'est à-dire, de Dieu fait homme, que parce qu'il a résolu de se rendre, dans ce mystère, notre frère et notre rédempteur. N'est-ce pas ainsi que l'ange l'a annoncé à Marie ? Vous enfanterez un Fils, et vous l'appellerez Jésus ; parce que ce sera lui qui sauvera son peuple de ses péchés. N'est-ce pas la profession de foi que l'Eglise met dans la bouche des fidèles ? Je crois en un seul J.-C., Fils unique de Dieu, qui est descendu des cieux, pour nous hommes mirérables et pour notre salut, ayant pris chair de la Vierge Marie par l'opération du Saint-Esprit, a été fait homme. Il est donc certain que dans le moment que J.-C. s'unit à Marie dans ce mystère, il arrive que la personne du Verbe s'unit avec notre nature dans Marie ; et il se contracte, pour-ainsi-dire, un mariage entre le Fils de Dieu et la nature humaine, dans Marie pour elle, et par elle pour tous les chrétiens. Il fallait que la nature humaine donnât son consentement à cette alliance ; et c'est ce qui s'est fait par cette expression de Marie : Qu'il me soit fait selon votre parole. Eve représentait le genre-humain pour le perdre, en consentant à la suggestion de l'ange des ténèbres ; Marie représentait la nature humaine pour la sauver, en donnant son consentement à la proposition de l'ange. La mort est entrée dans le monde par Adam, la vie par Jésus - Christ. Eve écoute le démon, et perd la nature humaine ; Marie écoute l'ange du Seigneur , et par-là la nature humaine est guérie. Eve ouvre le chemin à la mort ; Marie ouvre le chemin à la vie.

L'alliance du Verbe ne se borne pas à Marie, elle s'étend à tous les fidèles en particulier. Qu'il est peu de chrétiens suffisamment instruits de ce que nous devenons , en conséquence de l'alliance du Verbe de Dieu avec Marie ! Le Verbe devient un membre dans la grande famille du genre-humain : il veut bien nous appeller ses frères ; il se fait chair de notre chair ; il se fait os de nos os ; il nous fait ses membres ; et il veut que lui et nous , nous ne fassions qu'un corps. Celui qui sanctifie , et ceux qui sont sanctifiés , viennent tous d'un même principe. Ah ! M. F. , concevez-vous la grandeur de la grace chrétienne ? Avez-vous jamais réfléchi sérieusement sur ce que nous devenons par la grace du baptême qui nous unit si intimement à J.-C. ? Chaque chrétien , dit S. Augustin , est Christ depuis le commencement de sa foi , par la même grace par laquelle l'humanité sainte, dès son premier commencement , a été faite Christ. Le chrétien a reçu sa renaissance du même Esprit-Saint de qui J.-C. a pris sa naissance ; et tous ces avantages , comme tous ces biens , sont des suites de l'alliance qu'il forme avec notre nature en Marie et par Marie , dont Dieu se sert pour être la source de cette communication et de cette grace. La part que nous avons à cette alliance est donc évidente. Cette alliance nous donne droit , en quelque manière , d'engendrer J.-C. : c'est-à-dire , que l'ame chrétienne devient mère de J.-C. en suivant la volonté de

Dieu : par - là nous formons J. C. en nous ; nous lui donnons, en quelque façon, un nouvel être : ce n'est plus nous qui vivons, c'est J.-C. qui vit en nous. En faisant sa volonté, il règne en nous. En régnant en nous, il règle tous nos mouvemens, toutes nos actions, toutes nos affections. En un mot, ce n'est plus nous, encore une fois, qui vivons, c'est J.-C. qui vit en nous. C'est, d'après l'expression du grand apôtre, le sentiment de S. Ambroise : ce Père ne craint pas de mettre en quelque sorte en parallèle l'ame chrétienne avec Marie, lorsqu'il dit que toute ame fidèle conçoit en elle le Verbe de Dieu. Mais prenez garde à la condition qu'il y ajoute : pourvu qu'elle soit pure, exempte de tous les vices, et qu'elle conserve la pureté de l'ame, c'est-à-dire, pourvu que la foi, agissante par la charité, produise ses effets en elle, qui sont de détacher son cœur des choses présentes et périssables, pour s'attacher à Dieu et aux biens éternels, parce que c'est l'amour de Dieu qui forme la pureté de cœur.

Mais ce n'est pas assez de connaître la part que nous avons à l'alliance que Jésus-Christ fait avec Marie dans le mystère de son incarnation ; il faut entrer dans les dispositions de Marie, pour nous rendre dignes de cette miséricorde qu'il lui a plu de nous faire. Or, M. F., je trouve dans Marie trois dispositions essentielles : disposition d'étonnement et d'admiration à la vue des grandeurs qu'on lui annonce ; dans sa surprise, elle demande comment ce prodige pourra-t-il s'accomplir : disposition d'annéantissement et d'humilité profonde à la vue de son indignité et de sa propre bassesse : Je suis la servante du Seigneur : disposition d'adhérence et de soumission parfaite à la volonté de celui qui la prévient par sa miséricorde : Qu'il me soit fait selon votre parole. Telles sont les dispositions où nous devons être pour conserver l'honneur que Dieu nous a fait, de nous associer à l'alliance que son Fils a fait avec Marie.

L'Evangile nous apprend que Marie fut troublée à la vue de l'ange ; elle ne pouvait se persuader de la vérité d'une pareille ambassade. S. Bernard remarque trois différens mouvemens dans Marie : elle est troublée par la crainte de perdre la qualité de vierge, parce qu'elle entend qu'on ne lui propose des bénédictions qu'en qualité de mère : Vous concevrez dans votre sein, et vous enfanterez un fils qui sera le Rédempteur des hommes : elle est troublée, parce qu'elle voit un homme, et qu'elle craint les tromperies de celui qui n'étant qu'un ange de ténèbres, se tranforme en ange de lumière ; sa profonde sagesse la met dans la défiance, quand elle entend parler de grace et d'états extraordinaires : enfin elle est troublée par l'admiration dont elle est saisie, voyant que Dieu l'a choisie pour la combler de tant de graces.

Elizabeth fut pénétrée de ce sentiment lorsque Marie vint la visiter : D'où me vient ce bonheur, que la mère de mon Seigneur vienne à moi. C'est pour nous une obligation indispensable d'entrer dans cette disposition. Il n'y a point de chrétien qui, faisant réflexion sur cet avantage, ne doive dire tous les jours devant Dieu : Et d'où me vient ce bonheur, que le Seigneur vienne en moi par son incarnation, par la foi, par la grace qui me fait chrétien ! Ah ! M. F., il n'y a rien de si grand et de si relevé que la grace chrétienne ; par elle, nous devenons les enfans de Dieu ; par elle, nous devenons les temples et la demeure du Saint-Esprit, qui habite en nous; par elle, nous devenons les membres de J.-C., et le même esprit qui est dans le chef, se répand sur les membres; en sorte que même, selon S. Paul, tous les chrétiens unis au Sauveur, ne forment qu'une personne avec le Fils de Dieu.

Il n'y a rien de si grand que le chrétien : mais il n'y a rien de moins connu que cette grandeur. Savons-nous même ce que c'est que la grace chrétienne? nous le recevons sans la connaître ; nous l'exposons sans la ménager ; et la perdons sans la regretter. Il n'est donc pas étonnant que nous n'entrions pas dans des sentimens d'admiration, puisque nous ne nous connaissons pas ; il serait bien plus étonnant que nous entrassions dans des sentimens de reconnaissance, puisqu'il est impossible d'estimer ce qu'on ne connaît pas. Il n'y aurait qu'un seul moyen pour apprendre à connaître la grandeur de cette grace qui nous rend chrétiens, c'est la lecture des livres de piété, la lecture de l'Ecriture-Sainte : mais nous ne la lisons pas ; cependant c'est-là où il faut aller apprendre qui nous sommes, à qui nous appartenons, quels sont nos biens, à quoi nous sommes destinés, quel est notre héritage.

De bonne-foi, M. F., qui est-ce qui connaît parfaitement la grandeur de tous ces avantages? Qui est-ce qui songe sérieusement à en rendre graces à Dieu? On n'y songe point :

mais qui est-ce qui n'y serait point porté, s'il connaissait la grandeur et la dignité de sa consécration ? Nous fouillons dans les cendres de nos ancêtres, pour tirer des preuves d'une vaine noblesse; on fait dresser des généalogies pour montrer son antiquité; on n'oublie rien pour faire voir qu'on descend d'une race illustre, et qu'on appartient à de grands hommes : on est enfant de Dieu, et on ne le sait point ! on est le membre, le frère et le co-héritier de Jésus-Christ, et on néglige de si précieuses prérogatives? Nous sommes tous égaux dans les plus grands dons de Dieu, qui sont ceux de l'ame, la foi, la vocation, l'adoption, la sanctification. C'est donc une folie de vouloir se distinguer par des choses de nulle importance, pendant qu'on ne sait pas connaître sa véritable grandeur. Si nous n'étions que des hommes sans être chrétiens, ou que nous n'eussions point d'autre établisement que celui de la terre, il serait permis de s'y établir d'une manière fixe; mais quel aveuglement, d'en chercher les moyens, pendant que nous ne sommes ici que pour y passer, que nous sommes héritiers de la gloire éternelle, et que, dans le ciel, nous avons un père, une patrie, un établissement pour l'éternité! Eh ! laissons les grandeurs du monde à ceux qui n'ont point d'autre espérance. Prenons une idée vraie de la véritable grandeur. La recherche de la fausse nous élève, et la véritable nous humilie. Le fondement de la solide élévation c'est l'anéantissement d'un cœur humble et soumis à Dieu. Marie n'est humble, que parce qu'elle est grande : et c'est la seconde disposition que nous devons imiter.

En effet, M. F., d'où pensez-vous que vienne l'humilité de Marie ? Elle vient de sa grandeur. L'ange lui dit : Ne craignez pas, Marie, car vous avez trouvé grace devant Dieu. Et que produit en elle la vue de cette grandeur ? L'humilité, l'anéantissement ; c'est ce qui paraît par sa réponse : Voici la servante du Seigneur. Celle qui est choisie pour être la mère du Seigneur, assure qu'elle n'est que la servante. Les lumières que tant de graces apportent elle, lui découvrent la profondeur de son néant : parce que, dit S. Bernard, jamais la créature ne connaît mieux sa misère, que quand elle est remplie des lumières de Dieu.

La grandeur de Marie l'humilie, parce qu'elle la regarde avec l'œil de la foi, et qu'elle considère la disproportion qu'il y a entre les graces que Dieu lui a faites, avec elle-même qui les reçoit ; et voyant ce qu'elle a reçu, elle s'abaisse et s'anéantit infiniment. Ce serait par les mêmes vues que nous deviendrions humbles, si nous considérions avec admiration la grandeur et la dignité de la grace chrétienne, et ce que nous sommes par l'alliance que Jésus-Christ fait avec nous. Nous reconnaîtrions ce qu'a dit l'apôtre, que nous portons un grand trésor dans des vases de terre ; nous nous écririons avec le saint homme Job, pleins d'étonnement et d'admiration : Quoi ! Seigneur, vous avez daigné ouvrir les yeux sur une si basse, une si digne créature ! Ce n'est point un orgueil que de penser aux graces et aux dons que Dieu a mis en nous, et de considérer la grandeur que nous tenons de lui par sa grace, quand nous n'y pensons que pour lui en rendre toute la gloire : c'est au contraire un devoir de l'humilité chrétienne, et un moyen pour l'acquérir, ou pour l'augmenter. La vue de ces dons doit nous porter à mépriser toutes les choses de la terre, et à nous élever saintement au-dessus d'elles. Il y a un saint orgueil, dit S. Paulin : nous sommes plus grands que toutes les choses de la terre ; et que peut nous donner le monde, qui ne soit infiniment au-dessous de nous ! Cette vue doit nous porter encore à rendre graces à Dieu.

Enfin Marie s'abandonne à Dieu par une soumission parfaite ; on peut dire qu'elle s'y livre pour toujours, pour n'avoir plus de volonté que la sienne : Qu'il me soit fait, dit-elle à l'ange, selon votre parole. Que de réflexions se présentent ici, M. T. C. F., en vous proposant l'exemple de Marie ! Sans cette disposition, sans un abandon total, sans l'union entière de notre volonté à celle de Dieu, nous ne saurions conserver l'alliance qu'il fait avec nous par sa miséricorde. Comprenez comment et à quelles conditions se fait notre alliance, et comment nous sommes unis à Dieu : c'est par sa miséricorde que nous sommes arrachés de la puissance des ténèbres, et transférés dans le royaume de son Fils. Par notre régénération en Jésus-Christ, et par l'alliance que nous contractons avec lui dans le baptême, nous sommes délivrés du péché. Notre volonté, qui était adhérente à celle d'Adam, est transférée en Jésus-Christ. Nous adhérons à Dieu et en lui par sa volonté, et nous sommes sauvés en sa vie, comme parle l'apôtre.

Nous ne pouvons pas nous dissimuler que nous ne trouvions en nous de grands obstacles à cette adhérence, à cette union de Dieu. La concupiscence que nous apportons en naissant, et qui est toujours en nous, travaille à nous retirer de Dieu : c'est le combat des deux lois dont parle S. Paul ; et selon S. Augustin, nous ne sommes régénérés que dans la pointe de l'ame. Etrange composé du chrétien, qui est formé de l'union d'un corps mort, et d'une ame ressuscitée ; dont l'une lui montre le ciel, et l'autre l'entraîne vers la terre ! Mais si J.-C. est en vous, quoique votre corps soit mort à cause du péché, l'esprit est vivant à cause de la justice. Il y a donc dans l'homme deux volontés opposées : celle de l'homme charnel, et celle de l'homme spirituel ; ce que l'un veut, l'autre le combat.

Mais, direz-vous, comment combattre, comment surmonter ces obstacles que la concupiscence forme en nous? En voici le moyen. Il faut être dans une continuelle attention à combattre, pour achever de faire mourir les désirs de la concupiscence, et pour éteindre ce qui reste en nous de la vie du vieil homme. Il faut recourir à la grace de Jésus-Christ, qui seule nous peut faire triompher de cette violente inclination au mal, qui est le malheureux héritage des enfans d'Adam, par une prière continuelle. La bonne volonté ne peut venir que de celui qui l'opère : il faut lire la loi de Dieu, l'Ecriture-Sainte et les livres de piété, pour y apprendre la volonté de notre père. Enfin il faut imiter les exemples, et régler sa vie sur la conduite de J.-C. qui a formé en nous une alliance si divine ; et vivre comme Marie, qui étant devenue Mère de Dieu, n'a plus eu d'autres mouvemens que ceux de la volonté de Dieu.

Voyons maintenant où nous en sommes : Nous avons eu part à cette alliance par le baptême ; en vertu de cette alliance, nous sommes unis à Jésus-Christ, transportés, entés et établis en lui, comme parle l'Ecriture ; son esprit est en nous, et nous devons vivre selon son esprit : car les membres vivent de la vie de leur chef. Voilà notre obligation ; et si nous la remplissons, l'alliance que nous avons contractée avec Jésus-Christ ne peut tourner qu'à notre condamnation. Cette éminente dignité, ce grand nom de chrétien n'est capable que de nous abaisser et de nous rendre misérables, si nous ne le savons pas soutenir. Non, M. F., il ne nous servirait de rien d'avoir conçu J.-C. même dans nos entrailles, d'une manière aussi miraculeuse que Marie, si la pureté de notre vie ne répondait pas à une dignité si excellente. Ainsi prenons garde que notre alliance avec J.-C., par le mystère de son incarnation, et par la grace de notre baptême qui en est une suite, ne soit un sujet de condamnation pour nous.

Jugeons du succès de notre alliance par notre attachement à Dieu, et par notre soumission à sa volonté. Par J.-C., nous avons été transformés en lui. Vivons-nous de son esprit ? L'apôtre dit que celui qui n'a pas l'esprit de J.-C. n'est point à lui, quoiqu'il soit dans la religion de J.-C. : paroles terribles et dignes d'une grande attention. Qui n'a point l'esprit de J.-C. ne peut avoir qu'un esprit d'erreur et de ténèbres ; et celui qui a l'esprit de J.-C., le doit faire voir dans sa conduite et dans sa vie. Or, quel est l'esprit de J.-C. ? On vous l'a dit tant de fois : l'esprit de J.-C. est un esprit de pauvreté, de simplicité, de douceur, d'humilité, de patience. Est-ce là votre esprit, M. T. C. F. ? Examinez-vous sans vous flatter Quiconque adhère à Dieu, est un même esprit avec lui : et c'est-là l'effet de la charité et de l'amour de Dieu. Celui qui s'attache au Seigneur par un amour ardent, devient un même esprit avec lui par une parfaite correspondance à toutes ses volontés. Nous devenons ce que nous aimons ; l'amour transforme ce qu'il unit : ceux qui sont enfans de Dieu, sont conduits par son esprit ; ceux qui ne sont pas conduits par son esprit ne sont donc pas ses enfans. Mais quel doit être l'héritage de ceux qui ne sont pas ses enfans ? Vous le dirai-je, M. T. C. F. ! Il n'y a que deux naissance, et par conséquent que deux patries ; il n'y a que deux cités, et par conséquent que deux héritages. Vous n'êtes pas les enfans de Dieu, si vous n'êtes pas conduits par son esprit ; vous êtes les enfans du démon, si vous n'accomplissez que les désirs qu'il vous suggère. Cela est terrible ; mais il le sera bien davantage, quand Dieu nous le dira lui-même, peut-être dès demain, peut-être dès aujourd'hui, peut-être tout-à-l'heure.

Songez-y donc, M. T. C. F., et ne l'oubliez jamais : Nous avons part à l'alliance que J.-C. fait avec Marie et dans Marie ; ce mystère est fait pour nous. Ingrat en insensible celui qui oublierait ce qu'il a été, et ce qu'il est par une si grande miséricorde ! Aveugle et présomptueux celui qui ne craint pas de rompre cette alliance ! Misérable et insensé celui qui compte pour rien de s'y engager de nouveau pour un plaisir d'un moment ! Je le répète : le grand

mystère

mystère, le mystère de l'Incarnation, est fait pour nous ; c'est pour s'unir à nous, que le Verbe éternel a pris la nature humaine ; quelle horrible confusion pour nous, si nous venions à rompre cette alliance ! pour nous préserver d'un pareil malheur, jugeons - en par l'esprit qui nous anime ; demandons-nous à nous-mêmes, dans toutes nos actions, si nous agissons par l'esprit de Jésus-Christ ; car M. F., notre corps et notre esprit ne sont plus à nous ; nous lui appartenons depuis notre alliance ; et c'est lui qui en doit régler et gouverner tous les mouvemens.

Prions donc, M. T. C. F., afin que nous puissions concevoir J.-C. ; le ressusciter, s'il est mort en nous ; lui donner de l'action et de la vigueur s'il y est languissant ; et le faire régner en nous, pour régner avec lui. Il est un de nos plus importans devoirs de vous y engager ; nous ne cessons de le demander chaque jour à Dieu ; et c'est-là où tendent nos soins, nos travaux, notre sollicitude : fasse le ciel que nos peines et nos veilles ne soient pas sans fruit ; que J.-C. soit véritablement en vous et en moi ; qu'il y vive, qu'il y agisse, et qu'il y règne toujours, afin que nous régnions tous ensemble éternellement avec lui. Dieu veuille bien nous en faire la grace. *Amen.*

NAISSANCE DE N. S. JÉSUS-CHRIST.

LE CHRÉTIEN DOIT S'APPLIQUER A CROÎTRE DANS LA CONNAISSANCE ET L'AMOUR DE J.-C.

Allons jusqu'à Bethléem, et voyons ce qui vient d'arriver.

Luc, 2. 25.

TELLE fut la détermination de ces hommes simples, dont l'innocence et la candeur méritèrent d'entendre les chants mélodieux de la troupe céleste, qui leur annonçait le plus grand bien que pût se promettre le genre-humain : la joie la plus éclattante dans les cieux, la paix et l'abondance, promises depuis si long-tems aux hommes chéris de Dieu, l'une et l'autre fruit nécessaire d'une parfaite réconciliation entre le ciel et la terre. Frappés de la plus vive lumière, au-milieu des plus épaisses ténèbres de la nuit, saisis d'étonnement et d'admiration, à la vue des merveilles qu'ils ont entendues, dociles à la voix du ciel, uniquement occupés du grand objet qui leur est annoncé, à peine délibèrent-ils sur le parti qu'ils ont à prendre. Le premier mouvement, celui du cœur, lève tous les obstacles, écarte toutes les difficultés ; sans s'embarrasser du soin de leurs troupeaux, ils quittent tout, et s'empressent de venir à Bethléem pour s'assurer par eux-mêmes de la vérité de l'apparition de l'ange, et voir par leurs propres yeux si la vision de l'armée céleste n'est pas une pure illusion. . . . Toujours sensible, toujours attentive aux be-

soins de ses enfans, l'Eglise rappelle chaque
année à leur souvenir ce grand événement de
la naissance du Dieu fait homme : chaque année, elle les invite à s'occuper de ce grand
objet, à partager sa joie, à célébrer sa gloire.
Mais quel est le fruit de ses instances, de ses
sollicitudes ? A-t-elle la consolation d'apprendre et de voir que, dociles à sa voix, qu'animés de son esprit, ses enfans se fassent un
devoir de méditer sérieusement ce grand mystère, ce mystère incompréhensible de l'amour
de Dieu, qui a donné son Fils au monde ; de
la charité immense de ce Fils adorable, qui
s'est chargé de nos langueurs, de nos foibles-
ses, de nos infirmités, pour les réparer par
l'effusion de tout son sang ? Peut-elle s'assurer par leur conduite, que le dogme de l'incarnation du Verbe, que la naissance temporelle de celui qui est de toute éternité, soient
les fruits précieux de leur conviction, de leur
reconnaissance et de leur amour ? Plût à Dieu
qu'à cet égard elle n'eût pas des doutes trop
légitimes.... Voilà, M. T. C. F., bien des
années que vous avez le bonheur de célébrer
cette grande solemnité : souffrez que je vous
demande si vous connaissez parfaitement celui
qui en est l'objet. L'Eglise ne cesse de vous annoncer par l'organe de ses ministres, l'heureuse nouvelle de la naissance du Sauveur :
elle ne cesse, dans la célébration de ses mystères, de chanter ce beau cantique dont les
esprits bienheureux firent retentir les airs :
Gloire à Dieu au plus haut des cieux ; paix
sur la terre aux hommes chéris de Dieu. A
l'exemple des bergers, dans une sainte inquiétude mêlée de joie, vous êtes-vous jamais

transportés en esprit à Bethléem , pour voir le prodige que le Seigneur , dans sa miséricorde , vous a fait connaître ? Mais qu'est-il besoin de vous transporter dans la Syrie , dans la Judée ? ce divin Enfant , objet des recherches empressées des pasteurs , il est au-milieu de vous. Ne peut-on pas vous faire le reproche que faisait Jean-Baptiste aux juifs de son tems , de ne le pas connaître ? Mais , M. F. , dans un aussi beau jour , dans un jour aussi avantageux pour l'humanité , ne cherchons point à nous humilier par des reproches ; et si notre cœur nous rend le témoignage de n'avoir pas de J.-C. toute la connaissance que nous devrions en avoir , prenons aujourd'hui , à la face du ciel et de la terre , aux pieds mêmes de cet autel où J.-C. est présent , la forte résolution de réparer autant qu'il sera en nous un malheur aussi déplorable , et de ne négliger aucun moyen de croître de plus en plus , avec le secours de la grace , dans la connaissance et dans l'amour de cet adorable Sauveur. Pour en faciliter le succès , je borne cette Instruction à quelques réflexions simples , sur les traits principaux de notre Evangile : je vais , à l'imitation des Pères de l'Eglise , paraphraser les circonstances particulières de la naissance du divin Enfant. Le peu que je dirai de sa personne et de l'état humiliant où il a voulu naître , sera plus que suffisant pour exciter en nous les sentimens de l'adoration la plus profonde , et nous la faire regarder comme le modèle le plus parfait des humiliations et des souffrances.

Aussi sage dans ses vues , qu'incompréhensible dans l'exécution de ses décrets , la provi-

dence avait fixé les momens où devait paraître
sur la terre le libérateur promis à l'homme le
jour même de sa chûte. Les événemens qui
avaient précédé, avaient été constamment prédits par les prophètes. Dans sa miséricorde,
Dieu avait préparé et préordonné les moyens
d'exécution ; et les hommes n'étaient que les
instrumens aveugles qu'il employait pour parvenir à ses fins. Les prophètes avaient annoncé que le Messie, le désiré des nations devait naître dans la ville de Bethléem. Pour justifier cette prédiction, et réaliser sur-tout celle
du prophète Michée, que Bethléem ne serait
pas la moindre entre les principales villes de
Juda, Dieu inspire à l'empereur Auguste un
projet qui, en satisfesant son ambition et sa
cupidité, devait attester à toutes les générations, que Dieu fait son œuvre, dans le tems
que nous ne croyons suivre que nos vues, et
n'agir que pour nos intérêts. Auguste, à ce
nom vous vous rappellez ces hommes absolus,
ces fiers despotes, qui, dans les délires de l'orgueil et de la vanité, faisaient gémir presque
l'univers entier sous le poids des chaînes honteuses dont ils avaient su l'accabler ; Auguste
publia un édit, et ordonna qu'on fît le dénombrement de tous les sujets de son empire,
c'est-à-dire, de cette multitude infinie de malheureux de toute espèce, qui vivaient sous ses
loix tyranniques. Auguste, en satisfesant sa
folle curiosité, n'avait en vue que la gloire de
son nom ; il croyait ajouter à l'éclat de son
règne, et l'illustrer, par l'énumération de
cette foule immense d'esclaves, honteusement
asservis à ses caprices et à ses volontés ; il ne
savait pas, et il ne pouvait pas imaginer que

cette entreprise devait servir à la gloire du Très-Haut, qui tient en ses mains le cœur des hommes, et qui, quand il lui plaît, fait servir leur passion à l'exécution de ses desseins.

Cette circonstance, M. F., est infiniment précieuse aux yeux de la foi. Eh! quel moyen de conviction pour les gentils et pour les juifs, que l'enfant qui est né à Bethléem est de la race et de la famille de David! Chacun était obligé de se faire inscrire dans la ville dont il était originaire. La grossesse de Marie était un fait public et notoire : il n'était pas moins certain que Joseph et Marie étaient l'un et l'autre de la race et de la famille de David : l'Enfant que Marie a mis au monde est donc aussi de la famille et de la race de David. Sa naissance est constatée dans les registres de la Judée. On ne saurait contester cette vérité historique sans se couvrir de ridicule. Quelle preuve plus forte que Jésus de Nazareth est le véritable Messie, promis à ses Pères? Ces premiers traits consignés dans les fastes de l'histoire, ces premiers traits annoncés par les prophètes, et accomplis à la lettre, attestent évidemment, et la divinité de J.-C., et celle de la Religion sainte que nous professons, et dont il est l'auteur et le consommateur.

A peine l'édit d'Auguste est-il publié, que Josept et Marie partent de Nazareth pour se rendre à Bethléem. Marie n'est point arrêtée par les fatigues d'un voyage pénible, par les incommodités de sa grossesse, par le terme prochain de sa délivrance. Mère de celui qui devait être obéissant jusqu'à la mort, et la mort de la croix, Marie ne sait qu'obéir à une loi légitime, quelque difficulté qu'elle trouve à l'accomplir. Quelle leçon pour ces chrétiens faibles et pusillanimes, à qui le moindre prétexte est plus que suffisant pour se dispenser des loix, soit divines, soit humaines ! Enfermé dans le sein de sa mère, le Verbe de Dieu donne l'exemple de la soumission, même avant sa naissance. Quoiqu'issue du sang des rois, quoique mère de Dieu, Marie s'assujettit à des dispositions dures et humiliantes ; elle ne rougit point de s'avouer dans la dépendance d'un idolâtre, qui avait usurpé la souveraineté de sa maison. Quelle leçon pour ces hommes inquiets et turbulens de nos jours, dont la critique aussi peu éclairée, qu'elle est ridicule et indécente, ose s'élever contre un état de choses que la Providence elle-même a ordonné dans sa justice et dans sa sagesse, pour nous châtier, nous punir et nous éprouver ; pour ces hommes hypocrites, dont la langue vendue à la duplicité et au mensonge, osa attester pour les loix une soumission que leur cœur désavoue et désapprouve ; de ces hommes en un mot, qui non contens de mentir à leur conscience, ne craignent point de mentir aux hommes et à Dieu lui-même.

A peine Joseph et Marie étaient-ils rendus à Bethléem, que le tems des couches de Marie arriva ; elle mit au monde son premier né. La fatigue et les incommodités du voyage ne les avancèrent point. Le tems ordinaire s'accomplit. S. Bernard ne fait point difficulté d'avancer que Marie a été la seule femme qui a conçu sans corruption, porté sans peine, et enfanté sans douleur. Pure et sans tache, Marie ne ressent pas les douleurs, qui sont la juste punition du péché ; elle enfante sans douleur le

Fils qu'elle a conçu sans l'ombre d'impureté ; et comme observe S. Jérôme , elle n'a pas besoin du secours ni de l'assistance de qui que ce soit ; elle se suffit à elle-même ; elle enfante ; elle couvre de langes le fruit divin , dont la conception est l'ouvrage du Saint-Esprit.

Le tems est donc venu où toutes le promesses faites aux juifs se réalisent , où les vœux de tous les patriarches s'accomplissent , où les prédictions de tous les prophêtes s'exécutent ; on ne dira plus que le Messie est un être imaginaire ; que les Moïse, que les Josué entretenaient les juifs de chimères et de fables ; que la révélation faite au peuple d'Israël n'était qu'une supposition et une chimère : déjà le Fils e Dieu est né; déja enveloppé de langes , il repose dans une crèche , parce qu'il n'y a point de place dans les hôtelleries pour Marie et pour Joseph. Quel prodige inconcevable ! le maître des cieux et de la terre n'a pas où reposer sa tête ! celui dont le ciel est le trône et le pavillon , est enveloppé de misérables langes : celui qui n'a pas de commencement , naît en ce jour; celui qui est la perfection même , prend des accroissemens; celui qni tonne dans les airs , pleure dans un berceau. Quels miracles plus éclattans pourriez-vous jamais voir ? La raison s'égare dans l'immensité de ces merveilles , et ne nous reste en partage qu'un profond étonnement. Un Dieu renfermé dans une étable, un Dieu gissant sur du foin , un Dieu sans aucune apparence de pouvoir, sans aucun secours , n'est-ce pas-là un spectacle qui attère tous les esprits , et qui les confond ; un spectacle qui déconcerte l'orgueilleux , et qui le détruit ; un spectacle qui surpasse en puissance la création même de l'univers ? Le Dieu de tous les tems, de toutes les nations, réduit et anéanti sous la forme d'un enfant, sans aucune marque de grandeur et de majesté, voilà ce qui ne se peut ni exprimer, ni concevoir ! Quelle humilité en effet, quel abandon, quelle pauvreté, quel excès de misère ! Ici, M. T. C. F., s'accomplit parfaitement et à la lettre ce que dit le disciple bien aimé du Verbe fait chair : Il est venu chez soi, et les siens ne l'ont point reçu ; il est venu naître dans la ville de ses ancêtres, et il n'y a point été reconnu : rebuté par-tout, et ne pouvant trouver de place dans le lien destiné à loger les hommes, il est obligé de loger dans un lieu destiné pour les animaux. Il naît dans un voyage, pour nous apprendre par cette première demarche, que la vie de ses disciples, comme la sienne, doit être une vie de voyageurs, une vie d'hommes détachés de la terre, morts au monde, qui se regardent dans cette vallée de larmes et de misères, comme dans un lieu d'exil, et qui ne soupirent qu'après leur chère patrie, où ils espèrent une demeure fixe, permanente, éternelle. . . Que la pauvreté ne vous paraisse donc plus hideuse et méprisable, puisque J.-C. lui-même vient aujourd'hui la canoniser par son exemple. Il naît pauvre, il vivra pauvre, il vivra avec les pauvres, dit S. Augustin, afin que nous sachions qu'il n'y a de biens réels que les biens célestes, et que tous les trésors de l'univers ne valent pas le moindre dégré de grace. Quelle confusion pour les Juifs, qui, charnels et grossiers, espéraient un Messie pompeux et

triomphant , un Messie environné de toutes
les richesses et de toutes les grandeurs du siècle , comme si un Dieu pouvait trouver sa
gloire dans celle que le monde offre à ses hé-
ros ; comme si quelques honneurs vains et
passagers pouvaient relever la majesté de celui
qui est la source de tous les biens , le principe
et la fin de toutes choses.... Qu'ils sont donc
petits , malgré la magnificence qui les environne , et qu'ils sont méprisables aux yeux de
la foi, les trônes du monde , en comparaison
de la crèche où naît J.-C. ! c'est-là , qu'humilié , dénué de tout , il nous apprend à ne ré-
vérer en lui que son auguste qualité de Fils de
Dieu , que la fonction de Rédempteur : c'est-
là qu'il ne laisse entrevoir que les vertus qui
peuvent nous sanctifier , que les richesses de
son avènement ; de sorte que l'étable de Bethléem devient la seule école qui puisse bien
nous instruire de nos devoirs , et nous rendre
heureux et parfaits.

Je devrais sans doute interrompre ici mon
discours , M. T. C. F. , et vous laisser méditer
en silence au pied de la crèche de J.-C. le mystère ineffable de cette naissance ineffable : mais
je ne puis me dispenser de vous mettre sous
les yeux le développement qu'a fait le grand
apôtre de ce grand mystère d'amour, *magnum
pietatis sacramentum*, qui s'est fait voir dans
la chair, qui a été autorisé par l'esprit , manifesté aux anges , prêché aux nations , cru
dans le monde , élevé à la gloire. Ce grand
mystère de la naissance du Verbe , caché dans
la profondeur des desseins éternels de Dieu ,
voilé dans les siècles , des ombres , des figures
et des promesses ; ce grand mystère de piété

a enfin paru lorsque le fils de Marie est né
dans l'étable de Bethléem ; lorsque le Fils de
Dieu s'est fait voir dans une chair semblable à
la nôtre, *manifestatum in carne*. A peine ce
mystère d'amour a-t-il été accompli sur la
terre, que le Père-Eternel l'a fait connaître à
ses anges, *apparuit angelis*; il leur a proposé
son Verbe fait homme, comme un objet qu'ils
étaient indispensablement obligés de reconnaître et d'adorer comme leur chef, leur maître, leur Seigneur et leur Dieu. Lors, dit l'a-
pôtre, que le Père fait paraître dans le monde
son Fils premier né, il dit que tous les anges
de Dieu l'adorent. Avant la prédication générale qui se devait faire par les apôtres et les
disciples, à toutes les nations de la terre, il a
plu à la divine Providence de révéler le mystère du Verbe fait chair, aux bergers, aux
mages prémices des gentils appellés à la foi : ils
sont venus à Bethléem, et ils ont adoré comme
un Dieu, celui qui ne paraissait à leurs yeux
que comme un enfant fort pauvre et fort abject, *prædicatum est gentibus*.. Dire que ce
mystère adorable a trouvé peu-à-peu créance
dans les esprits les moins disposés à le croire ;
qu'un petit nombre d'apôtres et de disciples,
formés à l'école de J.-C., et remplis de son
esprit, ont forcé, par la vertu de leurs miracles, un grand nombre de juifs et une multitude prodigieuse de gentils à embrasser une
religion dont ce mystère est le fondement, et
que dans la suite ce mystère a été cru dans
toutes les parties du monde, *creditum est in
mundo*, c'est ne dire que ce que toutes les histoires nous attestent, et ce que nous voyons,
pour-ainsi-dire, de nos yeux. Enfin jamais

mystère n'a été plus élevé à la gloire, *assumptum est in gloria*. Quelle est cette gloire du Verbe incarné ? Pour en parler dignement et se former quelque idée qui en approche, écoutons ce qu'en dit encore ailleurs le même apôtre : Jésus-Christ, dit-il, ayant la nature de Dieu, pouvait bien, sans usurpation, s'égaler jusqu'à lui : cependant il s'est anéanti lui-même, en prenant la nature d'esclave, en se rendant semblable aux hommes et étant reconnu pour homme par tout ce qui a paru de de lui au-dehors. Tels ont été les abaissemens du Fils unique de Dieu dans son incarnation, dans sa naissance. Apprenons aussi de l'apôtre, quelle a été et quelle sera dans toute l'éternité la gloire qui en est la juste récompense : c'est pourquoi, dit-il, Dieu l'a élevé et lui a donné un nom qui est au-dessus de tout nom ; afin qu'au nom de Jésus tout genou fléchisse dans le ciel, sur la terre et dans les enfers ; et que toute langue confesse que le Seigneur J.-C. est dans la gloire de Dieu son Père. On ne saurait en parler plus dignement, puisque c'est l'Esprit-Saint lui-même qui en a dicté les expressions ; mais il faut convenir que ces expressions ne répondent pas à tout ce qui en est, parce qu'elle est infinie, ineffable, incompréhensible.

Mais admirons ici, M. T. C. F., l'amour immense de Dieu pour les hommes : cette gloire n'est pas seulement pour le chef, ses membres peuvent y participer ; et le Père des misericordes en prépare une abondante communication à ceux qui sauront profiter de l'incarnation et de la naissance de son Fils. Tous les Pères conviennent qu'un Dieu ne s'est fait

homme, que pour faire l'homme Dieu ; que
le Seigneur des anges s'est fait homme, afin
que l'homme mangeât le pain des anges J. C.,
dit Origène, a voulu naître dans les circonstances d'un dénombrement général, et être
inscrit parmi les hommes pour les sanctifier. Il
a voulu, comme eux, s'assujettir à l'enregis-
trement et au tribut, afin de les délivrer et de
les affranchir de l'esclavage du démon. Le Fils
de Dieu, dit S. Ambroise, s'est fait enfant,
afin que nous pussions devenir des hommes
parfaits ; il a voulu être enveloppé de langes,
afin que nous fussions libres et affranchis des
filets de la mort ; il a voulu descendre sur la
terre, pour nous élever au ciel ; il n'a point
voulu trouver de place dans une hôtellerie,
afin de nous ménager plusieurs demeures dans
le ciel, dans la maison de son Père ; il a voulu
naître dans une étable, pour nous recevoir
dans ses tabernacles éternels ; de riche qu'il
était, il est devenu pauvre, afin que son indigence nous enrichît.

Tels ont été les desseins de bonté et de miséricorde que le Seigneur a eu pour nous dans
son incarnation et sa naissance : mais savons-
nous en profiter ? Entrons-nous dans les sentimens et dans toutes les dispositions que l'E-
glise nous inspire, en nous mettant sous les
yeux les témoignages de l'Ecriture et les expressions des Pères, qui en sont les interprêtes?
Son intention est que les abaissemens de son
divin époux ne nous fassent jamais oublier ni
l'éclat de son origine, comme Dieu, ni la
gloire infinie à laquelle il doit être élevé, comme homme. Le Seigneur m'a dit : vous êtes
mon Fils ; je vous ai engendré aujourd'hui.

Pouvait-on s'exprimer plus clairement sur la divinité, et sur la naissance éternelle dans le sein de Dieu, de celui qui paraît aujourd'hui comme homme, et qui l'est en effet ?

Fidèle interprête de l'esprit de l'Eglise, saint Bernacd veut que nous joignons à la joie sainte, à la vive reconnaissance, et à la ferme confiance que doit nous inspirer l'incarnation du Verbe, le soin d'écouter J.-C. dans les avis salutaires qu'il nous donne, et d'imiter les rares exemples qu'il nous a laissés dans les premiers momens de sa vie passible et mortelle. Efforçons-nous de devenir comme ce divin Enfant ; apprenons de lui, qu'il est doux et humble de cœur ; apprenons de J.-C. naissant, à nous détacher parfaitement de tous les biens de la terre, et à mépriser les prétendus honneurs du monde ; apprenons à honorer, à estimer, à chérir la pauvreté, l'humiliation, l'indigence, la douleur, les souffrances ; prenons part aux abaissemens de notre chef, afin que nous puissions un jour avoir part à sa gloire ; offrons-le à la divine justice comme une victime de propitiation pour nos péchés, puisque c'est pour cela qu'il est né ; prions-le qu'il naisse et se forme en nous, afin que nous ne vivions plus que pour lui et en lui... Méditons profondément ce grand mystère de la naissance d'un Dieu fait homme pour les hommes ; il n'est point de moyens plus propres à nous rendre victorieux de nos passions. L'amour-propre nous suscite-t-il des mouvemens, des pensées d'élévation, portons les yeux sur le Fils de Dieu fait homme, et gissant, à sa naissance, dans une étable, et nous aurons honte de notre orgueil : une chair toujours trop rébelle se soulève-t-elle contre l'esprit ; envisageons ce divin Enfant souffrant le froid et la nudité , et nous châtierons notre corps pour le réduire en servitude ; en un mot , en considérant attentivement le Verbe fait chair , humilié , mortifié , anéanti , nous humilierons nos esprits , nous mortifierons nos corps , nous détacherons nos cœurs de l'affection des biens caducs et périssables.

Tels sont les effets que ce mystère doit produire en nous ; tels sont les moyens qui peuvent nous rendre solidement heureux , en nous faisant jouir de la paix et de la tranquillité que l'ange nous annonce aujourd'hui , et qu'un Dieu-Homme nous a méritée par son incarnation : *gloria in altissimis Deo , et in terra pax hominibus bonæ voluntatis.* Sollicitons avec instance cette paix qu'il a apportée du ciel en terre , et que nous ne pouvons tenir que de lui. C'est cette paix , dit S. Aug. , qui est la sérénité de l'esprit , la tranquillité de l'ame , la simplicité du cœur , le lien de l'amour , la compagne de la charité : c'est elle qui étouffe les haines , qui finit les guerres , qui appaise la colère , qui méprise les superbes , qui aime les humbles , qui réconcilie les ennemis... Faites , Seigneur , que celui qui n'a pas cette paix vous la demande ; que celui qui l'a trouvée , la conserve ; que celui qui l'a perdue , la recherche ; puisque cette paix est non-seulement le plus grand bien que nous puissions recevoir en ce monde , mais est un gage et un avant-goût de la félicité que vous nous préparez dans l'autre. Dieu veuille nous l'accorder à tous. Ainsi-soit-il.

CIRCONCISION DE N S. J.-C.

Circoncision charnelle du Juif, figure de la Circoncision spirituelle du Chrétien.

> *Le huitième jour étant arrivé auquel l'Enfant devait être circoncis, il fut nommé Jésus.*
>
> Luc, 2. 21.

Qui pourrait ne pas admirer, M. T. C. F., la soumission de Jésus-Christ à la volonté de son Père ! A peine le corps qu'il lui avait formé a-t-il vu le jour, qu'il lui proteste qu'il ne vient dans le monde que pour l'exécution de ses desseins éternels. Huit jours étaient à peine écoulés, qu'il s'empresse, par le ministère de sa mère et de son père putatif, de remplir cette loi humiliante, qui caractérisait la peine qu'avait mérité le péché. Impatient de remplir sa mission, de travailler au grand ouvrage du salut des hommes, il commence à répandre son sang. En s'assujettissant à cette auguste cérémonie, il prend l'engagement de le répandre jusqu'à la dernière goutte, pour leur rédemption.

La circoncision, vous le savez, M. T. C. F., avait été ordonnée à Abraham, comme un signe de l'alliance que Dieu contractait avec lui et avec toute sa postérité. Ce fut dans la suite la marque par laquelle les juifs étaient distingués d'avec tous les autres peuples. Quiconque n'était pas circoncis, devait être exterminé du peuple, parce qu'il n'avait pas reçu

le

le sceau de l'alliance, parce que, dit S. Augustin, il a violé dans Adam la loi donnée au au premier homme, et qu'il est encore coupable de cette désobéissance dans laquelle il est né, puisqu'il n'a point reçu le remède établi pour le réparer.

La loi de Moïse n'était que figurative ; les cérémonies judaïques n'étaient que des choses très-inutiles, et elles devaient disparaître à la lumière de l'Evangile. J.-C., en venant au monde, déclare expressément qu'il ne vient point dans le monde pour détruire ni la loi, ni les prophètes ; mais qu'au contraire, il ne vient que pour l'accomplir et la perfectionner. Il l'a en effet accomplie, puisque, par son avènement dans le monde, il a substitué la vérité aux figures. La loi, dit S. Hilaire, couvrait, sous le voile de ses paroles énigmatiques, tous les grands mystères de l'incarnation, de la naissance, de la passion et de la résurrection de J.-C. Et ainsi la loi et les prophéties se sont accomplies parfaitement en sa personne.

L'esprit de l'Eglise, dans la célébration annuelle des différens mystères dont elle rappelle le souvenir, n'est pas seulement de nous les proposer, pour exercer notre foi : il est de son intention que ses ministres, dans leurs instructions, s'appliquent à faire connaître les différens moyens qui peuvent servir, ou au réglement des mœurs, ou à leur réformation. Il ne suffit donc pas d'avoir une grande foi, pour croire sans hésiter ce qui paraît le plus opposé à notre raison ; il ne suffit pas de renoncer à nos propres lumières, et de soumettre notre esprit à l'obéissance de J.-C., il faut encore marcher sur les traces de celui qui est notre guide et notre modèle. Chaque mystère nous fournit de précieuses leçons : nous devons sur-tout pratiquer la vertu qui a le plus éclatté en Jésus-Christ, et qui nous est proposée comme celle qui fait l'esprit et la substance de chaque mystère. D'après ces principes, je vais développer succinctement et avec simplicité ce que chacun de nous doit imiter en J.-C. dans la soumission qu'il fait paraître pour la loi de la circoncision : ce qui me donnera lieu d'établir solidement la différence qui se trouve entre la circoncision des juifs et celle qui est imposée à tous les chrétiens. Je vous demande quelques momens d'attention.

La vertu qui éclatte plus particulièrement en J.-C. dans le mystère de la circoncision, c'est sans contredit sa soumission aux ordres de son Père. Dans son incarnation, on admire la plus profonde humilité ; et il fait paraître dans la circoncision l'obéissance la plus absolue. "En entrant dans le monde, il dit à son Père : vous n'avez pas voulu d'hostie ni d'oblation ; mais vous m'avez formé un corps ; alors j'ai dit : me voici ; je viens, selon ce qu'il est écrit de moi dans le livre, pour faire, ô Dieu, votre volonté. Jésus-Christ n'attend pas le moment de sa passion ; dès le premier moment de son incarnation, il marque la plus vive ardeur, le plus grand empressement à faire la volonté de son Père, qui est de s'immoler pour la rédemption des hommes.

Parmi les différentes raisons que les Pères de l'Eglise allèguent, qui ont déterminé J.-C. à se soumettre à l'humiliante loi de la circoncision, ils se réunissent tous à penser que la principale raison est que Jésus - Christ a voulu

donner aux hommes l'exemple de l'obéissance,
et les engager à pratiquer cette vertu, si contraire à l'orgueil de la nature, qui, jalouse de
l'indépendance, ne porte qu'impatiemment le
joug que la loi lui impose. J.-C. a obéi à la loi,
quoiqu'il fût supérieur et au-dessus de la loi.
Il s'est soumis à tout ce qu'elle avait de plus
humiliant et de plus rigoureux, afin que ceux
qui en dépendent, apprissent à s'y soumettre
sans répugnance. Par son incarnation, lorsqu'il s'est revêtu de notre humanité, au tems
de sa vie mortelle, il n'a été rendu que pour
un peu de tems inférieur, au-dessous des anges, par les apparences extérieures, qui le faisaient prendre pour un homme du commun ;
et à cet égard il était effectivement inférieur
aux anges ; mais par sa circoncision, il est devenu beaucoup au-dessous, puisqu'il n'a pas
seulement la forme d'un esclave et la nature de
serviteur, mais qu'il y paraît sous la figure et
l'apparence du pécheur, et qu'il veut bien se
revêtir de l'apparence du péché. Celui, dit S.
Bernard, qui n'avait pas en soi la moindre apparence de playe, n'a pas refusé de porter sur
soi ce qui était destiné à la guérir : celui que
personne ne peut reprendre de péché, veut
bien, sans aucune nécessité pour lui, avoir recours à un remède honteux et douloureux :
celui qui n'a pas fait le péché, n'a pas dédaigné de paraître pécheur ; et que dis-je ?
il s'est même fait péché. En un mot il s'engage
dans ce mystère, à être la caution pour le
péché ; et s'il est permis de le dire, après saint
Bernard, on lui imprime sur son corps le signe
et la flétrissure du voleur, comme une victime
marquée du sceau de la justice divine, et qui
doit un jour lui être consacrée : ce qui fait dire

à ce Père, que si le Père-Eternel avait pu jamais méconnaître son fils, l'objet de ses complaisances, c'eût été principalement dans cette occasion. En est-il, en effet, où il pût être plus méconnaissable? Le Fils de Dieu, égal en tout à son Père; le Fils de Dieu, Saint par essence et par nature, couvert de tout l'opprobre du péché, et portant sur sa chair la marque ineffaçable de la flétrissure la plus humiliante et la plus douloureuse?

D'après un exemple aussi frappant d'obéissance et de soumission donné par un Enfant dont l'existence ne datait que de huit jours, quels prétextes pourrions-nous alléguer pour refuser d'obéir à la loi du Seigneur? Je conviens de bonne foi que la loi de l'Evangile paraît bien dure et bien pénible : mais y a-t-il un seul article dans l'Evangile, qui puisse être comparé avec celui de la circoncision? Est-il un seul article qui imprime la honte publique du péché et la peine du péché? Il est vrai que, depuis le tems de Jean-Baptiste, le royaume du ciel ne se prend que par violence; et que, pour le ravir, il faut s'en faire une continuelle; que pour y être reçu, il faut aimer ses ennemis, se haïr soi même, humilier son esprit, mortifier son corps, porter sa croix tous les jours, et suivre les traces de J.-C. J'avoue que tout ceci est très-opposé à la raison obscurcie et viciée par le péché, aux sentimens de la nature corrompue : mais est-ce un motif, une raison pour ne nous pas y soumettre? La loi commande, et ne dispute pas. Et quand le Seigneur nous fait entendre sa voix comme un tonnerre, soit qu'elle nous ordonne de croire ou de pratiquer ce qui répugne le plus à notre raison ou à nos sens, nous n'avons

point d'autre parti à prendre que celui de l'o-
béissance. En un mot, si la loi n'avait rien de
pénible, le Seigneur aurait souffert en vain
celle de la circoncision, puisqu'il ne s'y est
assujetti que pour nous en adoucir la rigueur
par son exemple.

Telle est donc la voie dans laquelle nous devons absolument marcher. La voie est dure,
j'en conviens encore ; mais c'est la seule qui
soit sûre, et qui puisse nous conduire infailliblement à notre terme : *dura via est, sed se-
cura.* En vérité, quand la loi du Seigneur
serait encore plus sévère, devrions-nous nous
en plaindre, en voyant, d'un côté, l'exemple
que le Fils de Dieu nous a donné en s'y soumettant lui-même ; et de l'autre, la récompense qu'il a promise à ceux qui l'observeront
exactement. Il n'y a point de tems qui ne soit
court, quand on le compare à l'éternité Et
doit-on hésiter de souffrir dans l'un, pour
s'assurer un bonheur infini dans l'autre ? Ah !
dit S. Augustin, ne consentons-nous pas qu'on
nous lie, qu'on nous fasse sentir la dureté du
fer et l'activité du feu, dans l'espérance de
mettre fin à une douleur qui nous presse, et
de prolonger de quelques années une malheureuse vie, qu'on risque de perdre dans une
opération cruelle : ici, que demande-t-on de
nous ? De nous prêter à quelque mortification passagère, pour jouir d'un bonheur qui
ne finira jamais.

Cependant pour ne pas vous rebuter, lâches
chrétiens, dont la faiblesse est plus qu'étonnante, vous qui vous découragez à la vue de
la plus légère difficulté, qui vous faites un
monstre de la moindre gêne, de la moindre

amertume, écoutez ce que J.-C. lui-même vous dit par notre bouche : Mon joug est doux et mon fardeau léger; vous ne voyez que ce que les embarras, les peines, les croix ont d'extérieur, et vous ne voyez pas l'onction qui les adoucit. Le fardeau de J.-C. est léger pour tous ceux qui aiment. Dès que l'amour nous anime, dit S. Augustin, on ne trouve plus de peine dans tout ce qu'on fait et ce qu'on souffre pour lui ; et s'il y en a quelqu'une, c'est une peine qu'on aime. La loi de l'Evangile est une loi de grace et d'amour, quoiqu'elle commande des choses pénibles. Le prophète ne dit-il pas au Seigneur : ceux qui aiment votre loi jouissent d'une grande paix, d'une paix profonde. Lisez les Actes des Apôtres, les Epîtres de S. Paul, les histoires des martyrs et des plus austères pénitens, vous verrez partout qu'il n'est de vraie joie, ni de parfait bonheur que dans la pratique exacte et constante des vertus évangéliques. Consultez ceux qui ont goûté de Dieu et du monde, et que leur aveu serve enfin à vous éclairer et à vous désabuser : ne conviennent-ils pas, avec autant de vérité que de bonne foi, qu'un jour dans la maison du Seigneur est préférable à un siècle passé dans les palais des grands. Les larmes de la pénitence, disait S. Augustin, sont plus douces que les folles joies des théâtres ; et S. Augustin, vous le savez, M. T. C. F., était bon juge en cette matière. Le premier fruit que nous devons tirer du mystère de la circoncision, c'est de nous rendre fidéles imitateurs de l'obéissance de Jésus - Christ. Voyons, en second lieu, la différence qui se trouve entre la circoncision des juifs, et celle qui est prescrite aux chrétiens.

Tout ce qui s'est passé dans la loi était la figure de tout ce qui devait se passer dans l'Evangile. Les Pères nous assurent que la circoncision des juifs figurait la circoncision des chrétiens. Jésus-Christ, en abolissant la première, a nécessairement établi la seconde. L'une et l'autre ont cette ressemblance, que la première était un remède dont on avait besoin pour guérir la chair du péché, et que la seconde retranche les vices et détruit le corps même du péché. La circoncision de la chair regardait tout le peuple juif : et celle que Jésus-Christ a établie dans son Evangile, oblige indispensablement tous les chrétiens, et elle consiste à retrancher tout ce qui est opposé à la loi du Seigneur : ainsi la circoncision des chrétiens n'est pas un conseil, c'est une obligation essentielle prescrite à tous ceux qui se glorifient et qui s'honorent du nom chrétien. La ressemblance qu'il y a entre la circoncision de l'ancienne et de la nouvelle loi, nous présente plusieurs différences. L'une coupait la chair, l'autre retranche les vices. Le fer opérait la première, la seconde est l'ouvrage de l'esprit. Celle-là n'obligeait que les enfans mâles, celle-ci oblige également l'un et l'autre sexe. Parmi ces différences, il en est deux principales auxquelles je m'arrête, et qui sont la base des vérités les plus essentielles de la morale chrétienne.

La première, c'est que la circoncision des juifs ne retranchait qu'une portion de la peau, et que celle des chrétiens attaque non-seulement toutes les parties du corps, mais encore toutes les puissances de l'ame ; elle en veut aux sens extérieurs et intérieurs tout-à-la-fois;

depuis la plante des pieds jusqu'au sommet de
la tête, il n'y a rien de sain en nous ; il n'y a
rien qui ne soit infecté du venin de la cupidité : ainsi il faut que le conteau de la circoncision spirituelle aille pénétrer jusqu'à la moëlle
des os, et jusques dans les replis de l'ame et
de l'esprit. La circoncision extérieure ne suffit pas ; l'essentiel est de circoncire le cœur,
et de nous purifier de tout ce qui le souille.

Têtes dures et inflexibles, hommes incirconcis de cœur et d'oreilles, disait autrefois
S. Etienne en parlant aux juifs ; vous résistez
toujours au S. Esprit. Si ceux-là, reprend un
Père, sont incirconcis de cœur et d'oreilles,
qui résistent au S. Esprit, il y a donc une circoncision de cœur et d'oreilles : il y a donc
aussi une circoncision de tous nos sens, tant
intérieurs qu'extérieurs. Voulez-vous savoir
ce que c'est que de circoncire ses sens ? C'est
garder son cœur avec tout le soin possible,
détourner ses yeux de peur de voir la vanité,
faire un pacte avec eux, pour ne se point arrêter sur aucun objet criminel ; c'est environ-
ner ses oreilles d'épines, pour ne point entendre les méchantes langues ; c'est goûter et voir
combien le Seigneur est doux ; ne point parler contre la vérité, et ne proférer jamais de
paroles de mensonge ; c'est élever ses mains
pour observer les commandemens du Seigneur ;
empêcher ses pieds d'entrer dans le chemin de
l'iniquité. Ce sont-là, M. F., des expressions
et des maximes consacrées par l'Esprit-Saint.
Pour en faire mieux sentir toute la force et
toute l'énergie, ajoutons l'explication qu'en
a faite un Père de l'Eglise : Etre circoncis,
c'est ne point tuer, ne commettre point d'a-

dultères, ne point dérober, ne point mentir, ne point convoiter ce qui est à autrui, ne faire tort à qui que ce soit, n'écouter rien d'indécent, ne voir rien d'illicite, ne penser à rien de criminel : voilà ce qui s'appelle être circoncis extérieurement et intérieurement ; voilà ce que signifie la circoncision des juifs ; voilà ce qui est d'une obligation essentielle et indispensable à tous les chrétiens ; et par conséquent retranchons à nos oreilles, à nos yeux, à notre bouche, à notre langue, à nos mains, à nos pieds, à notre esprit, à notre mémoire et à notre cœur, tout ce qui leur est interdit par la loi de Dieu, de peur, dit un prophête, que la mort n'entre dans nous par nos sens, qui sont comme les portes de nos ames. Si votre œil vous scandalise, arrachez-le et le jettez loin de vous, nous dit Jésus-Christ ; si votre pied vous cause du scandale, coupez-le, et le jettez loin de vous. Est-ce à dire qu'il faut arracher l'œil de sa tête, ou couper le pied de son corps ? Non, sans doute : il s'agit ici d'une circoncision spirituelle, qui se fait selon l'esprit, et non selon la lettre ; mais c'est-à-dire, que si telle ou telle personne vous porte au péché, vous fût-elle plus précieuse que l'œil, ou plus nécessaire que le pied, il faut en retrancher le commerce, vous éloigner d'elle, ou l'éloigner de vous.

La seconde différence qu'il y a entre la circoncision des juifs et celle des chrétiens, c'est qu'on ne souffrait celle-là qu'une fois, au-lieu que celle-ci doit recommencer tous les jours, depuis l'enfance jusqu'au dernier soupir de la vie : comme elle est destinée pour combattre un ennemi qui demeure toujours en nous malgré nous, et qui ne cesse de vivre qu'avec nous, la fonction continuelle du chrétien, c'est d'être toujours armé du glaive de l'Evangile, cette parole de Dieu, vivante et efficace, qui pénètre jusques dans les replis de l'ame et de l'esprit ; qui démêle les pensées et les mouvemens du cœur, pour couper sans cesse les malheureuses productions d'une nature corrompue, pour retrancher des désirs que la cupidité dérègle toujours, pour éloigner de lui tout ce qui pourrait le porter au péché : voilà ce qui s'appelle la circoncision du cœur, qu'on peut regarder comme l'abrégé du christianisme, et l'essentiel de la morale de J. C. Nous devons être sans cesse sur nos gardes, pour ne pas nous éloigner de cette doctrine qui nous a été enseignée par la vérité éternelle : notre but principal doit être de la transmettre à nos decendans, aussi pure que nous l'avons reçue de nos Pères. C'est dans l'Evangile, dans les écrits que les apôtres nous ont laissés, que nous devons chercher la règle de notre conduite et de nos mœurs. Quand ce serait un ange par sa doctrine et par sa piété, qui enseignerait autre chose que ce qui est conforme à l'Ecriture, ne le croyons point, et n'ayons jamais aucun commerce avec lui, principalement si, sous quelque prétexte que ce soit, par ses paroles ou par ses actions, il donne la moindre atteinte à la pureté du cœur.

Ecoutons avec docilité ce que dit J.-C. à tous les hommes sans distinction quelconque : Si quelqu'un veut me suivre, qu'il porte sa croix tous les jours. Il n'est donc point de tems de la vie où l'on puisse renoncer à la mortification chrétienne, sans exposer son salut dans

un danger évident. Lorsqu'on nous a enrôlés
dans la milice de J.-C. par le sacrement du
baptême, on a imprimé sur plusieurs parties
de notre corps le signe de la croix, pour nous
avertir des différens combats que nous aurions
à soutenir contre nos différens ennemis, le
démon, le monde et la chair : mais par l'onction de l'huile sainte, on nous a fait entendre
quelle est la force et le secours que nous recevons de celui sous l'étendar duquel nous combattons. Ainsi, être toujours attaqué, et être
toujours soutenu par la grace de J.-C., c'est
ce qui arrive au fidèle, pendant tout le cours
de sa vie ; et c'est de ces combats et de ces
victoires que se forme la couronne immortelle
que le juste juge mettra sur la tête des élus,
et qui sera d'autant plus précieuse, qu'ils auront combattu plus vaillamment. Ne nous
plaignons donc pas de ce que la tentation que
nous souffons doit durer autant que notre vie,
puisqu'elle nous est si avantageuse. Le péché
ne consiste pas à souffrir la tentation, mais à
y succomber ; comme le mérite de la vertu est
de résister fortement à la tentation, et de la
vaincre. Heureux l'homme, dit S. Jacques,
qui souffre la tentation, puisqu'après avoir
été éprouvé, il recevra la couronne de vie,
que le Seigneur a promise à ceux que l'aiment. Le seul moyen de sortir victorieux des
combats que nous livrent nos ennemis, est de
recourir à J.-C. par la prière. Ce n'est pas sans
raison ni sans motif, qu'il reçoit dans sa circoncision le nom de Jésus ; ce nom adorable
qui est au-dessus de tout nom, devant lequel
le ciel, la terre et les enfers fléchissent le genou ; ce nom sublime, ce nom saint par lequel

seul nous pouvons être sauvés. Ce ne sont pas les hommes qui le lui ont imposé ce nom saint et terrible ; ce nom est trop grand pour tirer son origine de la terre , et pour être l'ouvrage des hommes ; il lui fut donné par un ange , avant que d'être conçu dans le sein de sa mère ; ou plutôt , dit S. Bernard , ce nom ne lui a point été donné : il lui convient de toute éternité , puisque , par sa propre nature , il doit être notre Sauveur. Ainsi le nom de Jésus lui est essentiel : et s'il est circoncis comme le fils d'Abraham , on peut dire qu'il est appellé Jésus , comme le Fils de Dieu.

Quelle donc être , M. T. C. F. , l'étendue et la grandeur de notre confiance en ce S. nom , puisque par sa vertu et son efficace , il peut éloigner de nous toute sorte de maux , et nous procurer toutes sortes de biens ! Ce saint nom, dit S. Laurent-Justinien , a la vertu de réjouir l'esprit , de nourrir l'ame, de disposer à la piété tous ceux qui l'invoquent. Soit donc que vous soyez sur terre ou sur mer , dans la maison ou en voyage , tentés par le démon ou opprimés par les hommes , pressés par la douleur ou accablés par l'affliction , intimidés par la crainte ou séduits par le plaisir , invoquez le S. nom de Jésus : il n'y a point d'autre nom sous le ciel par lequel vous devriez être sauvés : mais ne le proférez pas seulement de la bouche , que ce soit encore plus du cœur , et que ce soit avec autant de piété que de foi. Si vous prononcez le nom de Jésus de la bouche , et que vous confessiez qu'il est vrai Dieu et vrai Homme tout ensemble , vous serez justifiés , vous serez sauvés , suivant ce témoignage de l'apôtre : on croit de cœur pour être justifié , et on confesse de bouche pour être sauvé. Donnez donc , M. T. C. F. , toute l'affection de votre cœur au Seigneur Jésus ; confessez son nom à haute volx , sans crainte , sans respect humain ; reconnaissez - le pour votre Dieu et votre Seigneur , pour votre médiateur et votre frère , pour votre ami et votre père ; rendez-lui la louange , la gloire et la bénédiction qui n'appartiennent qu'à lui seul.

Disons tous , M. T. C. F. , dans les sentimens d'un même cœur , d'un même esprit : Seigneur , vous n'avez pas dédaigné de vous faire homme pour nous racheter et nous sauver ; vous repandez aujourd'hui les prémices de ce sang précieux qui est le gage de notre rédemption ; faites que le mystère de votre circoncision ne soit pas pour nous un exemple stérile et infructueux ; donnez-nous la grace et la force de retrancher en nous tout ce qui ne vient pas de vous : la concupiscence de la chair, la concupiscence des yeux , l'orgueil de la vie ; donnez-nous la pauvreté de l'esprit , l'humilité du cœur , l'esprit de pénitence , le goût de la mortification , pour réduire nos corps en servitude. Faites, Seigneur, que nous travaillions sans cesse pour arracher , jusqu'à la moindre branche de la cupidité , qui est la racine de tous les maux ; que pour l'empêcher de se fortifier en nous , nous soyons toujours armés du glaive de l'Evangile , afin qu'après avoir détruit par votre grace le vieil homme , nous puissions mériter , par cette même grace, de partiper à la gloire de l'Homme nouveau , dans tous les siècles des siècles. *Amen.*

ÉPIPHANIE DE N. S. J.-C.

RÉFLEXIONS SUR CE MYSTÈRE.

Nous avons vu son étoile en Orient, et nous sommes venus l'adorer.

Math. 2. 2.

L'HISTOIRE nous apprend, M. T. C. F., que la solemnité que nous célébrons en ce jour, a souffert des variations, même dès son origine : à peine en a-t-il été question jusqu'au quatrième siècle ; et depuis ce tems-là, nous voyons que les Pères l'ont confondue, soit avec le baptême de Jésus-Christ, soit avec le miracle du changement de l'eau en vin, soit avec l'adoration des Mages ; parce que chacune des circonstances est naturellement la manifestation de J.-C. Malgré cette variété, il n'en est pas moins constant qu'elle a été une des plus grandes fêtes de l'Eglise. S. Léon, pape, nous apprend dans un de ses sermons, qu'à Rome on célébrait la fête de l'Epiphanie. S. Jean-Chrysostôme met au nombre des fêtes qu'on célébrait de son tems, celle de l'Epiphanie : il est vrai que ce Père, par la fête de l'Epiphanie, entend celle de Noël ; parce que, dit-il, c'est celle où le Verbe divin se fit voir revêtu de notre chair, et commença à converser parmi les hommes. S. Grégoire de Nazianze confondait le jour de l'Epiphanie, avec le jour du baptême de J.-C. ; c'est pour cela que, chez les Grecs, on donnait le baptême solemnel le jour de l'Epiphanie. Les

Constitutions apostoliques nous apprennent qu'on gardait les fêtes de Noël et de l'Epiphanie : dans la première, on reconnaissait que Jésus-Christ était né d'une vierge mère ; et dans la seconde, il avait été baptisé, et avait reçu ce témoignage si glorieux de sa divine filiation, par la bouche de son Père. Que ces variétés ne portent aucun trouble dans vos esprits, M. T. C. F. : pour vous rassurer, écoutez ce que dit S. Augustin : Quoique les traditions de l'Eglise sur ce jour ne soient pas les mêmes, c'est toujours la même foi et la même fête dans toute l'Eglise : quoique les uns pensent que J.-C. y a été adoré par les Mages, les autres qu'il y reçut le baptême, les autres qu'il y changea l'eau en vin ; c'est toujours le même Jésus-Christ qu'on adore, c'est toujours sa gloire, c'est toujours sa puissance qu'on y honore. Il est de la bonne-foi de ne pas donner plus de certitude aux choses qu'elles n'en ont. Il faut confesser sincérement que les sentimens des Pères et des Eglises n'ont pas toujours été les mêmes sur la fixation des jours et des mystères qu'on honore dans ces fêtes ; mais il faut s'élever, avec S. Augustin, au-dessus de cette variété de choses qui ne sont nullement essentielles à la Religion, et nous attacher à J.-C., à ses mystères et à ses actions, divinement humaines, en quelque jour qu'il les ait faites. Si le jour qu'on a pris est certain, il faut s'en réjouir ; s'il est incertain, l'Eglise a eu le droit d'en choisir un. Ainsi il est certain, en quelque jour que ce soit, qu'on honore J.-C., qu'on révère ses mystères. D'après ces principes de S. Augustin, le plus savant des Pères, toujours l'organe et l'interprête fidèle de l'esprit et des sentimens de l'Eglise, votre piété aurait tort de s'allarmer, et plus encore de critiquer le nouvel ordre des choses qui a nécessité, soit la suppression, soit la translation de certaines fêtes : il doit suffire à votre foi, que dans ces translations, dans ces suppressions, c'est toujours les mystères de J.-C. qu'on révère, c'est toujours J.-C. qu'on adore. L'Eglise Latine a joint plusieurs mystères en une seule fête, respectons sa détermination : quant à l'Epiphanie, elle a beaucoup plus insisté sur l'adoration des Mages ; entrons dans son esprit. Pour m'y conformer et remplir ses vues, je vais parcourir quelques-unes des circonstances de notre Evangile, j'y trouverai matière à des réflexions solides, qui, par la grace de Dieu, pourront également contribuer à votre édification et à votre instruction. Daignez m'accorder quelques momens d'une attention favorable.

Tout est admirable dans nos Saintes-Ecritures, M. T. C. F. Eh ! qui pourrait n'être pas saisi d'étonnement, de voir avec quel soin l'évangeliste nous marque le lieu et le tems où arriva l'histoire du voyage de ces Orientaux qui avaient apperçu une étoile extraordinaire. L'évangeliste nous rappelle les anciennes prophéties, qui avaient annoncé que le Messie devait sortir de Bethléem, et de la tribut de Juda. Voilà donc l'accomplissement de ce qu'avaient prédit les SS. prophètes, touchant le lieu et le tems de la naissance du Messie : c'est à Bethléem qu'il est né. Le sceptre était ôté de Juda ; les juifs n'avaient plus pour chefs des personnes de leur nation ; c'était un prince étranger qui avait commencé à régner dans la Judée.   Ces

Ces Mages dont il est ici question, étaient, selon S. Jérôme, des gens sages et éclairés, des philosophes et des hommes appliqués à la connaissance des choses de la nature. Selon la plus commune opinion, ces Mages étaient des souverains de l'Arabie - Heureuse, qui est à l'orient et assez proche de la Palestine, où se trouve quantité d'encens, de myrrhe et d'or, qui sont les présens qu'ils firent à J.-C. Cette opinion est plus que vraisemblable ; elle paraît même autorisée par ces paroles prophétiques du pseaume : Que les rois des Arabes et de Saba apporteraient des présens. Certainement ces paroles et les suivantes ne peuvent absolument s'appliquer à Salomon, dont le règne ne subsiste plus depuis tant de siècles ; elles ne sont applicables qu'au règne du Messie, dont le règne subsistera toujours. Et c'est ce qu'entendent également les juifs et les chrétiens, mais d'une manière différente.

Vous demanderez, peut-être, comment ces sages, ces savans, ces puissans du siècle, et ces étrangers à l'égard du peuple de Dieu, ayant découvert un astre nouveau dans les cieux, purent-ils comprendre, par la vue de cette étoile, qu'elle marquait la naissance d'un roi parmi les Juifs ; et comment l'ayant compris, se déterminèrent-ils tout-d'un-coup à quitter leur pays, pour s'en aller lui offrir leurs dons et lui rendre leurs hommages ? C'est un sentiment commun parmi les anciens, que la prophétie de Balaam, qui avait annoncé la naissance d'une étoile de Jacob, *orietur stella ex Jacob*, s'était répandue non-seulement dans la Judée, mais dans l'Orient, où elle s'était conservée : et ce qui contribuait encore plus

à l'accréditer cette prophétie, c'est que le prophète était de ce pays-là. Ainsi ces sages, ces
savans qui, par goût et par inclination, s'appliquaient à la recherche et à la connaissance
des causes et des effets naturels, ayant apperçu cet astre nouveau, plus éclattant que les
autres, et qui leur parut comme suspendu sur
la Judée, ils jugèrent que c'était l'étoile célèbre, marquée dans la fameuse prédiction de
Balaam ; et ils se persuadèrent que c'était celle
qui devait annoncer la naissance de celui que
l'on attendait depuis tant de siècles.

Mais on ne peut s'empêcher de reconnaître,
avec S. Chrisostôme, que la foi qui les porta à
entreprendre le voyage de la Judée, ne fut
point l'effet de la vue seule de cette étoile :
c'était, dit ce Père, la lumière de Dieu même
qui agissait dans leurs ames, comme elle agit
autrefois sur l'esprit de Cyrus, pour le disposer à délivrer le Peuple Juif. Le même Dieu qui
leur mit devant les yeux ce nouvel astre, leur
en donna l'intelligence, et avec l'intelligence,
il leur donna une sainte curiosité de le voir.
Mais pourquoi, ajoute S. Chrisostôme, Dieu
ne fit-il pas cette révélation à tous les Mages ?
C'est à quoi l'on peut répondre comme il a fait
par l'exemple des Ninivites, qui furent les seuls
à qui Dieu envoya son prophète, lorsque tant
d'autres peuples périssaient ; et par celui des
deux Larrons crucifiés avec J.‑C., dont il n'y
en eut qu'un seul de sauvé. Bénissons donc
éternellement notre Dieu, nous, M. T. C. F.,
de ce qu'il nous a aussi découvert, par les lumières de la foi, ce Roi des Juifs, ou pour
mieux dire, ce Roi de toutes les nations. Reconnaissons cette grace singulière qu'il nous

a faite, lorsqu'il a laissé la plus grande partie de son propre peuple dans l'aveuglement de leur orgueil, qui les empêche encore aujourd'hui de reconnaître que celui qu'ils attendaient est venu. Ils ne voient pas, dit Tertullien, que les livres des prophètes leur déclarent que Bethleem est la ville d'où devait sortir le chef et le pasteur d'Israël : et que ne restant présentement dans Bethléem aucun de la race d'Israël, d'où puisse naître le Christ, il s'en suit qu'il est déja né, selon les prédictions des prophètes, qu'il est mort, qu'il est ressuscité, et monté aux cieux, d'où nous ne l'attendons plus que pour juger toute la terre.

Ici, M. F., se présentent naturellement deux réflexions aussi importantes pour notre instruction, que glorieuses et honorables pour les Mages. La première, c'est sur la grace extraordinaire que leur fait le Seigneur, de les éclairer dans les ténèbres et à l'ombre de la mort où ils étaient, comme le très-grand nombre des hommes qui habitaient les mêmes régions. Si Dieu est incompréhensible dans ses desseins éternels, il n'est pas moins admirable dans l'exécution de ces mêmes desseins. Sa sagesse n'éclatte pas moins dans la force avec laquelle il atteint d'une extrémité à l'autre, que dans la douceur avec laquelle il dispose tous les évènemens qui étonnent l'univers : c'est ce qui paraît d'une manière bien sensible dans la manifestation de l'Enfant-Jésus. Dieu attire à son berceau, des pasteurs, des bergers qui en étaient proches, et des mages qui en étaient très-éloignés. Il envoie un ange aux uns, et il fait appercevoir aux autres une étoile. Conduite adorable, dans laquelle nous devons reconnaître qu'il n'exclut personne du bienfait signalé de la vocation ; qu'il sait proportionner ses graces suivant les différens sujets qui doivent les recevoir. C'est l'ordre que nous voyons qu'il a gardé entre les deux peuples, en appellant d'abord les juifs, et ensuite les gentils. C'est ainsi que l'apôtre l'écrivait aux Romains : Je ne rougis point de l'Evangile, disait-il, parce que l'Evangile est la vertu de Dieu pour sauver tous ceux qui croient, premièrement les juifs, et puis les gentils. Quoique la grace soit communiquée indifféremment et sans exception à tous ceux qui croient, néanmoins Dieu y a fait participer les juifs les premiers, comme ayant été les premiers appellés au vrai culte de Dieu, en la personne de leurs pères ; les premiers adoptés, les premiers auxquels la promesse de l'Evangile et du Messie a été faite par les prophètes. Mais cette promesse n'a pas seulement été faite aux juifs et à leurs enfans, mais encore à tous ceux qui étaient éloignés, ceux qui n'étaient pas de leur nation, autant que le Seigneur notre Dieu en appellerait. Quel cas ne devons-nous pas faire, M. T. C. F., de la grace de notre vocation ! Animés des sentimens de la plus vive reconnaissance, nous devons sans cesse demander à Dieu, avec l'apôtre, ces yeux du cœur, remplis de sa lumière, pour pouvoir connaître quelle est l'espérance à laquelle il nous a appellés, et quelle est la grandeur suprême du pouvoir qu'il exerce en nous, selon l'efficace de sa force et de sa puissance.

La seconde réflexion qui se présente naturellement à l'esprit, et qui est une suite de la première, c'est la fidélité des Mages à répondre

à la grace qu'ils reçoivent. L'ardeur extrême
dont ils sont animés ne leur permet pas de
différer un moment à se mettre en chemin :
Nous avons vu son étoile en Orient, et nous
sommes venus. Voilà le seul motif de leur détermination : ils voient l'étoile, et aussitôt ils
viennent. La lumière intérieure éclaire leurs
ames, dans le même tems qu'une lumière extérieure éclaire les yeux de leurs corps. La di-
ligence qu'ils y mettent égale la ferveur qui les
anime : nul obstacle ne les retient, nulle difficulté ne les arrête ; ils quittent tout, famille,
pays, biens, commodités ; ils s'exposent à
toutes sortes de fatigues, d'accidens et de peines ; les incommodités inévitables et sans nombre, les périls inséparables d'un long voyage
qu'il s'agit de faire dans un pays étranger, rien
n'est capable de les arrêter, ni de les retarder.
A peine l'étoile leur a-t-elle apparu, qu'ils se
mettent en route, pour suivre l'inspiration
intérieure, et venir porter des tributs et des
hommages à celui que l'Ecriture appelle le Roi
des Rois, le Seigneur des Seigneurs ; ils s'exposent généreusement à la mort, en deman-
dant le lieu où est né le Roi des Juifs, dans la
capitale même de la Judée, où Hérode portait
le titre de Roi des Juifs. Ils n'ont point encore
vu Jésus-Christ, et déjà ils sont prêts de mourir pour lui. Heureux Mages, s'écrie un Père,
qui en présence d'un roi cruel, avant que de
connaître le Sauveur, s'en déclarent hautement les confesseurs !

Il n'est personne parmi vous, M. T. C. F.,
à qui le Seigneur n'ait fait la même grace. Il
ne l'a faite qu'une seule fois aux Mages ; et
nous, combien de fois ne nous l'a-t-il pas re-

nouvellée ? Et en combien de rencontres ne la renouvelle-t-il pas tous les jours ? Les exemples édifians dont nous sommes journellement les témoins, les instructions solides et conformes à la saine doctrine des apôtres et de leurs successeurs, dont retentissent les chaires chrétiennes ; les lectures précieuses que nous offrent des livres pleins d'onction et de lumières ; les pieuses réflexions qu'elles nous procurent ; mais sur-tout les saintes inspirations de l'Esprit de Dieu, qui nous parle sans cesse au cœur, ne sont-ce pas, pour-ainsi-dire, autant d'étoiles que le Seigneur fait luire à nos yeux ? Il nous appelle, dit S. Grégoire, par les écrits des Pères, par la voix des pasteurs ; il nous appelle dans tous les tems, dans toute sorte d'état, dans l'adversité, comme dans la prospérité ; dans les afflictions, comme dans la joie ; dans la santé, comme dans la maladie ; dans les difficultés, les troubles, les tentations, les épreuves, les aridités et les peines d'esprit, comme dans les goûts, les consolations, les délices du cœur. Voyez, dit ce saint docteur, par combien d'étoiles nous sommes invités d'aller à J.-C. ! Quelle différence de nous avec les Mages ! Ils obéissent à la première voix de la grace qui parle dans leur cœur ; ils suivent, avec une promptitude étonnante, l'attrait de Dieu qui les appelle. Quelle gloire pour les Mages ! Mais quel sujet de confusion pour nous, qui résistons depuis si long-tems aux attraits de la miséricorde de Dieu qui se sert de tant de moyens pour nous appeller ! Considérons un peu notre état, et examinons-nous pour nous humilier et pour nous confondre. Combien les moyens dont Dieu s'est servi pour nous soumettre à son empire, sont-ils plus forts que ceux qu'il a employés pour amener les Mages à l'étable ! Jésus-Christ est reconnu, et nous l'adorons ; la religion est établie, et nous l'embrassons ; les vérités sont reçues, et nous les croyons. Voilà assurément des avantages que les Mages n'avaient pas, quand ils ont suivi l'étoile pour aller se soumettre au nouveau Roi qui venait de naître.

De quoi s'agit-il pour nous, M. T. C. F. ? D'imiter celui que nous adorons ; de garder les loix de la religion que nous avons embrassée ; de pratiquer les vérités que nous avons reçues ; en un mot, M. T. C. F., et soyez de bonne foi, nous ne vous demandons que des choses sans lesquelles vous convenez avec nous qu'il est impossible d'être sauvé.

Depuis combien de tems Dieu nous presse-t-il de satisfaire à ces indispensables devoirs, par des mouvemens intérieurs qui nous agitent, qui nous troublent ; par des avertissemens qui devraient nous engager ; par des amertumes qui nous dégoûtent de tout, et qui nous font sentir le vuide, l'amertume et le néant du monde que nous ne quittons pas.

Mais, direz-vous, c'est la grace qui a fait marcher les Mages ; donnez-nous une grace semblable à celle des Mages, et nous ferons ce qu'ils ont fait. M. F., Dieu donne la grace à qui il lui plaît, comme il lui plaît, et quand il lui plaît : c'est la doctrine de l'Eglise ; mais il ne nous sera jamais permis de rejetter sur lui ce qui n'est qu'un effet de notre dureté et de notre obstination. Il y aurait sans doute de la témérité et de l'injustice à nous le dissimuler : n'avons-nous pas reçu de grands et de très-grands secours de sa miséricorde? Et malheureusement nous les avons méprisés. Y a-t-il ici quelqu'un qui osât dire qu'il a fait tout ce qui a dépendu de lui pour ménager les secours qu'il a reçus? Aussitôt qu'ils ont vu l'étoile, ils quittent tout, et ils viennent chercher J.-C. où il est. Et disons-le à notre honte, c'est-là notre malheur : l'étoile paraît, et nous ne la suivons pas. Ainsi, pleins d'ingratitude pour Dieu, abusans de ses secours ordinaires, nous attendons qu'il fasse pour nous ce qu'il ne doit faire que pour ceux qui l'aiment : n'est-ce pas encore ajouter à l'infidélité?

Mais mille choses s'opposent à cette fidélité; il y a des difficultés à vaincre et des obstacles à surmonter, dont on ne devient pas maître aisément. Mais, M. F., soyez de bonne foi, pouvez-vous dire qu'il y ait rien de comparable dans ces difficultés, à ces obstacles, à ceux qui devaient d'abord arrêter les Mages? Tout s'oppose à l'obéissance qu'ils rendent à la voix de Dieu : leur religion, leur profession, leur état. Ils sont idolâtres : voilà l'obstacle de leur religion ; ils sont Mages : voilà celui de leur profession ; ils sont Rois : voilà celui de leur état. Cependant ni leur religion, ni leur profession, ni leur état ne sont point capables de les arrêter ; ils vont, ces idolâtres, chercher un Dieu pour l'adorer dans son anéantissement. Ils n'écoutent point les sages et les philosophes ; et les lumières et les oppositions de la raison et du bon sens, si contraires en apparence à ce qu'ils entreprennent, ne les retiennent point. Ils risquent tout pour aller se rendre esclaves d'un enfant qui naît dans la misère et dans la pauvreté.

Or, M. F., qu'y a-t-il, dans ce qui nous retient, qui ait quelque rapport, quelque proportion avec ces obstacles? Si nous considérions les vues que la religion nous donne sur les choses présentes que l'expérience nous fait connaître, et sur les futures que la loi nous promet; si nous examinions en gens sages ce que nous possédons en cette vie, et si nous regardions en chrétiens ce que nous espérons dans l'autre, nous aurions honte d'avouer publiquement ce qui nous arrête. Appliquons-nous donc à ce qui nous retient : cela se peut-il comparer avec ce que nous espérons? Abandonner Dieu, résister à sa voix, rejetter sa grace, risquer son salut; et cela pourquoi? Pour une bagatelle, pour un néant, pour rien. Quel aveuglement! quelle faiblesse! quelle misère! En vérité, n'est-il pas surprenant qu'avec toutes les raisons que nous avons de mépriser le monde, malgré tout ce que nous en disons nous-mêmes tous les jours, nous nous y attachions, et que nous ne voulions pas le quitter malgré toutes ses amertumes!

Ouvrons donc les yeux : rien n'est digne de nous attacher que ce qui peut nous rendre heureux; rien ne peut nous rendre heureux, que ce qui est meilleur que nous; rien n'est meilleur que nous, que ce qui est éternel et divin : car tout ce qui est mortel passe, et nous sommes immortels. Allons, M. T. C. F., un peu d'efforts sur nous-mêmes, un peu d'élévation dans l'ame, un peu de docilité à la lumière qui nous éclaire, un peu de réflexion sur l'expérience journalière qui nous instruit; quittons d'esprit et de cœur ce qui nous quittera bientôt; un instant, qui ne peut pas être fort éloigné, va nous montrer une nouvelle terre ; et alors ce que nous aurons cru de plus important dans celle - ci, ne nous paraîtra qu'une vapeur. Le ciel mérite bien qu'on se fasse quelque violence ; on ne saurait y aller que par cette voie ; on est même récompensé dès cette vie, par la paix dont jouit une ame chrétienne, qui suit l'attrait de la grace comme les Mages, et qui marche dans les voies de Dieu : on y trouve des obstacles ; mais pour apprendre à les vaincre, il faut jetter les yeux sur la fidélité des Mages à répondre à la grace, et sur la constance dont ils ont donné l'exemple dans la recherche qu'ils ont faite du Roi nouvellement né. Leur fidélité fut exposée à de grandes épreuves ; ils n'en persévérèrent pas moins constamment dans leur entreprise. Que leur exemple nous anime ; ne nous laissons pas abattre par les découragemens, les ennuis, les aridités que nous pouvons rencontrer dans la recherche de J.-C. Défions-nous de nous-mêmes ; craignons que notre faiblesse ne nous fasse succomber dans les épreuves où il plaira à Dieu d'exposer notre fidélité : bien loin de nous affaiblir, relevons-nous. L'étoile reparaîtra pour nous conduire. Si nous avons le bonheur d'aller une fois où est J.-C, que ce soit pour ne le plus quitter comme les Mages, qui ne s'en séparent plus après l'avoir trouvé.

Allons en esprit à Bethléem, transportons-nous à l'étable ; que le spectacle que nous y donnent les Mages, soit la règle et le modèle des sentimens de vénération, de respect, d'adoration, dont nous devons être pénétrés pour ce divin Enfant. Ecoutez, M. F., avec autant d'admiration que de sensibilité, le récit que nous fait l'évangéliste , de ce qui se passe dans ce triste réduit , sur lequel l'étoile s'arrêta… Ils se prosternèrent , ils l'adorèrent ; ils reconnurent leur néant , et ils admirèrent sa grandeur ; ils lui offrirent de l'or , de l'encens , de la myrrhe : ces présens marquèrent les vues que la foi leur donnait : l'or , la souveraineté ; l'encens , la divinité ; la myrrhe , son humanité. Dons mystérieux , qui d'un côté nous représentent les qualités de l'Enfant , et de l'autre les dispositions de leur ame , et l'amour de leur cœur.

Après cela , comment s'en seraient-ils séparés , étant remplis des vues de leur néant et de celles de sa grandeur ! Que peut devenir la créature qui n'est rien , quand elle se sépare de Dieu , par qui seul elle est quelque chose ! Si Adam n'eût jamais perdu de vue son néant , jamais il ne se fût séparé de Dieu , et jamais il ne fût déchu de la grandeur où il l'avait élevé ; c'est aussi pour ne plus s'en séparer , que nos saints adorateurs de la grandeur de Dieu dans son abaissement , lui consacrent tout ce qu'ils sont , dans les présens qu'ils lui offrirent. En effet , que signifie l'or qu'ils lui présentent , sinon le sacrifice de leur cœur , qui se donne à lui par l'amour ? Que signifie l'encens , sinon celui de leur esprit , qu'ils lui soumettent par la foi ? Enfin que signifie la myrrhe , sinon le sacrifice de leurs corps qu'ils lui livrent par la mortification ?

C'est par de semblables offrandes qu'on se rend digne de Dieu , et qu'on s'unit à lui pour ne s'en séparer jamais : car il ne faut point espérer d'être uni à Dieu par une piété solide , si nous ne sommes pas animés par une foi vive , affermis par une espérance inébranlable, et conduits dans tous nos mouvemens par une charité véritable et par un amour sincère. Il faut que les lumières de l'esprit, anéanties par la foi, se perdent dans Dieu, comme la fumée de l'encens se dissipe dans l'air. Il faut que la chair et les sens soient plongés dans l'amertume, représentée par la myrrhe. Il faut enfin que le cœur, dégagé et purifié de toutes les affections de la terre, et élevé par l'amour de Dieu, devienne de l'or par le prix de sa charité, dont il est la figure.

Ne nous flattons pas aisément, dit S. Chrisostôme, d'être dans ces dispositions à l'égard du Sauveur du monde; car il est aisé de s'y tromper. Mais voici une règle sûre que ce S. docteur nous propose. Les Mages, dit ce saint évêque, présentèrent de l'or au Sauveur, par honneur et comme par hommage, car il n'en avait pas besoin : mais il est maintenant dans la nécessité; et non-seulement vous ne lui offrez pas de l'or, vous lui refusez du pain. Ces Mages, ces rois ne se rebutent point de voir J.-C. pauvre, la foi leur découvre sa grandeur dans cette pauvreté; et vous le voyez sans habit, sans retraite, exposé à la misère, à toutes les rigueurs de la saison, en la personne du pauvre : où est votre foi ?

Les Mages font un long voyage pour le venir adorer étant encore enfant; et vous refusez de faire quelques pas pour l'aller visiter étant malade, et le secourir dans les prisons, quoiqu'il attache la récompense éternelle à ces libéralités, et qu'il se promette lui-même avec toute sa gloire, pour ces aumônes qu'il vous demande : où sont votre foi, votre espérance et votre amour ? Par où pensez-vous tenir à Jésus-Christ, si vous n'y êtes pas attaché par ces vertus ? Sachez que vous ne serez les adorateurs de J.-C. qu'en apparence, si vous demeurez dans ces dispositions d'insensibilité envers les pauvres : c'est dans leur personne où il veut être adoré particulièrement par les grands et par les riches du monde ; et leur sanctification est attachée principalement à la pratique de cette vertu.

Retraçons sans cesse l'idée de la conduite des Mages, afin qu'elle serve à régler la nôtre. Dieu nous appelle : quittons tout ; il le mérite bien ; que rien ne nous arrête ; il nous soutiendra dans les difficultés qui se présenteront ; remettons entre ses mains tout ce qui est à nous ; il le conservera : c'est un fidèle dépositaire entre les mains de qui tout profite : telle est sa libéralité, sa magnificence ; pour des choses périssables qu'on lui confie, il nous comble de biens éternels : il est lui-même notre grande récompense Puissions-nous avoir le bonheur d'y participer bientôt. *Amen. Amen.*

LA PRÉSENTATION DE N. S. AU TEMPLE.

Réflexions sur ce Mystère.

Ils portèrent l'Enfant à Jérusalem, pour le présenter au Seigneur.

Luc, 2. 22.

Encore un prodige d'humiliation de la part de l'Enfant-Jésus, mes très-chers Frères ; encore un nouveau témoignage de sa soumission aux ordres de son Père ; encore un nouvel exemple de sa fidélité à remplir tout ce qui est prescrit par la loi. L'article de la purification, prescrite par Moyse, ne renfermait point la sainte Vierge : elle avait conçu par la toute-puissance de l'Esprit-Saint, en devenant mère sans cesser d'être vierge. S'il était digne d'un Dieu de ne naître que d'une vierge, il était digne de la virginité de n'être mère que d'un Dieu. Aussi, dit S. Augustin, lorsqu'il est dit dans l'Evangile, que l'on observa pour la purification ce qui était marqué dans la loi, l'Ecriture ne dit pas que cela se fît pour la mère de Jésus ; mais pour Jésus même : *Non pro matre ejus, sed pro Christo.* Car, ajoute S. Augustin, Jésus a voulu être purifié, comme il a voulu être baptisé, quoiqu'il fût l'Agneau sans tache et le Saint des Saints.

C'était une erreur des Manichéens de croire

que, quoique la sainte Vierge eût conçu son
Fils d'une manière toute divine, son accou-
chement néanmoins avait eu quelque rapport
à ce qui arrive aux femmes après avoir mis
leurs enfans au monde, et qu'en ce sens elle
aurait pu être soumise à cette loi de la purification, imposée aux femmes. S. Augustin
s'élève fortement contre cette doctrine ; et,
pour la réfuter victorieusement, il fait ainsi
parler Jésus-Christ : Insensés que vous êtes,
où trouvez-vous la moindre impureté dans
celle qui, sans cesser d'être vierge, est devenue mère ? Où trouverez-vous la moindre
tache dans celle qui m'a enfanté sans douleur,
parce qu'elle avait conçu par le Saint-Esprit ?
Je suis entré dans cette Vierge comme dans
mon sanctuaire : j'y suis entré, comme étant
la splendeur éternelle, qui, bien loin de pouvoir, ou rien perdre de sa blancheur, ou ternir en quelque sorte celle des autres, porte
l'éclat et la pureté par-tout où elle entre. Où
trouverez-vous donc l'ombre de la moindre
tache dans cette maison ? J'y suis entré seul.
Je m'y suis revêtu d'une chair humaine comme
d'un vêtement que je n'avais pas. Je l'ai trouvée fermée et très-pure ; et je l'ai laissée
fermée, et encore plus pure qu'elle n'était
quand j'y suis entré. On peut donc dire,
d'après S. Augustin, que Marie n'avait pas
besoin de se purifier comme les autres femmes, qui enfantent avec douleur le fruit
qu'elles ont conçu avec quelque espèce d'impureté, et qui ne sauraient mettre au monde
sans quelque souillure l'enfant qui n'a point
été formé dans leur sein sans quelque péché.
La loi humiliante de la purification, prise

à la lettre et comme elle se trouve dans les Livres saints, ne la regardait en aucune façon. Entrons dans l'esprit de S. Augustin; il fut toujours l'organe de l'Eglise. Bornons la solemnité qui nous assemble, à la seule personne de Jésus-Christ, nous trouverons une ample matière à notre instruction et à l'édification de notre foi. Quelques réflexions simples et toutes naturelles, puisées dans le récit que nous fait l'Evangile de cette auguste cérémonie, nous donneront des leçons utiles et salutaires, propres à régler nos mœurs et à éclairer notre conduite dans la carrière évangélique. Je vous demande quelques momens d'attention.

Pour entrer dans l'esprit du mystère que nous célébrons, il ne sera pas hors de propos de rappeller ici, M. T. C. F., le texte du commandement que le Seigneur fit à Moyse: Sanctifiez-moi tous les premiers nés qui sortent du sein de leur mère parmi les enfans d'Israël, tant des hommes que des bêtes; car toutes choses sont à moi. Cette sanctification, dont Dieu parle à Moyse, ne peut et ne doit s'entendre que de l'oblation; puisque, comme dit l'Ecriture, ce qui est immolé à Dieu est sanctifié au Seigneur. C'est ainsi que Dieu ordonne que tous les premiers nés seront sanctifiés, c'est-à-dire, offerts et immolés au Seigneur; mais parce qu'il n'est pas dans l'ordre de Dieu de lui immoler un homme, et qu'il n'a pas voulu permettre un tel sacrifice, il ordonne qu'on rachetera les premiers nés des hommes par une certaine somme d'argent. Le motif de cette loi vous est connu, M. T. C. F. Et qui de vous pourrait igno-

rer

rer que Dieu ayant sauvé tous les premiers nés des Hébreux, lorsqu'il fit mourir tous les premiers nés Egyptiens, il était juste que tous les premiers nés de leurs enfans lui appartinssent, et qu'ils les lui offrissent, ou qu'ils les rachetassent, pour reconnaître un si grand bienfait.

Jésus-Christ, comme Fils unique du Dieu vivant, consubstantiel à son Père, Dieu comme lui, n'est sujet à aucune loi : comme homme, il a été conçu et il est né, sans blesser la parfaite intégrité de sa Mère ; conçu par une opération toute divine, enfanté d'une manière aussi pure que merveilleuse, sorti, selon les expressions des Pères, du sein de la Vierge, comme la fleur sort de l'arbre, ou comme le rayon sort du soleil, il ne devait pas être assujetti à une loi qui, selon la force de ses termes, n'est faite que pour les enfans engendrés par la voie ordinaire ; néanmoins Jésus-Christ se soumet à cette loi : et c'est ce que j'appelle, de la part de J.-C., un nouveau prodige d'humiliation. Son obéissance à la loi de la circoncision l'avait déjà confondu et mis au nombre des héritiers de la tache originelle ; par la soumission à la loi de la présentation, ne paraît-il pas se dégrader et renoncer aux illustres prérogatives que lui donnaient, et la divinité unie hypostatiquement à l'humanité, et la sainteté de sa conception et de sa naissance ? Il ne suffisait point à l'amour du Fils de Dieu pour l'homme de s'être anéanti dans le mystère de l'incarnation ; il venait au monde pour confondre l'orgueil de l'homme ; et à peine est-il dans le monde, qu'il lui donne l'exemple le plus frappant de la plus profonde humilité : il ne ve-

naît pas pour violer , pour enfreindre la loi ;
mais pour l'accomplir. Le Père , dit l'Apôtre ,
a envoyé son Fils formé d'une femme et assujetti à la loi , pour racheter ceux qui étaient
sous la loi ; et il est racheté lui-même comme
un vil esclave , comme le dernier des hommes. Et à quel prix se fait ce rachat ? Telle
est la pauvreté de ses parens , dit S. Augustin ,
qu'ils ne purent offrir pour lui un agneau ,
mais seulement , selon ce qui était marqué
dans la loi , ou deux tourterelles , ou deux
petits de colombes , qui était l'offrande des
personnes pauvres. L'Evangile ne marque pas
lequel des deux fut offert. Mais il est certain ,
mais il est indubitable , ajoute S. Augustin ,
que ce qu'on fit alors pour le Sauveur , né
d'une Vierge , se fit seulement , selon l'expression évangélique , pour se conformer à la
coutume de la loi , et non par aucune nécessité , puisqu'il ne pouvait y avoir aucun péché à purifier dans celui qui était lui-même la
source de la pureté. Et qu'on ne s'étonne pas
de ce que venant dans le monde pour apprendre aux hommes à retourner au Seigneur
par la voie de l'humilité , comme ils s'en
étaient éloignés par l'orgueil , il ait choisi de
marcher toujours au - milieu d'eux par des
voies humiliantes. Il fallait , pour les engager à rentrer dans la vérité , dont ils s'étaient
écartés, qu'ils n'eussent qu'à suivre son exemple et à marcher sur ses traces , selon ces paroles de S. Pierre : J. - C. nous a laissé son
exemple , afin que nous marchions sur ses pas.

La Mère de Jésus , quoique la plus pure de
toutes les femmes , porte l'humilité jusqu'à
sacrifier son honneur et sa réputation. Vierge
et mère , elle se confond avec les personnes

de son sexe déclarées impures par la loi ; elle
est vierge , et elle consent à passer pour une
femme souillée et criminelle ; elle est mère
d'un Dieu , et oubliant cette sublime qualité , elle se contente de passer pour une
femme ordinaire , mère d'un homme coupable. Animé des sentimens qu'il avait inspirés
à sa Mère , son Fils se présentant au temple,
n'y paraît que comme un enfant sorti de la
tige criminelle d'Adam ; il cache sa divinité,
sa sainteté , sous le voile du crime qui infecte
le genre humain. L'obéissance extérieure ,
la soumission apparente à la loi , n'est pas
pour lui une vaine cérémonie, un symbole
inutile : il s'offre à son Père , pour reconnaître et adorer l'empire souverain qu'il a sur la
vie de ses créatures. Par cette action solemnelle , il prélude à l'oblation sanglante qu'il
lui fera un jour de sa propre vie ; il prend
l'engagement sacré et irrévocable de mourir
sur la croix pour le salut du genre humain.
Déjà , dans les bras de Siméon , il fait l'office
de Sauveur et de Rédempteur : il offre le
même sacrifice qu'il offrira un jour dans les
bras de la croix : celui-ci , on peut l'appeller
le sacrifice du matin ; et l'autre , le sacrifice
du soir : mais , dans tous les deux , c'est la
même victime qui est offerte ; et dans l'un et
dans l'autre , Jésus-Christ est un exemple de
l'humilité la plus profonde , et le modèle le
plus accompli de l'obéissance la plus parfaite
qui fut jamais. L'un et l'autre ont commencé
avec sa vie , et ne finiront l'un et l'autre qu'à
sa mort. En venant au monde , il proteste à
son Père , qu'il n'y vient que pour exécuter
ses ordres , quelques rigoureux qu'ils puissent

paraître : Vous n'avez pas agréé les holo-
caustes et les sacrifices pour les péchés, me
voici, je viens, mon Dieu, pour faire votre
volonté. Et l'Apôtre ne déclare-t-il pas qu'il
a été fait obéissant jusqu'à la mort, et jusqu'à
la mort de la croix ? On ne sait lequel on doit
le plus admirer, ou la soumission de Jésus
aux ordres de son Père, ou les excès d'humiliation qu'il a éprouvés, soit au premier instant de sa vie, où il n'eut pas où reposer sa
tête ; soit au moment de sa mort, où rassasié
d'outrages et couvert d'opprobres, il expira
entre le ciel et la terre, dans le plus affreux
et le plus cruel dénûment.

Quelle confusion pour des chrétiens de
chercher, dans toutes les occasions, les
moyens de se dispenser des loix de l'Evangile,
parce qu'ils les trouvent, tantôt trop humiliantes, tantôt trop dures et trop sévères,
tandis qu'ils devraient mettre toute leur gloire
à se rendre conformes au divin modèle qui
leur est présenté, et à en devenir les copies
fidèles et vivantes !

Instruisons-nous, M. T. C. F., et apprenons de l'exemple de Jésus-Christ à nous soumettre humblement et sans délai, et de tout
notre cœur, à toutes les loix divines et humaines, à tous les commandemens de l'Eglise;
à toutes les loix des puissances qui nous gou-
vernent, quelque humiliantes, quelque rigoureuses et pénibles qu'elles nous paraissent.
C'est l'heureux changement que doit opérer
en nous le souvenir des précieuses leçons que
Jésus-Christ nous donne dans cette importante occasion. Jésus se soumet à la loi,
sans y être obligé ; ce n'est que par bonté,

par charité , par compassion ; pour racheter ,
comme parle S. Paul , ceux qui étaient sous la
loi , afin que nous devinssions enfans adoptifs.
Pensons-nous à cette grace , M. T. C. F ?
Vous est-il jamais venu dans l'esprit d'en examiner sérieusement la grandeur et l'excellence ? Prenez-vous soin de l'en remercier ?
Et quels sont les monumens qui attestent l'é-
tendue et la sincérité de votre reconnaissance ?
Qu'il lui en a coûté pour nous rétablir dans
l'état glorieux d'enfans de Dieu , d'où nous
étions déchus par la désobéissance de notre
premier père ! Soumis à la volonté de son
Père , son amour pour nous lui fait accepter ,
avec la plus parfaite résignation , tout ce qu'il
lui en coûtera de peines et de souffrances pour
nous réintégrer dans l'auguste qualité d'enfans
de Dieu. Quel autre qu'un Homme-Dieu pouvait se porter à cet excès de tendresse et de
charité ! Jugez-en par quelques traits les plus
frappans. Vie cachée pendant neuf mois dans
le sein de sa mère ; naissance dans un état
de pauvreté et d'obscurité ; circoncision humiliante et douloureuse ; assujétissement à des
loix dont l'accomplissement semblait le déshonorer ; plus de trente années de sujettion à
passer dans la maison d'un pauvre artisan. Vie
publique : fatigues et voyages sans nombre ;
traverses , persécutions , mauvais traitemens ,
injures , outrages ; enfin les ignominies de sa
passion et de sa mort : voilà le tableau que lui
présente son Père. Bien loin d'en être rebuté ,
il ne sait que se soumettre ; dès le premier moment de son incarnation , il dit à son Père :
Vous m'avez formé un corps , je viens pour
faire votre volonté ; acceptez l'hommage de

ma soumission ; je vous offre tout ce que je suis et ce que vous m'avez fait. Quelle oblation, M. T. C. F ! combien elle fut agréable à Dieu ! et qu'elle nous fut avantageuse et méritoire ! Cette oblation salutaire , J.-C. la renouvelle dans le temple : il la continuera jusqu'à sa mort. Tout ce qu'il a offert à son Père , tout ce qu'il a souffert , soit dans sa vie privée , soit dans sa vie publique , il l'a donné pour nous racheter.

Pour nous donner un gage toujours subsistant de son amour , il a accompli une consécration plus parfaite : jusqu'à la consommation des siècles, il renouvellera chaque jour , en tous lieux , une infinité de fois cette consécration sur nos autels , dans le sacrifice auguste , où il est tout ensemble et le prêtre et la victime , le sacrifice et le sacrificateur. Combien donc nous lui sommes redevables , M. T. C. F. , et combien nous serions ingrats, si nous refusions de lui marquer notre reconnaissance , et si nous négligions de nous unir à lui, pour nous offrir en holocauste à son Père , pour lui faire un sacrifice sans réserve de tout ce que nous possédons et de tout ce que nous sommes.

Je finis , M. T. C. F. , par un trait bien intéressant, et qui doit être, pour des chrétiens , d'une grande utilité dans les différentes positions où il plaît à la divine providence de nous placer. Quoiqu'issus de la race de David , Marie et Joseph ne rougissent point de leur pauvreté : ils offrent avec simplicité et avec joie le sacrifice prescrit aux pauvres. Prétendus grands de la terre, riches du siècle, tremblez à la vue des périls innombrables qui environnent les grandeurs et les richesses de ce monde : quoique , par une grace toute particulière de la providence , vous ne soyez pas effective- ment dans un état d'obscurité , d'humiliation et de pauvreté , vous ne devez pas moins être pauvres d'inclination , d'esprit , de cœur et d'affection. Vous devez au moins vous en rap- porter à l'exemple que vous en donne la sa- gesse incréée. Aurait-elle choisi , pour ses pa- rens selon la chair , des pauvres , des artisans , des hommes ignorés , si l'état de pauvreté et d'humiliation n'était pas préférable à celui des honneurs , des dignités et des richesses ?

Pauvres , apprenez à ne point rougir de votre pauvreté ; apprenez à aimer cet état , comme le plus avantageux pour le salut. J.-C. votre chef , votre rédempteur , fut pauvre comme vous. Il a sanctifié votre état par le choix qu'il en a fait. Consolez-vous , réjouis- sez-vous d'avoir avec lui cette précieuse con- formité : votre pauvreté est le gage de la gloire et de la récompense qu'il prépare aux imita- teurs de son humilité. Apprenez que quelque pauvre que vous puissiez être , vous n'êtes pas dispensés d'offrir à Dieu en sacrifice , le peu que vous possédez. Apprenez de Marie à join- dre aux petites offrandes que vous pouvez faire , l'offrande , la consécration , le sacri- fice de vos enfans , de vos corps , de vos ames. Riches , ne vous flattez pas que ce que vous êtes indispensablement obligés de donner et d'offrir à Dieu , non-seulement de votre super- flu , mais même de votre nécessaire , soit pour la décoration de ses temples , soit pour la sub- sistance des membres vivans de Jésus-Christ , soient agréables à la divine majesté , si la

piété , si la religion , si la charité ne vous animent à les faire.

Enfin apprenons tous à proportionner nos
présens , nos offrandes, nos aumônes à la
quantité de nos biens et à la quantité de malheureux ; mais à ne prescrire jamais aucunes
bornes à l'esprit de piété , de religion et de
charité qui en doit être l'ame. C'est uniquement sur cet esprit , que le souverain Seigneur
du ciel et de la terre jugera de leur valeur , et
réglera la récompense qu'il voudra bien leur
donner.

Adressons , M. T. C. F. , au Père des miséricordes , la prière que l'Eglise nous met dans
la bouche dans ce grand jour ; cette prière
renferme les graces les plus propres au mystère que nous célébrons ; demandons-les avec
autant d'humilité que d'ardeur ; disons tous ,
dans les sentimens d'une même foi : Seigneur,
qui avez rempli l'attente du juste Siméon, con-
sommez, s'il vous plaît , en nous votre grace ,
afin que, comme il a mérité de voir J.-C. avant
que de voir la mort , de même nous obtenions
la vie éternelle dans les embrassemens du Seigneur : nous vous en supplions par le même
J.-C. notre Seigneur , qui étant Dieu , vit et
règne avec vous dans l'unité du Saint-Esprit
dans tous les siècles des siècles. *Amen*

DIMANCHE DE LA SEPTUAGÉSIME.

SUR LE PETIT NOMBRE DES ELUS.

*Ne savez-vous pas que quand on court dans la carrière,
tous courent, mais un seul remporte le prix ? Courez
donc de telle sorte que vous remportiez le prix.*

1. Cor. 9.

Nous sommes tous appellés à courir. La vie
présente est l'espace immense qu'il faut tra-
verser pour remplir notre vocation. Nous devons faire des efforts continuels pour attein-
dre à cet heureux terme. Ce n'est pas pour un
tems limité, ni pour un intervalle circonscrit,
que nous entrons dans la carrière, c'est pour
toute la vie; le dernier de nos efforts doit nous
conduire et se soutenir jusqu'aux portes de
l'éternité. Le prix, qui doit en être la récompense, n'est autre que le bonheur du ciel, la
possession du souverain bien, la possession de
Dieu même. Quelque longue, quelque pénible
que soit notre course, quelques grandes que
soient nos peines, quelque avancement, quelques progrès que nous ayons fait dans la piété, nous ne devons jamais dire : c'est assez ;
parce que, dit S. Prosper, si nous disons : c'est
assez, nous nous arrêtons, et nous demeurons
en chemin, au milieu de notre course ; et
ainsi nous ne persévérerons pas jusqu'à la fin :
et si nous ne persévérons pas jusqu'à la fin,
nous nous flatterions inutilement de remporter la couronne.

Ce sont-là, M. T. C. F., des vérités incon-

testables, qui ont pour base solide la doctrine
du grand apôtre, ce vase d'élection destiné à
porter les lumières de l'Evangile jusqu'aux extrémités de l'univers; cet homme qui courait,
et qui ne courait point au hasard; cet homme
qui combattait, et qui ne donnait pas des
coups en l'air. Toujours sensible à nos besoins, toujours attentive à nous faciliter les
moyens d'y subvenir, l'Eglise nous propose
aujourd'hui la doctrine de ce grand homme,
pour nous encourager au-milieu des combats
que nous livrent les ennemis de notre salut, et
nous faire surmonter les obstacles qui peuvent
se rencontrer dans notre course. Ne savez-
vous pas, nous dit-elle, que vous êtes dans la
carrière; qu'il est de votre intérêt, autant que
de votre honneur, de remporter la victoire?
Vous courez avec une multitude infinie: le
prix de la course n'est réservé qu'à ceux-là
seuls qui auront légitimement combattu. Parmi
cette foule de combattans, très-peu doivent
s'attendre à être couronnés. Vérité bien terrible, M. T. C. F., vérité bien propre à nous
inspirer une crainte salutaire; mais vérité
qu'on ne peut contester; elle a pour garant
l'oracle infaillible de la sagesse éternelle: c'est
ainsi que J.-C. lui-même s'en est expliqué:
Beaucoup d'appellés, mais peu d'élus. Il est
pour nous de la dernière importance de travailler sans cesse et sans relache à rendre notre
vocation et notre élection certaine, par la pratique des œuvres propres à l'état où la providence nous a placés. Je sais qu'une raison orgueilleuse n'écoute que difficilement ce langage; elle aime à s'établir dans une fausse sécurité; elle cherche à affaiblir une vérité

aussi triste , aussi humiliante. Il ne sera pas difficile de dissiper les prestiges de l'illusion , et d'en faire sentir la vanité. Les faits constans et consignés dans le dépôt de la révélation , quelques réflexions simples puisées dans les écrits des Pères, quelques preuves appuyées sur l'expérience de tous les siècles , suffiront sans doute pour vous convaincre jusqu'à l'évidence , du petit nombre de ceux qui remporteront le prix, et des efforts continuels que nous devons faire pour ne pas être exposés à le perdre. Cette Instruction est une des plus intéressantes de la morale. Il s'agit de vous mettre en état de décider par vous - mêmes cette question importante. Après avoir été du nombre de ceux qui sont appellés , aurez-vous le bonheur d'être du nombre de ceux qui seront élus ? Jamais matière ne mérita plus sérieusement votre attention.

Ouvrons les livres saints , M. T. C. F. , chaque page nous offre des preuves sans nombre de la vérité que je prêche; il n'en fut jamais de plus clairement démontrée. Toute chair ayant corrompu ses voies , Dieu suscita Noé pour instruire les hommes par les exemples et les exhortations de cet homme juste. C'est-là sans doute une figure bien frappante du grand nombre de ceux qui courent dans la lice : huit personnes seulement échappent au naufrage général, et sont sauvées des eaux vengeresses du déluge : c'est-là aussi la figure du petit nombre de ceux qui remportent le prix. Sodome et Gomorrhe , avec les lieux circonvoisins , sont réduits en cendres : Loth , sa femme et ses deux filles seulement sont préservés de cet horrible incendie. Six cents mille Israëlites, en état de porter les armes, sortent de l'Egypte, et prennent par le desert le chemin de la Terre-Promise : de cette multitude, il n'y en eut que deux, Josué et Caleb, qui entrèrent dans la Terre-Promise. Personne n'a jamais révoqué en doute que ces deux hommes soient la figure du petit nombre des élus qui entreront dans le ciel, du petit nombre de ceux qui remporteront le prix de la course. Le précurseur du Messie, Jean-Baptiste, nous représente le Seigneur ayant un van à la main, nettoyant parfaitement son aire, et séparant la paille du bon grain Voilà ce qui se passe dans le partage des élus et des réprouvés, dans la séparation des sauvés et des damnés. L'aire du Seigneur est son Eglise ; la paille figure les réprouvés ; le bon grain représente les élus : quelle horrible disproportion entre les uns et les autres !

S. Augustin voulant nous donner quelque idée du grand nombre de ceux qui courent, et du petit nombre de ceux qui remportent le prix, se sert d'une comparaison d'autant plus expressive, qu'elle est familière et à la portée de tout le monde. Les écoles dans lesquelles on enseigne l'éloquence, dit ce saint docteur, sont pleines de jeunes gens qui y viennent de toutes parts ; mais qu'il y en a peu qui parviennent à l'éloquence de Cicéron! qu'il y en a peu qui deviennent bons orateurs, et qui excellent dans cet art ! La même chose arrive dans notre sainte Religion : une multitude presque innombrable fréquente nos Eglises, et s'acquitte des devoirs extérieurs du christianisme : mais qu'il y en a peu qui en pénètrent l'esprit, qui en profitent, et qui se

sauvent ! S. Chrisostôme préchant à Antioche, une des villes les plus peuplées de la
Grèce, dans laquelle il y avait un nombre
presque infini de chrétiens, ne fait pas difficulté de leur dire, que parmi tout ce monde,
il n'y en aurait peut-être pas cent de sauvés,
et qu'il doutait même si le nombre irait jusqu'à cent. S. Jérôme parle encore plus fortement de cette vérité ; et les deux comparai-
sons dont il se sert, sont d'autant plus effrayantes, qu'elles sont tirées de l'Ecriture-
Sainte. Selon ce grand homme, on ne peut
mieux comparer le petit nombre de ceux qui
remporteront le prix d'une couronne immortelle, qu'au peu d'olives qui restent au haut
de l'olivier, après qu'on en a recueilli le fruit
avec soin ; ou bien qu'à ce petit nombre de
raisins qui restent sur la vigne après les ven-
danges.

Mais ne sont-ce pas là de pieuses hyperbo-
les, pour exciter dans les cœurs une crainte
salutaire ? Non. Faut-il prendre toutes ces paroles à la lettre ? Oui, sans doute ; puisque
c'est le Saint-Esprit qui nous parle dans l'ancien et le nouveau Testament ; puisque ce sont
des oracles infaillibles de J.-C., la vérité même ; puisque les Pères et les Docteurs ne parlent ainsi, qu'après les écrivains sacrés ; puisqu'enfin la raison, de concert avec la foi,
nous apprend que plusieurs courent dans la
carrière du salut, mais que très-peu remporteront le prix. Un seul raisonnement va vous
en convaincre. N'est-ce pas un principe incontestable que ceux-là seulement remporteront le prix de la béatitude éternelle, qui vivent et meurent d'une manière chrétienne ;

dont la conduite est conforme à la foi , et qui ont conservé ou recouvré l'innocence reçue dans le baptême ? L'expérience ne nous apprend que trop , qu'il y en a très-peu qui vivent et meurent d'une manière chrétienne ; très-peu dont la conduite soit conforme à leur foi ; presque point qui conservent la grace baptismale ; moins qu'on ne pense qui , après l'avoir perdue , la réparent par une digne pénitence. Nous sommes donc obligés de conclure avec l'apôtre , que tous courent , mais que très-peu remportent le prix. En effet , M. T. C. F. , qui est-ce qui vit et meurt chrétiennement , à la campagne , à la ville , dans tous les états , dans toutes les conditions de la vie ? La plupart , chrétiens de nom seulement , vivent réellement comme des juifs , uniquement occupés des biens de la terre , insensibles aux biens du ciel : tout occupés des besoins du corps , sans songer à ceux de l'ame. Et comment meurent-ils ? J'ai presque dit comme ces êtres dépourvus de raison et d'entendement ; accablés du poids de leurs maladies , incapables de s'élever vers Dieu , presque hors d'état de penser à leur salut ; recevant peut-être les derniers sacremens , mais sans attention , sans piété , sans religion , par bienséance , et non par une vraie piété , par un désir empressé de s'unir à celui dont ils voudraient pouvoir éloigner la visite. Où sont ceux , dans cette lie des siècles , dont la vie et la conduite est conforme à la foi , ou plutôt , qui sont ceux qui ont une vraie foi ? Dans le monde , que d'impies , de libertins , d'incrédules , des gens sans foi , sans religion , sans Dieu ! Dans le peuple , ignorance crasse , des erreurs grossières , mille vaines observances, une infinité de superstitions; dans les plus éclairés, une foi faible, languissante et presque morte, une foi qui n'est pas animée par la charité, une foi à qui l'amour de Dieu ne fait pas opérer un grand nombre de bonnes œuvres Par une suite nécessaire, des mœurs corrompues, une vie déréglée, une conduite plus payenne que chrétienne. J'en appelle à vos consciences, M. F.: pouvez-vous en disconvenir ? Dans un siècle aussi corrompu, où la malice previent la raison, en vain chercherait-on des personnes assez heureuses, pour avoir conservé l'innocence et la grace de leur baptême. Il n'est malheureusement que trop vrai de dire de nos jours, ce que le Roi prophète disait de son tems : Tous se sont corrompus; ils sont tous devenus inutiles; il n'y en a point qui fasse le bien; il n'y en a pas un seul. Pour recouvrer la grace de l'innocence tant de fois perdue par des péchés considérables, il faut faire une longue et sincère pénitence; il faut longtems gémir, pleurer, prier, veiller, se mortifier et se punir; il faut racheter ses péchés par des aumônes, des prières, des abstinences, des jeûnes et de tout ce qu'on appelle de dignes fruits de pénitence; il faut se laver et se purifier long-tems dans les eaux de ce baptême, que les Pères de l'Eglise appellent baptême laborieux et pénible. Or, qui est-ce qui fait ainsi pénitence ? Confesser à la hâte quelques-uns de ses péchés, une ou plusieurs fois l'année, si vous le voulez, mais presque toujours sans examen, sans préparation, sans douleur, sans contrition; passer du tribunal à la Table-Sainte, sans aucun délai, sans s'être purifiés par des satisfactions proportionnées au nombre et à l'énormité des péchés ; croire qu'on a satisfait à la justice divine, lorsqu'on a accompli la pénitence légère que le prêtre a imposée ; vivre, après cette prétendue pénitence, comme auparavant, n'est-ce pas là à quoi la plupart des chrétiens bornent leur pénitence ? Et de tous ces principes fondés sur une triste expérience, ne sommes-nous pas forcés de conclure que tous courent, mais que peu remportent le prix de la course ?

On peut dire qu'au moins parmi les catholiques, tous courent ; tous font profession de la vraie foi ; tous sont réunis dans une même Eglise, par la réception d'un seul et même baptême, par la confession des mêmes vérités, par l'usage des mêmes sacremens ; tous espèrent les mêmes graces et la même gloire ; tous ont le bonheur de professer une religion sainte, qui peut les conduire au ciel ; tous par conséquent courent dans la voie, dans la carrière du salut : mais, hélas ! qu'il en est peu qui remporteront le prix de la course ! Il n'est pas pour les impies et les libertins ; pour ceux qui sont chrétiens et catholiques en appacence, mais sans piété et sans religion ; il n'est pas pour les impudiques, les avares, les ambitieux, les yvrognes ; pour ceux qui sont dans la détestable habitude de jurer et de blasphémer ; pour ceux qui ravissent injustement le bien d'autrui ; pour ceux qui, ayant fait tort à leur prochain, dans leur honneur, leur réputation et leurs biens, n'ont pas soin de réparer ce tort par une exacte restitution ; les calomniateurs, les médisans, les emportés, les vindicatifs, les jaloux, les envieux, tous
semblent

semblent courir dans la même lice ; mais y en
aura-t-il beaucoup qui remporteront le prix ?
Je vous laisse le soin d'en juger vous-mêmes,
suivant les lumiéres de la foi, et sous les yeux
de Dieu.

L'ouvrier qui emploie mal son tems ; l'artisan qui fait un mauvais travail ; le marchand
qui vend de la mauvaise marchandise, ou qui
vend la bonne trop cher, qui a un poids et un
poids, une mesure et une mesure, qui manque de cette bonne foi qui devrait être l'ame
du commerce ; l'économe infidèle, qui prend
ou dissipe le bien de son maître ; le père de
famille qui n'en usa pas bien avec sa femme,
et qui scandalise ses enfans et ses domestiques;
la mère de famille, qui chagrine son mari,
n'élève pas chrétiennement ses enfans, et néglige le soin de son ménage ; les enfans qui
ne rendent pas ce qu'ils doivent à leurs parens, et qui ne font pas tous leurs efforts pour
s'avancer dans la science des Saints, dans la
connaissance du salut, et dans la pratique de
la vertu ; les domestiques qui manquent de fidélité ou de soumission, ce sont encore des
personnes qui courent sans remporter le prix :
et que le nombre en est prodigieux !

Quels fruits devons-nous tirer de cette terrible vérité ? J'en remarque deux principaux,
et c'est l'apôtre qui nous les indique. Le premier est une sainte frayeur qui nous fasse travailler à notre salut avec crainte et tremble-
ment. Qui pourrait en effet ne pas trembler
entendant le saint docteur des nations nous
dire qu'il traite rudement son corps, et qu'il
le réduit en servitude, de peur qu'ayant pré-
ché aux autres, il ne soit lui-même réprouvé ?

Qui pourrait ne pas craindre en voyant trembler un si saint homme ? Le grand apôtre, quelque assuré qu'il puisse être de son salut, par les graces extraordinaires qu'il a reçues de son Dieu, le grand apôtre tremble : choisi pour la sanctification de tant de peuples, il craint d'être rejetté ; parce qu'il a toujours devant les yeux l'exemple terrible de ceux qui courent dans la lice, et dont un seul remporte le prix : il craint, il tremble ; et nous pourrions ne pas trembler, nous qui lui sommes si inférieurs en tout, et particuliérement en mérites ; nous qui sommes si éloignés de sa sainteté et de sa perfection ; nous dont la vie est aussi déréglée, aussi criminelle, que la sienne était réguliére et vertueuse ; nous que nos vices et nos péchés rendent aussi désagréables aux yeux de Dieu, que ses vertus et ses bonnes œuvres le rendent agréable à la divine Majesté ; nous enfin qui comparés à ce vase d'élection, avons tout lieu de craindre que nous ne soyons regardés comme des vases d'ignominie, de colère et de perdition ?

Le second fruit que nous devons tirer de cette vérité, est une ferme résolution de courir de telle sorte, que nous remportions le prix ; et d'imiter ces généreux athlétes qui gardaient en toutes choses une exacte tempérance : c'est encore l'avis que saint Paul nous donne. L'espérance doit nous animer à prendre et à exécuter cette résolution. Les athlètes dont on nous propose l'exemple, ne menaient une vie si mortifiée, si dure, si pénible ; ils ne se donnaient tant de peines, n'essuyaient tant de combats, ne s'exposaient à tant de périls, que pour gagner une couronne corrup-

tible ; au lieu que nous en attendons une in-
corruptible. Pleins de cette espérance , courons , mes chers frères , courons dans la voie
des commandemens de Dieu et de l'Eglise ,
dans la voie de la justice , dans la carrière de
tous les devoirs généraux et particuliers du
christianisme et de notre état ; mais ne courons pas en vain et comme au hasard ; courons
par le motif de l'amour de Dieu : que la charité nous mène au souverain bien ; qu'elle soit
ardente pour nous y faire courir ; qu'elle soit
persévérante pour nous y faire heureusement
arriver. Préparons-nous au combat que le démon , le monde et la chair nous livrent sans
cesse ; préparons-nous y par l'abstinence , la
sobriété , le jeûne et sur-tout par cette tempérance générale , qui consiste à user très-sobre-
ment de toutes les choses sensibles , et à nous
renfermer dans le nécessaire. Combattons ,
mais combattons généreusement ; mortifions ,
domptons nos sens , nos passions et notre concupiscence ; combattons les fausses maximes
du monde profane , du siècle corrompu ; résistons fortement aux tentations du malin esprit ; persévérons dans cette milice , et com-
battons-y sans relâche et jusqu'à la fin.

De tant de chrétiens qui sont appellés au
bonheur éternel , il y en a très-peu qui y arrivent : c'est l'effrayante vérité qui ne doit jamais s'effacer de vos esprits , et que le grand
apôtre a solidement établie par l'exemple terrible des Israëlites ; ils étaient la figure de tout
ce qui devait arriver aux chrétiens : ce peuple
passe la Mer-Rouge au nombre de six cents
mille combattans ; tous voient les mêmes miracles de la toute-puissance ; tous reçoivent les

mêmes graces , ressentent la même protection
du Très Haut , reçoivent la même loi , partici-
pent aux mêmes sacremens , ont les mêmes
moyens d'arriver à la Terre-Promise : cependant il y en eut peu , d'un si grand nombre ,
qui fussent agréables à Dieu ; car ils périrent
presque tous dans le désert. Telle fut la figure ;
et voici la vérité.

A ce premier peuple rejetté pour ses infidélités , Dieu substitue un peuple nouveau : les
chrétiens succèdent aux Israëlites. Tous reçoivent , dans le sang de J.-C. un baptême infiniment plus efficace , qui les fait enfans adoptifs de Dieu , frères et co-héritiers de J.-C. Tous
ont des avantages infinis au-dessus des Israëlites ; une loi beaucoup plus parfaite , des lumières et des graces plus abondantes ; une
nourriture toute divine , le corps et le sang de
l'Homme-Dieu. C'est J.-C. lui-même qui conduit les chrétiens dans le désert de cette vie ,
qui les nourrit du pain de sa grace , de sa
chair , de son sang , qui les engraisse de sa divinité. Quelle différence entre l'ombre et la
réalité ; entre le baptême , les sacremens , la
nourriture et les moyens de salut accordés aux
Israëlites, et le baptême, les autres sacremens,
la nourriture, les graces et les moyens de salut
accordés aux chrétiens ! En voyant cette différence , on s'attendrait à une fin bien différente ; et néanmoins la fin est la même. De
six cents mille combattans qui s'avancent vers
la Terre-Promise , il n'y en a que deux qui y
entrent : de même , d'une multitude innombrable de baptisés dans la mort de J.-C. , très-
peu sont véritablement chrétiens ; tous man-
gent J.-C. , peu s'en nourrissent ; beaucoup

fréquentent les sacremens, peu en profitent ; beaucoup sont appellés au ciel, peu y arrivent : tous courent dans la lice, et très-peu remportent le prix.

Ne nous y trompons pas, M. T. C. F., il ne suffit pas pour être sauvé d'être chrétien, il faut après le baptême travailler à son salut, et y travailler jusqu'au dernier moment. La grace ne nous est pas donnée pour languir dans le repos et l'inaction ; c'est une grace de course et de combat, d'une course sans relâche, d'un combat continuel. La parfaite vicvoire sur nos ennemis ne se remporte que par une mort précieuse aux yeux de Dieu : le triomphe et le repos ne sont pas pour la terre et pour le tems ; ils ne sont que pour le ciel et pour l'éternité. On court au hasard, lorsqu'on perd de vue le but où l'on tend, lorsqu'on s'écarte de la voie. La course d'un chrétien n'a point d'autre but que la céleste patrie ; ayons la donc toujours devant les yeux. Le chrétien n'a point d'autre voie à tenir que celle que J.-C. lui a tracée ; disons mieux, J.-C. est lui-même sa voie. Ne nous écartons donc jamais de cette voie, pour suivre les voies détournées des hommes ; que J.-C. soit notre modèle ; que son Evangile soit notre règle ; attachons-nous à la voie étroite qu'il nous a tracée par ses paroles et par ses exemples ; marchons sur ses traces, et ne faisons jamais un seul pas hors de cette voie qui peut seule conduire à la vie. Ne nous imaginons pas pouvoir être victorieux de nos ennemis, sans les combattre, sans leur porter des coups. On frappe en l'air, lorsqu'on ne travaille pas sérieusement à mortifier ses sens et sa concupiscence. La pénitence et la mortification sont des vertus essentielles, dont S. Paul nous apprend que rien ne peut nous dispenser, pas même le travail de la prédication et les peines inséparables du S. ministère... Quelle morale! quelles vérités! elles ne sont pas du goût de la nature; la grace seule peut nous les faire aimer. La course qu'on nous propose est longue et fatiguante; les combats qu'il nous faut essuyer sont rudes et dangereux; les coups qu'il faut porter contre notre chair, contre nos sens, contre notre concupiscence, ces coups sont douloureux : la tempérance générale, qui nous est recommandée, est gênante et pénible : mais la récompense qui nous est promise, est plus que suffisante pour nous soutenir, nous animer, nous fortifier. Elevons les yeux vers le ciel, et nous verrons le Fils de Dieu notre modèle et notre chef, debout à la droite de son Père, pour nous soutenir. Ouvrons les yeux de la foi, et nous verrons que c'est le Seigneur qui combat, qui court et qui souffre en nous, pour nous rendre dignes d'être couronnés et glorifiés en lui dans la bienheureuse éternité, où nous conduise par son infinie miséricorde le Père, le Fils et le Saint-Esprit. *Amen.*

Nota. *L'Instruction pour la Sexagésime, ainsi que celle pour le second Dimanche de Carême, étant sur la lecture de l'Ecriture-Sainte, se trouvent au premier volume.*

DIMANCHE
DE LA QUINQUAGÉSIME.

Contre les Spectacles, les Bals et les Danses.

Il sera livré aux Gentils, et sera traité avec dérision.
Luc. 18.

L'oracle a été fidélement accompli : Jésus a été livré : et qui fut jamais traité d'une manière plus injurieuse et plus dérisoire ! Il n'est personne qui ne sache à quels excès de tout genre s'est porté le peuple juif envers l'Homme-Dieu. Livré par un de ses disciples, pour une modique somme, baffoué, fouetté, couvert de crachats, rassasié d'opprobres, il a souffert la mort la plus violente, la plus ignominieuse, la mort destinée à punir les malfaiteurs et les scélérats. Chrétiens, voilà le sort qui vous attend : ceux qui veulent vivre dans la piété en J.-C., souffriront persécution. La persécution, la dérision, les injures, les outrages, la mort même est très-souvent le partage de ceux qui font profession de s'attacher à J. - C. Le disciple n'est point au-dessus du maître ; il suffit au disciple d'être comme son maître. Quoique tous les chrétiens soient destinés par état à souffrir, quoique les souffrances soient de l'essence du christianisme, tous les chrétiens cependant ne sont pas appellés à être livrés, à être baffoués, à être traînés sur les échafauds, à braver les fureurs et la barbarie des tyrans. Comme il y a plusieurs demeures dans la maison du Père céleste, il est aussi différentes routes qui y conduisent ; une des plus sûres et la plus invariable, c'est la fidélité à remplir les engagemens contractés au baptême, le renoncement au démon, à ses œuvres et à ses pompes. Les pompes, les œuvres du démon sont les plaisirs, les amusemens du siècle. La fuite des amusemens, des plaisirs du siècle, sera toujours le caractère distinctif auquel on reconnaîtra ceux qui appartiennent à J.-C. ; et ceux qui appartiennent à Jésus-Christ seront toujours en butte aux traits sanglans du ridicule, du sarcasme, de la haine, *eritis odio omnibus*. Le monde se réjouira ; il aura des tems déterminés pour se livrer à la joie ; ou plutôt, tous les jours, dans toutes les occasions, le monde se fera un cercle continuel d'amusemens, de passe-tems agréables : cette opposition des maximes, des usages du monde aux maximes, aux règles de l'Evangile, sera toujours le fléau le plus terrible de la piété : ce genre de persécution, pour être en apparence moins à craindre, n'en est pas moins dangereux par les moyens de séduction qu'il présente. Le langage astucieux et trompeur du monde et de ses partisans, leurs maximes empoisonnées, leurs scandales, soit publics, soit particuliers, seront toujours une pierre d'achopement, l'occasion inévitable de chûte spirituelle pour tous ceux qui ne connaissent que superficiellement la religion, qui ne sont pas fortement enracinés dans l'amour de la justice et de la vérité ; pour ces hommes faibles, indifférens, pusillanimes, qui se laissent emporter à tout vent de doctrine ; pour ces hommes enfin qui marchant à la suite de Jésus-Christ sous l'é-

tendard de la croix , veulent participer aux
folies du siècle , et être des membres délicats
sous un chef couronné d'épines. Jamais contrariété ne fut ni plus étonnante , ni plus commune : je dis étonnante ; et n'est-il pas en
effet bien étonnant qu'on se déclare , qu'on
s'honore d'être disciple de J.-C. , et qu'au mépris de l'Evangile de J.-C. , on suive des usages , des coutumes constamment condam-
nées , réprouvées par l'Evangile de J.-C. ? Je
dis contrariété plus commune ; à peine trou-
ve-t-on quelques chrétiens qui démentent ,
par leur conduite , des maximes, des usages
préconisés par les amateurs du monde , et
consacrés, pour-ainsi-dire , par la multitude.
Cette bizarerie m'a vivement frappé dans tous
les tems , M. T. C. F. : mais combien est plus
forte et plus sensible son impression dans le
moment présent ! La main de Dieu s'appésantit de plus en plus ; le glaive de ses vengeances plane toujours sur nos têtes ; et bien loin
de nous occuper des moyens d'en écarter les
tristes effets , il semble que le monde ne soit
occupé qu'à les provoquer de plus en plus ,
par la perversité des sentimens , et par la corruption générale qui infecte les mœurs publiques et particulières. A quoi tendent en effet
les folies et les extravagances de nos jours ? La
misère est extrême : vous connaissez les mesures fâcheuses que nécessite la situation de
l'Etat et la prolongation d'une guerre cruelle
et désastreuse : à peine avons-nous du pain ;
et comme autrefois ce peuple si célèbre dans
l'histoire , dans les jours même de sa décadence , nous ne rêvons que fêtes , que plaisirs ; nous courons en foule aux théâtres , aux

bals ; la bonne-chère , le jeu , la licence règnent dans les maisons de nos nouveaux opu-
lens : disons-le , la classe la plus respectable
de la société , le peuple , va perdre son tems ,
s'accoutumer à l'oisiveté , et perdre l'habitude
de la vertu , dans ces lieux trop communs et
trop autorisés. Je dois le dire avec franchise :
si nos mœurs sont dépravées , si le peuple est
entièrement démoralisé , si la génération qui
doit nous remplacer ne laisse appercevoir
qu'un avenir plus fâcheux , une plus grande
dépravation, la perte de tout sentiment d'honneur , de probité , de pudeur , d'honnêteté
publique , il ne faut l'attribuer qu'à la trop
grande facilité qu'on a d'aller puiser aux théâtres les maximes les plus dangereuses et les
plus anti-sociales , et les exemples les plus funestes à l'innocence , dans ces assemblées où
tout porte au désordre , en attisant le feu dévorant des passions les plus criminelles. Je me
propose de vous en inspirer une sainte horreur ; et pour le faire avec succès , je vais établir que les spectacles, que les bals , les danses
ne sont point des divertissemens dont l'usage
puisse être permis à un chrétien ; que conséquemment un chrétien ne peut s'y livrer sans
se rendre coupable. Puissai-je être assez heureux pour que Dieu bénisse mes efforts , et
que je puisse , avec le secours de sa grace ,
vous découvrir tout le danger , toute la mali-
gnité , toute l'amertume de ces fruits d'iniquités. N'attendez cependant pas de moi que
j'emploie des expressions, que j'entre dans des
détails qui déceleraient en moi des connaissances indignes de mon caractère et du ministère saint dont je suis revêtu : nos divines

Ecritures, les Pères qui en sont les interprêtes, sont les seules autorités qu'il me soit permis d'employer pour donner à mes paroles et
à mon raisonnement le poids et la force nécessaire pour vous persuader et vous convaincre. Daignez m'accorder toute votre attention.

Etablissons d'abord, M. T. C. F., pour principe fondamental de ce que j'ai à vous dire sur
les spectacles, les bals et les danses, qui font
l'unique et habituelle occupation, l'objet
chéri des soins continuels de la très - grande
majorité des hommes de nos jours, et en particulier de cette ville immense, que l'on peut
sans exagération comparer à l'ancienne Baby-
lone, peut être même à une de ces villes infâmes qui furent consumées par une pluie de
soufre; établissons, dis-je, une vérité incontestable : savoir, que tous les plaisirs en général ne conviennent pas à un chrétien. Pour
le prouver, il me suffira de vous donner la
définition que fait du chrétien le grand apôtre. Un chrétien est un homme affranchi de
l'esclavage du péché par J.-C., et devenu esclave de la justice par J.-C. Le chrétien passe
de la mort éternelle à la vie de la grace ; et
cette vie à la grace est une nouvelle mort,
puisque, continue l'apôtre, vous êtes morts,
et votre vie est cachée avec J.-C. dans Dieu. Le
baptême par lequel nous recevons la vie de la
grace, est une véritable mort ; c'est pourquoi
en le recevant, l'apôtre ajoute que nous avons
été ensévelis avec J.-C., pour représenter sa
mort ; c'est-à-dire, que comme il est mort véritablement, et qu'il a perdu la vie naturelle,
pour nous donner la vie de la grace, il faut
que nous mourrions véritablement au péché et
à l'amour du monde pour recevoir cette vie

sainte qui nous unit véritablement à lui ; et c'est pour cela qu'on nous demande , avant que de nous donner le baptême , si nous ne renonçons pas à satan , au monde et à ses pompes. Nous sommes donc morts au monde et à ses plaisirs par le baptême et par la nature de l'être que nous y recevons ; et nous devons être pour les plaisirs du monde dans l'insensibilité des morts. Or , un mort est-il touché des choses du monde ?

Si quelqu'un veut venir après moi, dit J.-C., qu'il renonce à soi-même , qu'il porte sa croix tous les jours, et qu'il me suive. Combattre en soi toutes les inclinations d'Adam , crucifier sans cesse sa chair et sa cupidité, voilà l'emploi, voilà l'occupation de la vie du chrétien. Vous pleurerez et vous gémirez , et le monde sera dans la joie ; voilà la vie du chrétien. Ceux qui appartiennent à J.-C. , ont crucifié leur chair avec ses passions et ses désirs déréglés , dit S. Paul ; c'est par-là qu'on reconnaîtra le chrétien qui est à J.-C. , c'est-à-dire , qui vit de l'esprit de J.-C. ; et son emploi est de marquer en lui ce caractère de mort , en prenant soin de crucifier sa chair , et de combattre en toutes choses ses désirs déréglés. Je le demande , un homme qui s'est chargé librement et volontairement de pareilles obligations , peut-il dire qu'il lui soit permis de se livrer aux plaisirs du monde ? D'ailleurs le chrétien ne doit pas seulement se regarder comme un homme mort au monde et à ses plaisirs , il doit encore se regarder sur la terre comme un étranger, comme un homme banni et exilé, qui soupire incessamment après sa patrie , après son héritage , après ses véritables délices , qui n'a sur la terre que les gémis-

semens en partage pour pleurer son bannis-
ment. Quiconque voudra examiner les choses
sous ce point de vue, et entrer un peu dans
les principes de la religion, n'aura pas de
peine à se persuader que les plaisirs du monde
ne peuvent convenir à un chrétien. Mais ajoutons encore un mot de J.-C., bien décisif en
cette matière : Le royaume des cieux souffre violence ; et ceux-là seuls l'emportent qui
se la font continuelle. Le doctrine de S. Paul
est parfaitement conforme à celle de J.-C. :
C'est, dit-il, par beaucoup de peines et d'afflictions que nous devons entrer dans le royaume de Dieu. Cette parole est terrible pour
les ames lâches, pour ces demi - chrétiens,
pour ces chrétiens de nom, qui ne songent
qu'à satisfaire les inclinations de la nature
corrompue. Mais toute terrible qu'est cette
parole, elle est capitale dans la religion. Nous
n'avons pas d'autre voie pour arriver à l'éternité bienheureuse, que le travail, la souf-
france, la privation des plaisirs du monde,
l'anéantissement, le crucifiement de la chair
avec ses concupiscences : c'est le chemin que
Jésus-Christ nous a tracé, et qu'il a suivi lui-
même ; c'est la seule voie que nous puissions
suivre avec assurance de succès, puisque
l'homme est devenu l'ennemi de Dieu, et que
Dieu s'est rendu le sauveur de l'homme. Il serait inutile de multiplier ici les témoignages
de l'Ecriture, qui prouvent jusqu'à l'évidence
cette vérité fondamentale de la religion chrétienne : il suffit de savoir que le plaisir ne
convient nullement au chrétien ; que rien ne
l'invite à la joie, ni le lieu où il est, ni le
tems de la vie qu'il passe, ni le sujet qui excite
ordinairement la joie des hommes.

Mais, direz-vous, n'est-il pas des plaisirs innocens? Il en est qui passent pour tels dans le monde ; j'ai désigné les plus communs : les spectacles, les bals et les danses. Il est facile de démontrer que ces divertissemens sont pernicieux, et que conséquemment un chrétien ne peut pas y prendre part sans se rendre coupable.

A l'égard des spectacles, voici sur quels fondemens je les condamne. Tous les SS. Pères en ont interdit l'usage aux chrétiens ; ils ont toujours eu raison de le défendre.

Dès la fin du second siècle, le relâchement s'introduisait parmi les chrétiens : obligés de vivre au milieu des payens et des idolâtres, c'était pour eux une grande tentation, d'être les témoins de leurs plaisirs. Personne n'ignore quel était et le goût, et la fureur de ces temslà pour les théâtres : la foi de plusieurs était ébranlée ; pour l'affermir et les détourner des spectales, S. Clément d'Alexandrie, dans son Pédagogue, qui est un abrégé de toute la morale chrétienne, composé principalement pour les cathécumènes, s'élève avec force contre les spectacles, et les fait envisager comme une source de corruption pour les mœurs, quand on ne les prendrait que pour un simple divertissement. On peut appeller avec raison les théâtres et tout ce qui s'y passe, la chaire de contagion et de pestilence : ces assemblées sont remplies d'iniquités, et l'occasion de ces rendez-vous est la cause de toutes sortes de désordres. Qu'on défende donc ces spectacles, où il n'y a que désordres, qu'obscénité, et que paroles frivoles et prononcées avec indiscrétion... Tertullien, dans son livre des Spectacles , ne s'exprime pas moins fortement. Il déplore la faiblesse des hommes de son tems , que la crainte de renoncer aux plaisirs détournait plus du christianisme , que la crainte de la mort. Il avoue qu'il n'y a point dans les Saintes-Ecritures , de défense formelle des spectacles , mais soutient que c'était une partie de l'idolâtrie et des pompes du démon , auxquelles les chrétiens renoncent dans leur baptême. Outre la principale raison , qui est l'idolâtrie , il montre les autres périls des spectacles. Dieu , dit-il , a commandé de conserver par la tranquillité , la douceur et la paix , le Saint-Esprit tendre et délicat de sa nature , et ne le pas inquiéter par la bile , la colère et la douleur. Comment donc peut-il s'accorder avec des spectacles , qui ne sont point sans agitation d'esprit ? Il n'y a point de plaisir sans la passion qui lui donne du goût : la passion entraîne l'émulation , la colère , la fureur ; et toutes ces suites ne conviennent point à notre discipline. Si quelqu'un vient au spectacle sans passion , et y demeure sans y être touché , il n'y a pas de plaisir, et il est coupable au moins de l'inutilité qui ne nous convient point. Un autre motif est l'impudicité du théâtre , où l'on produisait en public toutes les infâmies qu'ailleurs on cachait avec le plus de soin. Il relève l'absurdité de rechercher avec empressement dans les spectacles , ce qui , dans tout le reste de la vie , donnerait de la honte ou de l'horreur : *in theatris conspicies , quod tibi dolori sit et pudori…* Saint Cyprien n'est pas moins formel , ni moins précis , sur les dangers des théâtres. On s'autorise des choses qu'on y représente ; et dès-là

qu'on ne les regarde plus comme des crimes ;
ce sont des exemples qu'on croit devoir imiter. Le démon sachant qu'on aurait horreur
de l'idolâtrie, si on la représentait toute nue,
la fait paraître sur le théâtre, accompagnée
des ris et des jeux, pour la faire aimer plus
aisément. Tout le monde court aux spectacles,
et l'on se fait un plaisir malin, ou de reconnaître les vices des autres, ou de les apprendre.
A ces spectacles, on dépouille la pudeur ; on
devient plus hardi à commettre le crime ; on
apprend à faire ce qu'on s'accoutume de voir.
La femme qui était allée au spectacle avec
quelque sentiment d'honnêteté, en revient
sans pudeur : *quae pudica fortasse ad specta-*
culum processerat, de spectaculo revertitur
impudica. Comment, dit saint Chrysostôme,
avec son éloquence ordinaire, comment des
gens qui fréquentent les théâtres, qui ne
voient, qui n'entendent rien de sain, qui sont
assiégés de toutes parts par les yeux et par les
oreilles, peuvent-ils mettre un frein à leur
concupiscence ? Tout ce qui se dit et se fait
sur le théâtre, ne sert qu'à célébrer les pompes de satan. Celui-là pensera-t-il à Dieu dans
ces assemblées où on ne parle rien moins
que de Dieu ? Comment, ô chrétiens, allez-
vous aux spectacles après votre baptême, puisque vous avez confessé à ce même baptême,
que ces spectacles sont l'ouvrage du démon ?
Vous avez une fois renoncé au démon et aux
spectacles ; vous devez donc avouer, et vous
ne pouvez nier la conséquence, qu'en retour-
nant aux spectacles, vous retournez au démon. Mais comment, après avoir levé vos
mains au ciel, dans l'assemblée des fidèles,

pour

pour bénir, pour prier le Seigneur, comment osez-vous lever ces mêmes mains pour applaudir aux efforts, aux prétendus succès d'un histrion, dans l'assemblée des idolâtres ? Je me contente d'ajouter à tous ces traits un seul passage de S. Augustin, dans son livre de la cité de Dieu : il était, vous le savez, bon juge en cette matière. Les spectacles sont la peste des ames, la destruction de la probité, l'anéantissement de l'honnêteté. Augustin en avait fait la bien triste espérience, et il en a consigné l'aveu dans le livre de ses Confessions : Les théâtres qui m'enchantaient, qui me ravissaient, étaient l'image naturelle de ma misère, et le foyer du feu dévorant de mes passions. Des volumes entiers ne suffiraient pas, si je voulais recueillir tout ce que les Pères nous ont appris du danger des spectacles, et des suites fâcheuses qui en sont inséparables. Depuis le second siècle jusqu'à nos jours, le langage a toujours été le même. Que ne puis-je vous rapporter dans son entier l'ordonnance de S. Charles Borromée, dont le zèle pour la discipline de l'Eglise et la suppression des désordres déshonorans pour la piété, lui suscita des ennemis dans la personne du gouverneur de Milan, et des magistrats : ce saint prélat, après avoir prouvé par les livres sacrés, les bulles des Papes, les canons des SS. conciles, combien les chrétiens sont obligés de s'abstenir de ces divertissemens profanes, qui font l'occupation des gens du siècle, combien ces fêtes sont dangereuses et opposées aux mœurs des vrais chrétiens ; après avoir tenté de les arrêter par toutes les voies de la douceur, avant d'en venir aux menaces et aux censures, il se détermina à les défendre sous peine d'excommunication encourue par le seul fait, et sur peine d'interdit de l'entrée de l'Eglise à tous ceux qui coopéreraient à de semblables spectacles, ou qui y assisteraient. Il faut en convenir, M. T. C. F., ces menaces seraient parmi nous une bien faible ressource pour arrêter ces désordres publics : les excommunications encourues par le seul fait ne sont d'aucun poids, d'aucune autorité en France ; nous ne connaissons point de notoriété de fait : c'était le préjugé de son siècle ; c'est encore la prétention de la foule des théologiens modernes, bassement asservis aux vues ambitieuses de la Cour de Rome. Malgré cette irrégularité, l'ordonnance eut son effet ; le saint prélat eut la consolation de voir son peuple écouter sa voix, et renoncer à ces dissolutions publiques. Je n'oserais pas me flatter du même succès ; mais n'avez-vous pas les mêmes motifs d'y renoncer ? Dans votre baptême, n'en avez-vous pas contracté l'obligation ? Ne vous êtes-vous pas engagés par serment à fuir les pompes du démon, à éviter les divertissemens profanes et les vanités du siècle ? S. Charles reprochait aux Milanais leur ingratitude envers Dieu, qu'ils semblaient vouloir irriter de nouveau, au lieu de le remercier de toutes les graces dont il les avait comblés, en les délivrant de la peste Auriez-vous oublié, M. T. C. F., les malheurs qui ont pesé sur vos têtes les années précédentes, et que la main de Dieu a éloignés de vous ? Comment avez-vous survécu à l'espèce de famine qui nous a désolés au milieu des récoltes les plus abondantes ? Comment avez-vous échapé aux poursuites toujours plus ardentes , et toujours réitérées , du terrorisme ? N'est-ce pas un prodige , que les uns et les autres vous ne soyez ni morts de faim , ni péris sur l'échafaut ? Et c'est pour reconnaître ces signalés bienfaits , que vous vous livrés à des excès dont d'honnêtes payens eussent rougi ? Vos spectacles ne sont ni plus décens , ni plus châtiés que ceux de Corinte , de Rome ou d'Athènes : nulle différence en-tr'eux , eu égard aux déplorables effets qu'ils produisent : on y étale les pompes du monde et de satan comme autrefois ; on y présente le poison dans un breuvage , peut - être plus agréable et sous des fleurs ; on y débite peut-être plus finement , une détestable doctrine , toute contraire à celle de l'Evangile et de la Religion : mais le poison en est il moins mor-tel pour être caché sous des fleurs ? La doc-trine est-elle moins perverse , moins perni-cieuse sous la finesse de l'expression ? Les vers, pour être plus nombreux et plus fleuris , la prose , pour être composée avec plus d'art , en séduisent-ils moins les esprits ? En captivent-ils moins les cœurs ? Satan réussit-il moins à se faire des partisans , à remplir le monde d'ido-lâtres ? Voilà , M. T. C. F. , ce qu'ont pensé des spectacles les Pères de l'Eglise : décidez vous-mêmes , d'après leurs raisons , si l'usage des spectacles peut être permis , non-seule-ment à des chrétiens, mais même à des hommes jaloux de conserver l'honnêteté des mœurs, soit publiques , soit particulières ; et si ceux qui n'ont pas le bon esprit de se les interdire , ne sont pas coupables aux yeux de la raison et de la Religion.

Il faut dire des danses et des bals ce que

nous venons de dire des spectacles. Tous les Pères qui en ont parlé, ont regardé les bals et les danses comme les principales parties de ces pernicieux divertissemens; ils ont toujours envisagé ces plaisirs comme opposés à l'esprit du christianisme et à la dignité de la religion chrétienne. Le tems ne met permet pas de vous rapporter en détail ce que les Tertullien, les Ambroise, les Augustin, les Chrysostôme en ont écrit : voici en abrégé le fonds de leurs raisons, et ce qu'il y a de plus essentiel dans les motifs importans qu'ils ont eus de les condamner.

1°. Ils ont regardé la danse comme un reste du paganisme ; ils l'ont considérée, dans son origine, comme une espèce d'idolâtrie : et en effet, l'idolâtrie publique, dont il est parlé dans l'Ecriture , est celle où le peuple adora le veau d'or, et qui fut accompagnée de danses ; ce qui leur fait dire que la danse des gens du monde, est, dans son principe, fille de l'idolâtrie ; et que l'une et l'autre ayant la même origine, les chrétiens sont obligés d'y renoncer, attendu que ce qui n'a aucune utilité réelle, que ce qui ne peut servir qu'à l'amour du monde, et à corrompre les mœurs , doit être interdit à un chrétien ; et que ce qui a été dans son commencement consacré à l'idolâtrie , retient la tache de sa profanation.

2°. Les Pères ont regardé la danse comme l'ouvrage du monde, et comme une partie essentielle de ses pompes, auxquelles nous avons renoncé par notre baptême; que nous ne pouvons plus prendre, sans nous rendre violateurs de nos vœux, et prévaricateurs de nos promesses. Ces divertissemens, selon S. Augustin , sont les dangereuses persécutions que le démon emploie pour nous faire quitter le parti de Dieu.

3°. Les Pères ont prétendu que la danse n'inspire qu'un mauvais amour , et ne sert qu'à corrompre la pureté. Que voit-on dans ces scandaleuses assemblées ? Qu'y dit - on ? Qu'y fait-on qui n'inspire pas l'impureté ? Les suites en sont aussi funestes qu'irréparables. Quelle pudeur peut-on trouver là où on danse? *Quid ibi verecundiae potest esse ubi saltatur ?* demande S. Ambroise. La danse est un chœur et une assemblée d'iniquité. Le poison de toutes les vertus , c'est la danse. La danse est une invention diabolique , pour perdre les ames et corrompre les mœurs.

Ce sont-là à-peu-près les raisons que les Pères ont alléguées contre les danses : c'est sur ces raisons que l'Eglise n'a cessé , dans tous les tems , de les défendre à ses enfans. D'où je conclus qu'un chrétien ne peut pas prendre ces divertissemens sans se rendre coupable. Aussi , M. F. , le sage nous donne-t-il cet avis, de ne nous pas trouver avec une femme qui danse , de peur que nous ne périssions : comme s'il voulait nous faire entendre qu'il y a un poison dans ce divertissement , qui a la force de tuer. On ne peut s'exposer au péril de se perdre , sans péché. Delà je conclus que c'est une chose déplorable , qu'on se fasse un devoir , dans les familles chrétiennes , de faire donner des leçons réglées pour la danse , à de jeunes enfans ; et de former dans des ames pures , des inclinations qui les porteront probablement un jour à des plaisirs criminels. J'avoue qu'on peut , et même qu'on doit leur apprendre à être dans une contenance convenable et décente : la religion n'exclut ni les graces innocentes, ni la bienséance : mais si les danses ont été si sagement et si souvent défendues par les Pères et les conciles , pourquoi des pères et des mères chrétiennes , qui ne doivent songer qu'au salut de leurs enfans , souffriront-ils qu'on leur en donne des premiers préceptes ? Je vous conjure , M. F. , de faire sur cet objet les réflexions les plus sérieuses. L'apprentissage d'un exercice criminel ne peut jamais être innocent : et souvenez-vous , mères chrétiennes , de ce qu'a dit S. Ambroise , à l'occasion de la fille d'Hérodiade : qu'une mère adultère apprenne, si elle veut , à sa fille , à danser : mais pour une mère chrétienne , il faut qu'elle apprenne à la sienne , non pas la danse , mais la religion et la piété. Vous pouvez faire apprendre à vos enfans à bien marcher, à se tenir droits ; l'intérêt que vous devez prendre à leur santé vous en impose l'obligation : mais jamais d'assemblées de danses chez des chrétiens ; la religion les interdit sous peine d'anathême : Formez le corps , à la bonne heure ; donnez-lui de la grace ; mais jamais au préjudice de la vertu , de l'innocence , de l'honnêteté ; jamais aux dépens de l'ame.

Dois-je passer ici sous silence les moyens ridiculement scandaleux, qu'on emploie pour inspirer au peuple une gaîté grossière , et qui nous rappelle les excès et les extravagances du paganisme? Que n'ai-je sur les esprits et sur les cœurs la force et la persuasion du docteur de la grace , pour bannir d'entre vous ces restes impurs des dissolutions et des débauches de la gentilité ! Eh ! que faites-vous ! disait à son peuple le S. évêque d'Hyppone : vous ne rougissez pas d'imiter les payens ; ils courent en foule aux théâtres : que n'imitez-vous leur ardeur pour vous rendre à nos assemblées religieuses : ils se livrent à tous les excès de la table et de l'intempérance ; livrez - vous à la rigueur, à l'austérité du jeûne ; et si vous ne pouvez pas jeûner, que la réserve et la modération, que la sobriété président à vos repas.

S. Pierre-Chrysologue ne s'élevait pas avec moins de force contre ces travestissemens infâmes, où l'on ne rougit pas de couvrir l'image de Dieu des figures du démon : c'est s'élever insolemment contre Dieu, que de se revêtir de la figure de ses ennemis. Que penser de ces hommes, de ces femmes, qui rougissent respectivement de leur sexe ; que l'on voit, à la honte de la raison, insulter à l'auteur de la nature, et prendre la figure des bêtes ! Ne vous semble-t-il pas avoir du regret d'être nés hommes, et vouloir par cet infâme travestissement défaire ce que Dieu a fait, et le déshonorer en défigurant son image ?

C'était autrefois à des payens, que le Pères de l'Eglise adressaient ces reproches : et aujourd'hui, hélas ! ce sont des chrétiens qui tombent dans tous ces excès ; ce sont des disciples de Jésus-Christ qui renouvellent toutes ces horreurs.

Il n'est donc pas permis d'aller aux bals, aux spectacles ; c'est la conséquence que vous devez tirer, M. T. C. F., des vérités que je viens d'établir et de vous exposer. Les joies du monde ; disons mieux, les folies, les extravagances du monde, les plaisirs, les vanités du

monde ne conviennent pas à des chrétiens ; un
disciple de Jésus-Christ ne peut s'y livrer sans
se rendre coupable d'apostasie. L'Evangile ,
voilà la règle des mœurs : toute action qui
n'est pas conforme à cette règle, est évidemment
mauvaise. Ce goût si commun de nos jours
pour ces amusemens frivoles et dangereux ,
oseriez-vous le justifier par les principes , par
les maximes de l'Evangile ? Vous sentez parfaitement tout le ridicule d'une pareille entreprise. Ne vous récriez pas sur l'austérité des
maximes évangéliques : l'histoire profane nous
apprend que cette austérité était connue chez
les payens même. Long-tems avant la venue
du Messie , les sages et les orateurs de l'antiquité se plaignaient hautement de l'influence
des théâtres , qui avaient introduit le luxe et
la débauche. Rome fut long-tems vertueuse ,
dit S. Augustin , et elle ne cessa de l'être que
quand elle eut établi les spectacles. La danse ,
chez les Romains , n'était pas permise aux
honnêtes gens. Le plus éloquent de leurs orateurs a dit que la danse était une espèce d'y-
vresse défendue aux personnes qui font profession de vertu ; et c'est dans cette pensée
qu'un savant écrivain a dit que c'est une folie
qui passe de la tête aux pieds. Cessez donc de
traiter les SS. Pères de gens austères , de gens
ennemis des divertissemens et des plaisirs : ces
plaisirs, ces divertissemens , ces bals , ces spectacles si courus , si goûtés de nos jours , sont
la source empoisonnée de l'horrible corruption qui infecte toutes les classes de la société.
S. Augustin , ce digne modèle des vrais pénitens , n'a-t-il pas avoué que c'est sur le théâtre
qu'il respira , par les oreilles et par les yeux ,

tout le venin qui corrompit son cœur ? Un philosophe payen reconnaissait, avec autant de franchise, que chaque fois qu'il était allé au théâtre, il en était toujours revenu moins homme de bien. Que de mondains feraient le même aveu, s'ils étaient d'aussi bonne foi !

Je ne dois point vous laisser ignorer un trait dont je vous garantis la certitude : Un célèbre acteur du Théâtre Français n'a jamais voulu permettre à ses filles d'assister à aucune représentation théâtrale, tant qu'elles ont été sous l'autorité paternelle. La conduite de cet acteur est sans doute une inconséquence : mais quel témoignage plus authentique de la vérité que je prêche, que les théâtres sont des sources de corruption, et non des écoles de vertus. Pères et mères, seriez-vous excusables, si désormais, oubliant ce que vous devez à la patrie et à la religion, vous aviez la faiblesse, la lâche complaisance de permettre que vos enfans fréquentent ces lieux, où la vertu, l'innocence, la foi, les mœurs, sont exposée au danger évident d'un naufrage certain ? Sans égard aux préjugés du siècle, donnez à vos enfans des exemples constamment soutenus d'une piété éclairée ; marchez d'un pas égal dans la carrière de l'Evangile ; soyez fidèles, exacts observateurs de ses maximes sacrées : après avoir passé vos jours dans la privation continuelle des folles joies du siècle, vous aurez le bonheur de jouir, pendant l'éternité, des joies, des délices ineffables de la Jérusalem céleste. Dieu vous en fasse la grace. *Amen.*

PREMIER DIMANCHE de CARÈME.

ESPRIT ET DOCTRINE DE L'EGLISE SUR LA PRATIQUE DU CARÊME.

Voici maintenant le tems favorable, voici maintenant le jour du salut.

2, Cor. 6.

C'EST une erreur bien commune de nos jours, et malheureusement trop accreditée par ceux même qui par état devraient sans relâche travailler à la dissiper, que tous les tems sont propres à revenir à Dieu ; que le pécheur peut, quand il lui plaît, rompre avec ses habitudes les plus invetérées, et se soustraire au joug de ses passions, même les plus impérieuses : cependant rien de plus formel, rien de plus expressément énoncé dans les prophêtes, que la vérité contraire. Cherchez le Seigneur, dit le prophête Isaï, pendant qu'on peut le trouver ; invoquez le pendant qu'il est proche. Tout homme sensé et qui voudra faire usage de sa raison, doit conclure de ce texte, qu'il est donc des tems où on ne peut pas trouver le Seigneur ; qu'il est des momens où il est éloigné, et qu'on l'invoque en vain. Dieu a ses tems et ses momens ; ces momens et ces tems, il en a mis la disposition en sa puissance : il offre ses dons quand il lui plaît, à qui il lui plaît ; il les offre avec une libéralité toute gratuite : mais si on ne les accepte, il n'y a souvent plus de retour. Vérité importante,

M. T. C. F., l'Esprit-Saint l'a consignée dans le livre des proverbes. La sécurité des pécheurs, leurs préjugés et leurs prétentions ne prévaudront jamais contre l'infaillibilité de cet oracle divin : Parce que je vous ai appellés, et que vous n'avez point voulu m'écouter ; que j'ai étendu ma main, et que vous ne m'avez pas regardé : parce que vous avez méprisé tous mes conseils, et que vous avez négligé mes reprimandes, je rirai aussi à votre mort, et je vous insulterai, lorsque ce que vous craigniez vous arrivera. Qui croirait que des menaces aussi terribles et si capables d'épouvanter les hommes, ne les rendent cependant pas attentifs à leur salut ? Il ne faut pas être seulement assoupi, dit S. Augustin, mais il faut être mort, pour n'être pas réveillé par le bruit de ce tonnerre... Voilà bien des années, sans doute, M. T. C. F., que l'Eglise ne cesse de vous inviter à mettre à profit les jours de grace, les jours de salut que Dieu offre, dans sa miséricorde, à tous ceux qui se sont écartés des voies de la justice. N'avez-vous pas jusqu'ici refusé de les accepter ces tems favorables, ces jours de salut ? Etes-vous rentrés en vous-mêmes ? Vous êtes-vous convertis au Seigneur ? N'avez-vous pas perdu, prodigué des jours aussi précieux ? Mais sachez en rougir, sachez en trembler : si vous les laissez encore échapper, ils ne reviendront plus ; vous vérifierez la prédiction que Jésus-Christ faisait au juifs : vous le chercherez, et vous ne le trouverez pas ; il vous arrivera comme à Jérusalem, d'être abandonnés et livrés à vos ennemis, pour n'avoir pas connu le tems auquel Dieu vous a visité. Vous sentez, M. F., de quelle importance il est pour vous de prévenir un si grand malheur. Le moyen de le détourner de dessus vos têtes , c'est de profiter des jours de graces et de salut que vous offre la carrière de la pénitence quadragésimale. Comme l'on s'abuse ordinairement sur cet article essentiel de la morale chrétienne , je me propose de développer dans cette Instruction , avec simplicité et sans art , l'esprit de l'Eglise et sa doctrine sur cet important objet. J'espère que vous serez en état de juger par vous-mêmes du peu de solidité de la pénitence que vous avez faite jusqu'à ce jour ; et que , salutairement confus de vos infidélités , vous mettrez sérieusement la main à l'œuvre, pour donner à votre conversion le degré de stabilité dont elle a besoin pour être durable. Daignez m'accorder quelqu'attention.

Lorsque l'Eglise annonçait autrefois le saint tems de la pénitence , c'était pour ses enfans une heureuse nouvelle , et ils la recevaient avec une joie qui remplissait cette tendre mère des plus douces consolations. Pourquoi cette disposition n'est-elle plus la même? L'approche de ces jours de grace semble répandre la tristesse et la consternation , et nous présage les transgressions multipliées , dont le plus grand nombre des chrétiens va se rendre coupable. Nous verrons se renouveller cette année les scandales des années précédentes ; la licence ne connaît plus de bornes ; par la rapidité de ses progrès, elle a infecté tous les états, toutes les conditions. En vain nous chercherions à calmer , à dissiper nos allarmes ; le scandale est public , autorisé , et nous ne pouvons que nous livrer à la douleur et au gémissement.

Vous la partagez cette douleur, ames fidèles, qui savez que le caractère distinctif et le plus auguste du chrétien, le titre essentiel de sa gloire, est de marcher sur les traces d'un Dieu crucifié. Vous consolerez l'Eglise par votre docilité à porter le joug qu'elle vous impose; ce joug ranimera votre amour pour la pénitence; et vous vous efforcerez de réparer, par l'abondance de vos satisfactions, les infidélités et les prévarications dont vous serez les tristes témoins.

En effet, M. T. C. F., sans parler ici de cette foule d'impies qui font profession publique de ne respecter ni Jésus-Christ, ni son Eglise, qui non contens de leur défection dans la foi, insultent avec dérision à la piété de leurs frères, et leur tendent sans cesse des pièges pour les rendre complices de leur révolte : combien de chrétiens, moins audacieux peut-être, mais également plongés dans l'amour des choses sensibles, redoutent jusqu'aux apparences de la mortification chrétienne? Combien qui, sous des craintes frivoles, et que la mollesse inspire, se dispensent du devoir de l'abstinence et du jeûne, ou ne l'observent qu'avec des adoucissemens et des précautions qui en ruinent l'esprit, et en énervent toute la vigueur? Cependant cette loi sainte n'est pas une de ces institutions récentes, un de ces usages passagers, ou une de ces pratiques indifférentes contre lesquelles le raisonnement puisse prescrire, et la censure s'élever avec quelque fondement : les témoignages les plus certains vous attestent que cette discipline est aussi vénérable par son antiquité, que la pratique en est constante et utile dans sa fin : c'est avec la religion même qu'elle a pris naissance. Nous la voyons établie par les apôtres, consacrée par l'usage de tous les siècles, honorée par l'exemple des prophètes et de Jésus-Christ même. L'Eglise, en l'instituant, n'a pas prétendu, comme l'en accusent ses détracteurs, exercer sur ses enfans une domination tyrannique et meurtrière; elle n'a eu d'autre intention que de conserver et de perpétuer parmi eux l'esprit de mortification qui est l'ame et le fonds du christianisme. Elle a espéré que les pécheurs rentreraient en eux-mêmes à l'occasion de ces jours de salut, et qu'ils s'empresseraient de chercher, dans la tempérance évangélique, des forces contre la violence des passions, les moyens de réparer leurs infidélités, et de les affermir contre de nouvelles chûtes; c'est-à-dire, M. T. C. F., que l'épouse de Jésus-Christ ne s'est proposée dans cette institution salutaire, que votre avantage, la destruction, ou du moins l'affaiblissement du vieil homme, et le règne du nouveau dans vos cœurs.

Ces motifs sont bien propres, sans doute, à exciter le zèle de tous ceux qui conservent encore quelque désir de leur salut : car si la vie du chrétien sur la terre doit être une pénitence continuelle; si elle est nécessaire même aux plus justes, soit pour se rendre de plus en plus conformes à J.-C. leur chef et leur modèle, soit pour affaiblir un ennemi intérieur qui les sollicite sans cesse au mal, ou même pour expier les fautes légères qui échappent encore à leur fragilité; à combien plus forte raison est-elle nécessaire à ceux qui ont donné tant de fois la mort à leur ame, et qui se sont rendus dignes de tous les traits de la colère divine ? Non , dit S. Augustin , le péché ne saurait demeurer impuni ; il faut que le coupable se punisse lui-même dans le cours de cette vie , s'il ne veut pas être puni d'une manière effroyable pendant toute l'éternité. Ce n'est qu'à cette condition qu'il peut trouver grace devant le Seigneur , et rentrer dans tous les droits de ses enfans. Et pourrait-il lui présenter une satisfaction plus agréable , que celle qui est sanctifiée par une humble obéissance à l'Eglise , qui est jointe aux efforts , aux larmes et aux prières de tous les justes de la terre ? . . . Soumettez-vous y donc avec empressement , M. T. C. F. , et tachez de connaître vos véritables obligations , au milieu des relâchemens qui se sont introduits , et qui s'introduisent encore tous les jours dans la discipline quadragésimale. Nous n'insistons pas sur ce qui est , à proprement parler , d'une nécessité indispensable , comme le retour sincère du cœur à Dieu , la haine du péché , la fuite des occasions , une attention nouvelle à vous corriger de vos défauts et à vous avancer dans la vertu. Cette sorte de jeûne , que les SS. Pères ont appellé le jeûne des péchés , est d'une obligation si étroite , que sans lui les plus grandes austérités ne seraient que de vaines cérémonies , incapables de réconcilier le pécheur avec Dieu , et de le soustraire au châtiment qu'il mérite. Mais les pratiques extérieures de la mortification ne doivent pas être moins inviolables à tous ceux qui n'ont aucun sujet légitime d'en être dispensés. Dans tous les tems , l'Eglise a obligé ses enfans de joindre la pratique de l'abstinence à celle du jeûne. Toujours elle a prescrit l'une et l'autre sous des peines si sévères contre les transgresseurs, qu'elle les déclare indignes d'être admis à la communion pascale. Jamais elle n'a accordé qu'un seul repas aux besoins de la nature et à l'épuisement de ses forces ; et si, dans ces derniers tems, elle a tempéré la rigueur du précepte, c'est à condition qu'on n'userait de son indulgence, que pour la nécessité, et avec une sobriété scrupuleuse.

Au reste, M. T. C. F., n'attribuons qu'à notre propre lâcheté les affaiblissemens survenus dans la discipline du carême : c'est nous qui avons forcé l'Église d'entrer, pour-ainsi-dire, en composition avec notre faiblesse : c'est nous qui avons rendu méconnaissable cette ancienne et salutaire institution. Loin donc de faire servir à de nouveaux relâchemens la condescendance de l'Eglise, si nous étions vraiement pénitens, nous n'en userions qu'à regret et avec la douleur qui naît de ces réflexions affligeantes. Que sont devenus les beaux jours du christianisme, et comment avons-nous dégénéré si prodigieusement de la vertu des premiers fidèles ? La voie du ciel est-elle donc moins étroite qu'elle ne l'était autrefois ? Est-ce un autre Evangile dont nous faisons profession ? Non : il n'y a point, selon l'apôtre, un Jésus-Christ d'hier, un J.-C. d'aujourd'hui. Cependant quel contraste ! dans les siècles de ferveur et de sainteté, on voyait avec joie approcher les jours de la pénitence : les mœurs étaient pures, et la mortification continuelle : les fautes étaient légères, et les expiations rigoureuses. Aujourd'hui, avec de

mœurs

mœurs toutes profanes, après une vie toute séculière, et souvent criminelle, on s'épouvante du seul nom de pénitence, et on voudrait anéantir, s'il était possible, les restes vénérables des traditions de nos pères.

Nous aimons à présumer, M. T. C. F., plus favorablement de vos dispositions. Nous espérons que l'indulgence de l'Eglise, bien loin de ralentir votre zèle, produira parmi vous un redoublement de ferveur. Si pour vous aider à bien remplir les intentions de l'Eglise, il est nécessaire de vous marquer plus particulièrement vos obligations, nous vous dirons que le jeûne, même dans la discipline actuelle, ne consiste pas seulement dans la suppression des viandes défendues, mais que vous devez bannir de l'unique repas qui vous est accordé, cette délicatesse sensuelle, ces assaisonnemens recherchés qui ne servent qu'à flatter le goût et à révolter la chair contre l'esprit. Nous vous dirons que par la loi du jeûne, les sens doivent être mortifiés, que la pénitence doit être universelle, qu'elle doit embrasser l'usage de toutes les créatures ; que dès-lors il ne suffit pas de s'interdire les amusemens qui sont permis dans tout autre tems, mais qu'il faut entrer dans tous les exercices d'une vie laborieuse et souffrante. Il faut qu'on apperçoive en vous plus d'amour pour la retraite, plus d'assiduité à la prière, plus de vigilance sur vous-mêmes, plus de zèle pour le soulagement des malheureux, plus de tendresse et de charité pour tous les hommes ; en un mot, que toute votre conduite devienne plus sainte et plus abondante en fruits de justice et de piété. Les circonstances ne permettent pas d'entrer dans le détail des conditions qui peuvent seules rendre vos mortications méritoires : il me reste à vous prévenir sur un préjugé malheureusement trop commun, qui est la perte d'une infinité d'ames : c'est que la plûpart des chrétiens, trompés par leur propre corruption, ou par une séduction étrangère, confondent la conversion elle-même, avec un désir faible et superficiel de revenir à Dieu. Le carême et les solemnités auxquelles il nous prépare, sont pour eux une occasion de suspendre leurs désordres ; et parce qu'ils auront pratiqué quelques œuvres de religion ; parce qu'ils auront surpris à un prêtre trop indulgent une absolution précipitée, et qu'ils auront été admis à la Table - Sainte, ils se persuadent qu'ils sont rentrés en grace avec Dieu, qu'ils ont acquitté toutes les dettes qu'ils avaient contractées envers sa justice, et que pouvant toujours recourir au même remède, ils peuvent aussi être moins en garde contre les nouvelles chûtes.

Ne vous y trompez pas, M. T. C. F., une justice purement extérieure, qui laisse l'homme dans son crime, qui ne fait que pallier *ses* maux, au lieu de les guérir ; qui ne réforme en nous que les déhors et pour un intervalle ordinairement très-court, ne saurait être cette justice véritable qui vient de Dieu, fruit précieux de l'incarnation de Jésus - Christ, et de tous les mystères qui en sont la suite. Ce n'est pas là l'idée que nous en donnent les livres saints et les docteurs de l'Eglise : les uns et les autres nous apprennent que quand la grace prend possession d'un cœur, elle en change les inclinations, elle en renouvelle les sentimens, elle en détruit les affections déréglées, elle y cause, suivant l'expression du grand Bossuet, un saint ravage qui détruit le ravage du péché. Ajoutons que quoiqu'un juste puisse décheoir de l'heureux état où la vertu des sacremens l'a établi, cependant si son retour à Dieu est sincère, si sa douleur est véritable, elle produit pour l'ordinaire une pénitence stable et permanente. On ne le voit point passer successivement de l'état du péché à l'état de justice ; aujourd'hui en grace avec Dieu, et demain son ennemi ; aujourd'hui rendu à la vie, et demain replongé dans la mort. Mais, affranchi de l'esclavage du péché, il devient esclave de la justice : le péché n'a plus d'empire sur lui ; sa nouvelle vie ressemble à celle de J.-C. ressuscité ; et comme Jésus-Christ ressuscité d'entre les morts ne meurt plus ; de même le chrétien enté en J.-C. par la grace sanctifiante, pour porter la ressemblance de sa mort et de sa résurrection, est comme mort au péché, et animé d'une nouvelle vie, qui devrait avoir, dans un sens, la stabilité de celle de Jésus-Christ même.

D'après ces principes, pensez-vous qu'il se trouvera beaucoup de justes dans cette foule de pénitens, qui viendront, à la Pâque, assiéger les sacrés tribunaux, et participer à nos divins mystères ? S'ils donnent quelques démonstrations passagères de repentir, n'aurons-nous pas la douleur de les voir bientôt rentrer dans leurs premières voies, rétracter leurs résolutions et leurs promesses, et plier comme de faibles roseaux au moindre souffle de la tentation ? Le tems ramenera les mêmes solemnités, et donnera lieu aux mêmes démarches, sans qu'ils en deviennent meilleurs, ni plus affermis dans l'amour et la pratique de la vertu. N'en soyez pas étonnés : ils n'ont jamais été véritablement convertis ; leurs protestations et leurs promesses n'avaient rien de sérieux , ou elles n'étaient tout au plus que des projets et des désirs du moment , qui n'allaient pas au-delà de la surface de l'ame. Les démarches qu'ils ont faites , n'étaient commandées que par la coutume, la bienséance , le respect humain. Ils ont bâti sur le sable ; la main toute-puissante du Très-Haut n'a point eu de part à l'édifice de leur prétendue justice : c'était uniquement l'ouvrage de l'homme , et dès-lors il n'est pas surprenant qu'il se soit écroulé avec tant de rapidité. Concluons donc que leur cœur n'étant point changé , ils se flatteraient vainement d'être rentrés en grace avec Dieu : leur réconciliation n'a pas eu plus de réalité que leur pénitence : l'absolution qu'ils ont surprise au ministre du Seigneur est du nombre de celles qu'un S. Père assure être aussi pernicieuses à celui qui les donne, qu'à celui qui les reçoit. Et si , après cette première profanation , ils ont la témérité d'aller s'asseoir à la Table-Sainte , le sang de Jésus-Christ , répandu sur leur conscience criminelle , bien loin de les purifier , n'a fait que les souiller davantage , et rendre leurs maux plus incurables.

O vous, M. T. C. F., qui dans ces jours spécialement consacrés à la religion , vous sentirez touchés et attendris par les vérités saintes qu'elle met sous vos yeux , ne résistez pas davantage aux mouvemens de la grace qui vous invite à sortir de votre misère : livrez-vous avec confiance à ses impressions salutaires , afin qu'elle achève en vous le grand ouvrage qu'elle y a commencé. Mais gardez-vous bien de croire que vous serez parvenus à la fin de l'entreprise, lorsque vous aurez fait au ministre de Jésus-Christ la déclaration exacte de vos fautes ; que vous aurez pris à ses pieds des résolutions conformes à la sainteté de votre vocation, ou que vos cœurs auront été vivement ébranlés par la crainte des peines que Dieu réserve aux impénitens : ce n'est encore là que l'ébauche et le prélude de votre justification. L'Eglise, dont les lumières doivent fixer les nôtres, a toujours regardé ces premiers signes de grace comme incertains et insuffisans ; les pécheurs qui s'y confient, comme des personnes présomptueuses et abusées ; les ministres qui s'en contentent, comme des guides aveugles, des dispensateurs infidèles, qui, par une fausse et cruelle condescendance, tendent des pièges aux ames, et les précipitent plus avant dans l'abîme d'où la grace commençait à les retirer. Voulez-vous, M. T. C. F., que nous augurions favorablement de votre pénitence : commencez à détester souverainement le péché ; regardez-le comme le plus grand de tous les maux ; renoncez-y d'une volonté pleine et entière ; gémissez intérieurement de l'avoir commis ; fuyez-en les occasions ; travaillez à l'expier par des satisfactions convenables, afin que le Seigneur reprenne insensiblement dans votre cœur la place que les créatures y occupaient auparavant. C'est surtout à cette dernière disposition d'un amour de Dieu dominant, qu'il vous est essentiel de parvenir ; elle est si nécessaire dans les principes de la doctrine de l'Eglise, qu'elle seule peut suppléer au défaut de toutes les autres, et que toutes les autres ensemble ne sauraient la remplacer. Le cœur est le principe du péché; n'est-il pas juste aussi que le cœur soit le principe de la pénitence? Le pécheur ne s'est éloigné de Dieu qu'en s'aimant lui-même, et la créature plus que Dieu : il ne saurait donc rentrer dans l'ordre que par un renoncement sincère à tout ce qu'il a aimé contre l'ordre, et par un nouvel amour qui tourne vers Dieu toutes les pensées, toutes les inclinations, tous les désirs de son ame. Ainsi nous l'apprennent les SS. docteurs ; ainsi raisonneront toujours ceux qui puisent leur enseignement dans les divines Ecritures et dans les monumens précieux de la tradition.

Une autre vérité qu'il ne faut jamais perdre de vue, c'est que pour l'ordinaire ce dégré d'amour de Dieu qui nous le fait préférer aux créatures, ne s'acquiert pas en un moment : le pécheur, nous le répétons, et sur-tout le pécheur d'habitude, n'est pas converti par cela seul qu'il travaille à se corriger. Les premiers efforts de la pénitence sont ordinairement faibles ; souvent même il arrive, qu'après avoir travaillé avec ardeur à rompre les liens des habitudes, on est encore éloigné d'une entière et parfaite conversion... Dieu peut sans doute, parce qu'il est tout puissant, rappeller tout d'un coup l'homme pécheur à la justice : il a même opéré cette merveille en la personne de S. Paul, en faveur de la femme pécheresse et du bon larron de l'Evangile ; il l'opère encore quelquefois pour faire éclater la puissance de sa grace, et inspirer de la confiance aux pécheurs les plus endurcis : mais ces sortes de conversions sont extraordinaires et miraculeuses , et vous ne devez pas attendre que Dieu fasse un miracle pour vous convertir.

Voilà , M. T. C. F. , ce qui a servi de fondement à l'ancienne discipline de l'Eglise par rapport aux pénitens. Voilà pourquoi elle exigeait de leur part de si longues épreuves avant que de les admettre à la participation des divins mystères. Voilà pourquoi les SS Pères , si versés dans la connaissance des voies de Dieu , et dans la conduite des ames , ont qualifié de cruauté l'indulgence des confesseurs qui se hâtent de délivrer les pécheurs par des absolutions précipitées , et qui les admettent sans préparation ni délai , à la participation de la divine Eucharistie , au lieu de suivre avec fidélité les progrès de la grace , de donner aux sentimens de componction le tems de s'enraciner dans les cœurs , et d'aider ainsi les pénitens à opérer une conversion solide et durable.

Faites-vous à vous-mêmes, M. T. C F. , l'application de ces grandes vérités : si elles ont fait jusqu'à présent la règle de votre conduite , vous avez un juste fondement de croire que vous êtes du petit nombre de ceux qui marchent dans la voie droite , et nous prions le Seigneur qu'il vous y soutienne jusqu'au jour de l'avénement de son Fils. Si vous aviez eu , au contraire , le malheur de les négliger ou de les méconnaître , hâtez-vous , il en est tems encore , de revenir sur vos pas ; commencez , dès ce moment , une pénitence aussi sincère que les précédentes ont été fausses et illusoires , et donnez à cet important ouvrage tout le tems et les soins qu'il exige ; enfin , pour vous aider dans une entreprise où il est si facile d'échouer, lorsqu'on se conduit par ses propres lumières ; choisissez pour juge et pour guide de vos consciences, non des conducteurs sans zèle et sans lumières, qui, selon l'expression d'un prophète, mettent des coussins sous les coudes des pécheurs, flattent leur mollesse, et annoncent toujours la paix, où il n'y a point de paix : mais choisissez un ministre éclairé, prudent et fidèle, qui s'intéresse sincérement au salut de vos ames, qui vous aide à rompre sans retour les funestes liens du péché ; qui, solidement instruit du caractère de la vraie justice, vous apprenne à la discerner de la fausse ; qui éprouve la sincérité de vos dispositions, par des œuvres de pénitence ; et qui, après vous avoir admis à la grace si précieuse de la réconciliation, vous excite à marcher d'un pas ferme dans la voie des commandemens, et à y faire chaque jour de nouveaux progrès.

Pour nous, M. F., fidèle à imiter le grand apôtre, coopérateur de Dieu dans le ministère saint qui nous est confié, nous ne cesserons de vous exhorter de ne pas recevoir en vain la grace de Dieu. La conjoncture est favorable, profitez des jours de grace ; la pénitence quadragésimale est un tems plein de bénédiction, dans lequel il vous est aisé de vous sanctifier et d'opérer votre salut : c'est un tems de miséricorde et de réconciliation : si malheureusement vous veniez encore à en abuser, il ne faudrait plus espérer de grace de la part de Dieu, ni de salut. Convertissez-vous sincérement au Seigneur, dans les jeûnes, dans les larmes, dans les gémissemens ; vengez saintement sur vous-mêmes les outrages que vous avez faits à

IIᵉ. DIMANCHE DE CARÈME.

NÉCESSITÉ DE FUIR LES PLAISIRS DU MONDE, ET DE SE MORTIFIER EN TOUTE CHOSE.

Pierre dit à Jésus : Seigneur , nous sommes bien ici :
Fesons-y trois tentes : une pour vous , une pour
Moyse , une pour Élie.

Math. 17.

L'ARDEUR n'est pas toujours bien réfléchie : emporté par l'impétuosité de son caractère, cet apôtre , que l'Evangile traite d'insensé , voulait intervertir l'ordre , et jouir des délices du Thabor , sans avoir goûté les amertumes de la croix ; il eût fixé son bonheur à la jouissance d'une gloire qui n'était que momentanée. Telle est aussi l'illusion d'un grand nombre de chrétiens : attachés à la terre , charmés des biens présens qu'ils possèdent , ils voudraient en perpétuer la jouissance : insensibles aux biens futurs , les félicités passagères les occupent uniquement : disposition antichrétienne, elle est effrayante par son universalité. Vous mêmes , M. T. C. F. , ne seriez-vous pas de ce nombre infortuné ? La terre a des charmes, ne vous laissez-vous pas surprendre à ses attraits ? Ne dites-vous pas dans votre cœur, que ce séjour est délicieux , et n'y borneriez-vous pas tout votre bonheur ? Ne vous donnez-vous pas tous les soins imaginables pour vous procurer les aises et les commodités de la vie , pour éloigner toute idée fâcheuse de bésoins , de détresse , de misère ? A quoi aboutissent tous vos travaux ? N'est-ce pas à vous assurer l'abondance , ou du moins

2

une aisance honnête, pour vous ménager des jours tranquilles et heureux, et arriver à la fin de votre carrière au milieu des agrémens proportionnés à l'état de votre fortune? Mais quelle illusion se joue de votre crédulité? La terre est-elle donc le terme de vos espérances? Comment avez-vous oublié que cette terre qui vous enchante, qui vous fascine les yeux, que cette terre n'est qu'un lieu d'exil, que vous n'êtes ici bas que des étrangers? Que penseriez-vous d'un voyageur qui oubliant le sujet de son voyage, s'amuserait à des passe-tems frivoles, et s'exposerait ainsi à ruiner entièrement ses affaires? Nous n'avons point ici-bas de cité permanente; cette terre que nous habitons, est une vallée de larmes; nous sommes condamnés à passer nos jours dans les pleurs. La faute de notre père commun est la source d'où découlent abondamment toutes les amertumes qui empoisonnent notre vie; c'est pour nous une nécessité indispensable de renoncer même à ce qui pourrait y porter quelque adoucissement. Les enfans d'un père criminel ne sauraient effacer la cédule qui les assujettit à la même punition; et les disciples d'un Dieu crucifié ne doivent connaître d'autres plaisirs que les délices de la croix. ... Je sais, M. F., que ces vérités, quoiqu'incontestables, ont toujours trouvé et trouveront toujours des contradictions. Ennemis déclarés de Jésus-Christ et de sa croix, les partisans du monde ne peuvent goûter une morale qui assujettit les sens à des contraintes, à des violences, à des privations continuelles. Le monde ne parle que de plaisirs; son langage séducteur fait chaque jour de nombreux prosélites. Tandis que la pénurie, la disette font parmi nous les plus affreux ravages ; tandis que le feu de la misère dévore tout , consume tout , n'avons-nous pas la douleur de voir régner avec éclat les folles joies ? Trop fidèles imitateurs de ce peuple trop renommé dans les fastes de l'histoire , à peine avons-nous du pain, et nous courons en foule aux spectacles. L'Evangile ne prêche que mortifications , qu'austérités ; ce langage , qui paraît trop dur à la nature corrompue , trouve à peine quelques hommes dociles. Quoique nos péchés aient considérablement augmenté la colère de Dieu ; quoique, dans sa miséricorde , il appésantisse sur nous son bras vengeur , qu'il en est peu qui songent sérieusement à faire pénitence de tant de péchés ! qu'il en est peu qui songent à satisfaire à la justice de Dieu par le renoncement à tout plaisir , même permis ! Cette pénitence laborieuse n'est pas seulement un conseil ; ce renoncement à tout plaisir n'est point une pratique indifférente , qu'on puisse adopter ou rejetter à son gré ; c'est une obligation indispensable. Pour vous en convaincre , je m'attache à développer cette proposition : bien loin de chercher nos aises ici bas , bien loin d'imiter l'apôtre , et de vouloir y fixer notre séjour , nous devons , en qualité de pécheurs , nous interdire , dans tous les tems , les plaisirs du monde. Daigne le Dieu fort graver profondément dans nos cœurs ces saintes vérités ; puisse l'amour du devoir l'emporter sur le penchant de la nature ! puissions-nous enfin nous bien convaincre qu'il n'est de plaisirs permis sur la terre , que ceux que l'on goûte dans les douceurs de l'innocence , ou dans les larmes durables de la pénitence. Daignez m'accorder quelques momens d'attention.

Deux principales raisons s'offrent à moi,
pour vous démontrer, M. T. C. F., l'obligation indispensable où nous sommes de fuir
tous les plaisirs du monde, en qualité de pécheurs. La première se prend du côté de Dieu,
la seconde du côté du pécheur. Le péché doit
être expié, et Dieu n'y met d'autre condition
que le renoncement à tout plaisir : c'est Dieu
lui-même qui l'interdit au pécheur : le pécheur doit donc s'y soumettre, sous peine de
révolte et de désobéissance. Le péché ne peut
être expié que par la privation de tout plaisir :
le pécheur doit donc l'accepter ; et s'il ne s'y
soumet, il ne doit s'attendre qu'à éprouver les
suites funestes de l'impénitence, tous les malheurs de la damnation éternelle. Ne nous accusez pas, M. F., d'aggraver le joug de l'É-
vangile : en vous interdisant les plaisirs du
monde, que les ennemis de la croix de Jésus-
Christ se prodiguent si libéralement, nous
vous devons des leçons, et non des ménagemens ; nous ne serions que de lâches prévaricateurs du ministère saint qui nous est confié,
si nous vous parlions un langage différent. Il
n'est qu'une voie qui conduise sûrement au
ciel, la voie étroite.

Dieu n'avait créé le premier homme que
pour le rendre heureux : son intention primi-
tive était que ses descendans participassent au
même bonheur. Heureux et glorieux privilège
de l'état d'innocence, il persévérerait encore,
si notre père commun avait su le conserver !
mais sa désobéissance rendit inefficace la volonté du Seigneur. En se dégradant, l'homme
se rendit malheureux ; et la qualité d'enfans
d'Adam n'est plus qu'une qualité humiliante ;
le joug qu'elle impose est onéreux ; ce déluge de maux qui nous accablent en est une

suite nécessaire. Depuis le péché, la vie de l'homme sur la terre sera toujours un état de guerre et de combat : *militia est vita hominis super terram.* Etat déplorable : en excitant nos larmes, il doit aussi exciter les sentimens de la reconnaissance : non, dit S. Augustin, le premier dessein de Dieu n'était pas que l'homme souffrît. Il ne l'eut pas plutôt créé, qu'il le plaça dans un lieu de délices, pour y mener une vie douce, agréable et exempte de tout travail pénible. Là, continue ce Père, il n'avait à craindre, ni maladie au-dedans, ni violence au-dehors ; rien n'incommodait ses sens ; il était à couvert de tout ce qui pouvait les blesser ; son corps était parfaitement sain ; une santé également robuste, constante et vigoureuse fesait tout son partage, et une tranquillité parfaite régnait dans son ame. Les beautés du monde naissant offraient sans cesse à ses yeux mille sujets d'admiration. La terre féconde semblait faire naître les fleurs et les fruits par-tout sous ses pas. Il avait les plus délicieux alimens pour prévenir la faim et la satisfaire ; l'arbre-de-vie, en réparant ses forces, prévenait la caducité de la vieillesse, et devait le préserver de la défaillance et de la mort : dans le plus heureux climat, sous le ciel le plus pur et le plus serein, il jouissait de la plus riche abondance ; il possédait tous les biens, et sa possession n'était point inquiétée par le mélange des maux et de la douleur, moins encore par la fâcheuse prévoyance de l'affreux besoin. Le poids accablant de la chaleur, l'excessive rigueur des frimats ne pouvaient altérer en aucune manière le calme et la sérénité de ce jardin de délices qu'il habitait. Toute la terre était son royaume ; toute la nature était sou-

mise à son empire. Il tenait la place de Dieu :
dociles à sa voix, les animaux terrestres ve-
naient familièrement se reposer à ses pieds,
et s'offrir à son service ou à ses plaisirs. Les
oiseaux du ciel, les poissons de la mer lui
rendaient hommage, et respectaient dans sa
personne l'autorité de Dieu même. Tous les
élémens conspiraient à assurer son bonheur ;
disons-le en un mot : c'était le règne universel
de la félicité, parce qu'il était le règne de
l'innocence et de la vertu... Faut-il, hélas !
qu'un état si intéressant n'ait été que momen-
tané !... Adorons humblement les sages dispositions de la providence ; elle sait tirer le
bien du mal, et elle dispose tout pour notre
sanctification. Le premier usage que fit l'homme de sa liberté et de sa raison, fut un attentat. Sans respect pour les ordres de Dieu, il
prête une oreille facile à la voix séduisante de
sa compagne ; il désobéit. Dès-lors, quelle
dégradation dans l'homme ! quel renverse-
ment ! tout ce bel ordre disparaît ; la nature
change de face pour l'homme pécheur : toutes
les créatures se soulèvent contre lui comme
pour venger l'injure faite à leur créateur ; et
la même justice qui demandait auparavant
qu'il n'y eût que du plaisir pour l'homme innocent, exigea dès-lors qu'il n'y en eût plus
pour l'homme coupable. Parce que vous avez
péché, dit Dieu, la terre sera maudite à cause
de vous ; je la rendrai stérile ; elle ne sera
qu'une terre ingrate, que vous cultiverez du-
rement : vous l'arroserez de vos sueurs ; elle
ne portera ses fruits pour votre nourriture,
qu'après un travail long et pénible ; elle vous
produira des ronces et des épines : le pain que
vous mangerez, vous le gagnerez à la sueur
de votre front ; vous l'arroserez de vos larmes

tous les jours de votre vie, jusqu'à ce que vous retourniez dans la terre d'où vous avez été tiré.

Pécheurs, voilà votre sort; c'est vous qui êtes l'objet de cet anathême; vous devez en subir toute la rigueur. Vous ne devez plus avoir ici-bas de jardins de délices, tout votre pain doit être trempé dans la sueur, dans la poussière; vous devez l'arroser de vos larmes; vous ne devez trouver désormais que des ronces et des épines, je veux dire, des afflictions et des contrariétés : avant que de naître, vous êtes condamnés à souffrir; un décret invariable vous y assujettit : dès que vous ne souffrirez pas, vous sortirez de l'ordre, vous serez des rébelles.

Sur ce principe, que de rébelles parmi nous, M. T. C. F.! victimes de la désobéissance de notre père commun, héritiers de son crime, nous naissons tous ennemis de Dieu, enfans de colère, esclaves du péché; et cependant pas un de nous ne veut porter la peine de ce péché; nous sommes tous enveloppés dans la condamnation d'Adam criminel, et nous voulons jouir des privilèges de son innocence. . . . Voyez ce riche, quels soins il prend pour se les procurer. Entrez dans sa maison : logé commodément et superbement vêtu, ne semble-t-il pas être dans le paradis de délices? Tout y rit, tout y enchante, rien n'y trouble son repos, ni les alarmes d'un édifice qui menace ruine, ni les clameurs, ni les tumultes des passans. Comme s'il était le maître des alimens, il les ménage à sa fantaisie, suivant les différens besoins de son corps : l'eau lui sert pour tempérer les ardeurs de l'été; le feu, pour se défendre des froids de l'hiver : l'air n'a pour lui que de la sérénité, et il est à l'abri de ses injures : la terre semble avoir gardé en sa faveur sa première fertilité ; elle le comble de ses grains et de ses fruits , et sans qu'il se donne aucune peine : plus heureux en cela qu'Adam innocent , qui devait cultiver le jardin de délices : ou peut-être plus noble que lui , il regarde le travail comme indigne de sa condition : tout plie sous ses ordres ; il commande encore aux oiseaux , aux poissons , aux animaux ; sa table en est tous les jours surchargée , et tour - à - tour ils viennent récréer son goût et son appétit par leur variété. Enfin , à l'immortalité près , il n'a rien à désirer. . . . . Si de ce riche vous passez à cette femme sensuelle, qu'y trouverez-vous ? Il n'est pour elle ni ronces , ni épines ; toute la nature ne paraît attentive qu'à la satisfaire : les pays les plus reculés ne sont occupés qu'à lui fournir ou des riches vêtemens pour la couvrir , ou de vives couleurs pour relever l'éclat de sa beauté : les arts et la mode varient tour-à-tour leurs inventions pour contenter ses caprices : son corps n'a jamais été nourri d'une viande commune et grossière : elle rougirait de charmer son ennui par des occupations convenables à son sexe : l'aimable loisir , le tranquille repos est son partage. Ce ne sont pas seulement des animaux qui lui sont soumis, ce sont des hommes même qui l'adorent : et si elle pouvait enfanter sans douleur et sans danger, son état ne céderait en rien à celui d'Eve innocente. . . . Sont-ce donc là les enfans d'un père coupable ? Sont-ce donc là des criminels condamnés au châtiment ? . .. Le pauvre , oui le pauvre lui-même met tout en usage pour se soustraire à la loi ; et s'il n'est pas assez heureux dans les soins qu'il se donne, pour se délivrer entièrement du joug qu'elle impose , il se livre à l'impatience; il s'abandonne au marmure et au blasphême contre Dieu. O vous, sur qui il exerce une providence de miséricorde, en vous assujétissant à un état pénible et laborieux, respectez ses ordres, ils ne sont dictés que par son cœur, sa bonté en modère, en adoucit la rigueur et l'amertume. Ecoutez avec docilité le témoignage du grand Augustin ; calmez vos injurieux transports, et consolez-vous : sous le gouvernement d'un Dieu juste, nulle créature ne peut souffrir sans l'avoir mérité ; issus d'un père criminel, vous êtes chargés de toute la peine de son crime, vous en aggravez encore le poids par vos transgressions multipliées : de quel front osez-vous réclamer contre l'arrêt de votre condamnation ? La justice en est la règle. Oui, Seigneur, dit un prophête, vous êtes juste, l'équité préside à tous vos jugemens, et les met hors d'atteinte : si l'homme eût été fidèle, les délices les plus pures eussent été son partage : mais vous ayant offensé, il est juste qu'il ne sente que misère, et que tout plaisir lui soit interdit. L'excès de ses maux doit être pris sur la profondeur de sa chûte, sur la grandeur de son crime : il faut que la pénitence abonde où abonde l'iniquité.

Mais, direz-vous peut-être, on ne peut pas toujours prier, toujours travailler, toujours souffrir : ne faut-il pas qu'on respire de tems en tems? Après avoir beaucoup pleuré, n'y a-t-il pas au moins quelques momens pour essuyer ses larmes ? Il n'en est pas un seul pour le pécheur ; l'arrêt y est formel. Vous vivrez, dit Dieu, à la sueur de votre visage tous les jours de votre vie, *cunctis diebus*. Après votre péché, je pouvais vous perdre sans ressource, comme les anges apostats : après vous être rendus indignes de la vie et de l'usage des créatu-

res , qui pouvaient vous la consesver , je pouvais vous livrer à la mort : j'ai néanmoins eu
pitié de vous : j'ai voulu , par une faveur singulière , vous laisser vivre , *vixeris ;* mais à
condition que vous n'userez des créatures que
pour la nécessité la plus modique , et jamais
pour le plaisir. La joie n'appartient en propre
qu'à l'innocence ; vous êtes coupable du plus
grand et du plus impardonnable de tous les
crimes : je vous le remets cependant , mais à
condition que la vie soit pour vous un supplice
perpétuel , *in sudore vultus tui* : trop heureux
encore le criminel qui peut éviter la mort , par
la vie la plus malheureuse. . . . Tels sont les ordres de Dieu , M. T. C. F. : ils paraissent bien
durs à la nature ; mais qu'ils sont précieux aux
yeux de la foi ! O qu'un tel remède perd de sa
violence et de son amertume , lorsqu'il est appliqué par une justice infiniment sage ! O que
la pénitence devient aimable , qu'elle est con-
solante , lorsqu'elle est imposée par un père
tendre , qui , dans son ressentiment , ne con-
sulte que son cœur ; qui cherche encore à faire
désarmer sa colère par la soumission d'un fils
ingrat , qu'il punit malgré lui. Mais , helas !
des ordres si précis , si précieux , si imposans,
ne trouvent plus aucune déférence. Nous ne
voyons que quelques victimes forcées , qui
s'immolent à regret. Ne nous y trompons cependant pas , M. T. C. F. , notre Dieu est un
Dieu jaloux : il n'agrée de sacrifice qu'autant
qu'il se fait de bon cœur et sans crainte. Le
pécheur ne doit pas seulement renoncer aux
plaisirs du siècle , parce que c'est Dieu qui
l'ordonne au pécheur , j'ai ajouté qu'il doit y
renoncer sous peine d'impénitence , et en
voici toute la preuve.

C'est une vérité de foi qu'il n'est point de

salut pour le pécheur, à moins qu'il ne fasse pénitence, et la pénitence n'est autre chose que la fuite des plaisirs : par conséquent il faut que le pécheur meure dans l'impénitence , s'il ne renonce pas aux plaisirs. Il n'y a pas de milieu ; et c'est se tromper grossièrement de croire, comme on fait dans le monde, qu'on peut expier ses fautes sans qu'il en coûte à la nature ; que la pénitence n'est pas absolument incompatible avec certaines douceurs de la vie ; qu'on peut trouver un tempéramment propre à les accorder ensemble. Il n'est pas besoin d'un effort de réflexion pour sentir toute l'inconséquence d'une pareille prétention. Il ne faut ici qu'un peu d'équité. Le monde veut qu'on mène une vie de jeu , de festins, de spectacles, de mollesse , de sensualité , et l'Evangile exige une vie de retraite, de silence, de larmes et de mortification : or, quoi de plus contradictoirement opposé ? Peut-on être à la fois partisan du plaisir et ennemi du plaisir ? Peut-on aimer , rechercher les joies du siècle , et être insensibles aux joies du siècle ? Un alliage aussi monstrueux est un paradoxe inoui : la raison le dément , et le sentiment le désavoue. Non , le cœur de l'homme n'est pas susceptible de deux inclinations qui se combattent : il n'est pas fait pour le service de deux maîtres... Les Pères de l'Eglise l'ont bien compris : consultez leurs ouvrages , demandez ce que c'est que la pénitence, ils vous répondront que la pénitence est une sainte rigueur exercée contre soi-même , une sage sévérité qui captive les sens, qui crucifie la chair avec ses désirs, en un mot un retranchement de plaisirs , et ils vous diront que le péché ne saurait être expié sans ce retranchement. Il en est en effet, dit S. Grégoire , des maladies de l'ame , à-peu-près comme de celles du corps, elles ne se guérissent que par des remèdes contraires : or, quoi de plus contraire au péché, que la fuite du plaisir ? Avares, ambitieux, intempérans, comment avez-vous péché ? Par le plaisir que vous avez pris dans la jouissance des créatures : de quelque espèce que soit votre péché, c'est toujours un plaisir illégitime, et par conséquent, si les contraires ne se guérissent que par les contraires, vous ne pouvez effacer votre péché que par le renoncement aux plaisirs : mais renoncement qui doit être continuel et général.

Je dis continuel : l'incertitude où doit toujours être le pécheur sur la rémission de son péché, doit le tenir toujours en haleine ; il ne sait s'il est digne de haine ou d'amour, c'est-à-dire, il ignore s'il est du nombre des élus, et s'il persévérera jusqu'à la fin. D'ailleurs, pour mettre fin à ses larmes, il faudrait qu'il pût se persuader qu'elles ont lavé son péché ; et pour se le persuader, il faudrait savoir jusqu'où va la malice du péché, quelle est la haine que Dieu lui porte, la colère, l'indignation qu'il en conçoit et qu'il en garde, l'immensité de la satisfaction qu'il en exige : or tout cela ne saurait jamais être bien connu : *delicta quis intelligit ?* Qui de nous peut concevoir la grandeur, la griéveté, les fâcheuses suites du péché ? Qui de nous connaît, ô mon Dieu, la force, l'étendue, l'excès de votre colère ? Et par conséquent, qui de nous peut connaître les justes bornes qu'il doit mettre à ses gémissemens ? Mais quand le pécheur serait sûr d'être rentré en grace avec Dieu, pourrait-il se livrer à la jouissance de quelques plaisirs ? Non, M. F., il doit encore fuir le plaisir, pour éviter la rechûte dans le péché : c'est par-là que les SS. pénitens de l'Evangile se sont soutenus dans la justice. Madeleine avait obtenu miséricorde ; J. C. lui avait dit que ses péchés lui étaient remis : cependant , malgré cette assurance , elle se condamne à des austérités inconcevables ; une exacte retraite la déroba pour jamais au monde et à ses trompeuses voluptés ; elle dépouille avec mépris ces ajustemens si recherchés et si ruineux , où se peint l'orgueil et la légéreté des femmes mondaines ; elle ne connaît d'autre ornement que la modestie : cette beauté dont elle avait été idolâtre , elle ne pense plus qu'à la ternir , qu'à la flétrir , qu'à l'effacer dans l'abondance et dans l'amertume de ses larmes : son corps , qu'elle avait nourri , engraissé dans la mollesse , elle en fait une victime d'expiation ; elle le traite en esclave rébelle , sans ménagement et sans miséricorde ... Le grand apôtre ne pouvait pas non plus douter du pardon de son incrédulité et de ses forfaits : il avait appris de Jésus-Christ même qu'il était un vase d'élection , pour porter son nom par toute la terre ; cependant il ne se donne aucun relâche , aucun repos ; il souffre en toute manière : ce n'est que combats au-dehors , que frayeurs au-dedans , toutes sortes de travaux et de fatigues, de fréquentes veilles , la faim , la soif , beaucoup de jeûnes , le froid, la nudité , parce qu'il savait qu'on ne peut persévérer dans la grace , que par une vie dure et pénible. Il ne suffit pas de rougir du crime , la confusion est salutaire , l'essentiel est de le pleurer sans cesse dans la vue de Dieu , et de satisfaire à sa justice par la privation de tous les plaisirs. Ces grands , ces fameux pénitens se sont-ils donc trompés , M. T. C. F. , en jugeant le renoncement aux plaisirs , nécessaire jusqu'à la mort , ou bien est-ce vous qui vous trompez vous-mêmes ? Qu'avez-vous à répondre ? et si vous n'osez dire qu'ils se sont trompés, que devez-vous penser de vos mortifications, que votre délicatesse, que votre amour-propre rendent si courtes et se passagères ?

J'ai dit encore renoncement général, c'est-à-dire, renoncement aux plaisirs même permis. Ne vous récriez pas : écoutez le langage des Pères de l'Eglise, ils étaient animés de Dieu, et la faiblesse humaine ne leur était pas inconnue. Les plaisirs innocens ne doivent être que pour les innocens : les coupables n'ont aucun droit d'y prétendre. C'est un principe avoué par la raison. C'est une maxime constamment établie par la foi. Entrez dans un cloître, disait à un pécheur le Pape Etienne, ou si la vie monastique vous paraît trop difficile, jeûnez, veillez, priez sans cesse, et ne vous trouvez jamais dans aucun divertissement. Etes-vous invités à quelque repas, disait saint Pacien aux pécheurs de son tems ? Répondez : Ces festins, ces repas, ces fêtes ne conviennent qu'à des hommes qui ont précieusement gardé leur innocence. Mais, vous dira-t-on encore, la sensualité, la profusion, l'intempérance, la débauche en seront bannies. Répondez toujours : J'ai eu le malheur d'offenser mon Dieu, *ego deliqui in Dominum*, je ne dois plus manger de pain qui ne soit arrosé de mes larmes ; je ne dois plus me désaltérer que dans une eau de douleur et d'amertume. D'ailleurs la fuite des plaisirs légitimes est le remède naturel du péché commis dans la recherche des plaisirs illégitimes, et un sûr préservatif pour ne pas y retomber. Il arrive rarement que le pécheur jouisse des plaisirs licites sans y pécher. En voici la rai-

son : tout pécheur est faible ; or, quand on
est faible, rien de plus aisé que de tomber
dans un chemin glissant, et dans des occasions qui par elles-mêmes ne peuvent qu'affaiblir en fortifiant le penchant de la nature. Tel
est le danger des plaisirs dont je parle : le divertissement le plus permis donne de la joie ;
cette joie passe bientôt au cœur : le cœur ga-
gné commence à goûter les objets, et perd insensiblement le goût des choses du salut : le
cœur se partage, toutes ses inclinations se
tournent vers la créature : Dieu ne règne plus
dans un cœur qu'il n'a fait que pour lui seul.

Voilà, M. F., des principes incontestables,
l'incrédulité de nos mœurs n'y saurait donner
atteinte : l'Evangile en est la base. La mollesse réclamerait en vain ; elles sont avouées
par la raison même. Si elles vous paraissent
austères, songez à la justice d'un Dieu vengeur qui vous poursuit, à qui vous ne sauriez
échapper, et estimez-vous heureux de pouvoir
vous le rendre favorable à ce prix. Songez à
des feux horribles, allumés par sa colère, destinés à vous dévorer éternellement, et estimez-vous heureux de pouvoir les éteindre par
quelques larmes passagères. Maximes austères,
si vous le voulez, mais maximes intéressantes,
maximes estimables, respectez-les. Faites à
Dieu le sacrifice des plaisirs qu'il condamne
dans l'Evangile, et retranchez entièrement
tous ceux qui sont criminels. Appliquez-vous
sérieusement à diminuer ceux qui sont permis.
Pour vous y porter avec plus d'ardeur, souvenez-vous que vous êtes pécheurs et de grands
pécheurs, que vos péchés réclament une satisfaction immense. Il vous en coûtera, je l'a-
voue, mais ne serez-vous pas bien dédomma-
gés par les douceurs ineffables que la religion

fait goûter ? Elle a des plaisirs qui lui son propres, dont elle ne manque jamais de récom-
penser ceux qui ont le courage de s'y dévouer.
Oui, M. C. F., et vous en devez croire le grand
Augustin, les larmes de la pénitence sont infiniment plus délicieuses que les folles joies des
théâtres : les rigueurs de la mortification sont
bien plus satisfaisantes que les tumultueuses
douceurs de la volupté. Quel plaisir pour le
fidèle, de penser, que témoin de sa douleur,
que touché de ses regrets, Dieu lui a remis ses
péchés, qu'il les a mis dans un oubli éternel !
quel plaisir de voir les traits de l'homme nouveau se former chaque jour dans son cœur, et
de pouvoir se dire : autrefois je portais l'image
de l'homme terrestre, aujourd'hui je porte
l'image de l'homme céleste ; autrefois je pros-
tituais à l'iniquité les membres d'un corps sanctifié par le baptême, aujourd'hui je les sacri-
fie à la justice, et j'accomplis en moi ce qui
peut manquer à la passion de mon Sauveur !
quel plaisir de mettre toutes ses espérances en
J.-C., et de pouvoir dire : J.-C. est mon re-
fuge et ma miséricorde, il est mon Rédempteur, il est mon Sauveur, il me tend les bras ..
Ah ! chrétiens, voilà, voilà des plaisirs dignes
de vous ; voilà des plaisirs que la religion ne
vous défend pas : elle vous les permets, rece-
vez-les, goûtez-les. Heureuses prémices de
l'éternité, ces larmes passagères que vous ver-
serez, ces momens de tribulations que vous
éprouverez, opéreront en vous un poids immense de gloire. Dieu veuille nous en faire à
tous la grace. *Amen.*

F I N.

Dieu ; heureux sans doute , si , par la pénitence la plus rigoureuse , vous pouvez parvenir à calmer sa trop juste colère, et à désarmer
son bras vengeur. Ne vous contentez pas de
déchirer vos vêtemens ; que la douleur la plus
amère brise enfin la dureté de vos cœurs ; que
l'humiliation la plus profonde confonde enfin
l'orgueil de vos esprits : rendez-vous dignes
du don de la réconciliation , en renonçant à
vos péchés passés , en produisant de dignes
fruits de pénitence. C'est à cette condition
seule que vous mériterez d'être rétablis dans
la justice , dans les droits des vrais enfans de
Dieu , et de partager avec eux le bonheur de
l'aimer sans réserve dans le séjour de la bienheureuse éternité. Dieu nous en fasse la grace.

IIIe. DIMANCHE DE CARÈME.

ETAT DU PÉCHEUR AU LIT DE LA MORT.

> *Le dernier état de cet homme devient pire que le
> premier.*
>
> Luc , 11. 26.

C'EST - LA , M. T. C. F., une de ces vérités
terribles , qu'il conviendrait peut-être plutôt
de méditer dans le silence de la retraite , que
d'entreprendre d'en tracer les traits , et de les
exposer au grand jour. L'état du pécheur ,
pendant qu'il est encore emporté par la violence de ses passions , et qu'il en est la triste
victime , cet état n'offre à des yeux sensés et
éclairés au flambeau de la raison et de la foi ,
que le spectacle affligeant du trouble , de l'in-

quiétude, de l'anxiété, de la misère, du malheur. Toujours en guerre avec lui-même, parce qu'il l'est avec son Dieu, ses pas sont marqués par des chûtes les plus humiliantes ; il tombe d'erreur en erreur ; il va d'abîme en abîme. Etat déplorable ! quelques soins que prenne le pécheur, pour se le déguiser, en adoucir l'amertume, ses soins sont toujours aussi malheureux qu'inutiles : il se porte partout ; il se suit par-tout lui-même ; il est à lui-même son tourment et son supplice : Dieu le poursuit ; il ne saurait échapper à sa vengeance. Le terme fatal qui l'attend, et auquel il doit nécessairement aboutir, ce terme est le comble du malheur et de l'infortune ; et le dernier état de cet homme devient pire que le premier. Comprenez bien ceci, vous tous qui oubliez le Seigneur : bientôt vous tomberez entre les mains du Dieu vivant, et personne ne saurait vous en arracher. Tomber entre les mains du Dieu vivant, et cela sans retour ; ou n'en échapper que pour ressentir, pendant une éternité, les terribles effets de sa colère : quel sort ! quelle destinée plus cruelle ! Peut-on y penser, et n'être pas saisi de la plus mortelle frayeur !.... O vous dont les yeux fascinés par la bagatelle, ne s'ouvrirent jamais sur des vérités aussi importantes, ne sortirez-vous jamais de la funeste sécurité qui vous endort dans le crime ? Partisans des voluptés terrestres, l'iniquité régnera-t-elle toujours dans des cœurs où Dieu seul doit trouver une première place ? Seul digne de nos hommages et de nos recherches, sera-t-il toujours le seul objet de vos injurieux oublis ? Ah ! livrez-vous à la crainte la plus frappante : vous touchez à

l'instant fatal ; la mort va vous enlever du séjour des vivans , et vous tomberez entre les
mains de Dieu : et sachez qu'aucune puissance
ne saurait vous en arracher.. Pécheurs aveugles,
pécheurs insensés ! que deviendront alors vos
téméraires prétentions , vos folles espérances ?
Par la plus folle des persuasions , vous nom-
mez bien ce qui est mal ; et vous donnez le
nom de mal au bien véritable : l'injustice vous
plaît ; le péché règne en vous ; l'iniquité vous
domine : sous un esclavage aussi honteux ,
vous vous croyez dans la plus parfaite liberté :
au sein même de la misère , vous vous croyez
riches et heureux : mais détrompez-vous enfin , et renoncez à l'illusion qui vous a séduits ;
apprenez , et n'oubliez jamais que le péché ,
qui sépare l'homme de son Dieu , est le plus
grand de tous les maux : *scito quia ma-*
lum est. Vous allez en juger par la situation bien accablante d'un pécheur au lit de
la mort , sur le point de payer le dernier tribut à la nature , et de tomber , au sortir de
cette misérable vie , entre les mains de Dieu...
Que n'ai-je toute la force de son esprit ! Que
ne suis-je rempli de toute sa vertu , pour vous
dire avec autant de succès que le roi prophête :
Pécheurs endurcis dans l'iniquité , comprenez
bien tout ceci ; reconnaissez enfin toute la
noirceur du péché dans la punition éclatante
de tous ceux qui y persévèrent constamment
jusqu'à la fin. Le tableau , quoique très-im-
parfait , du pécheur au lit de la mort , va vous
convaincre de la vérité de l'oracle de l'Evangile , que le dernier état du pécheur est pire
que le premier. Mais quel ordre ai-je pu donner à un discours où la moindre circonstance

n'est que bien propre à inspirer la crainte et la terreur ? Suppléez , M. T. C. F , à la confusion qui doit régner dans mes idées , dans un sujet qui n'annonce que troubles , qne confusion. Tandis que ma faible voix frappera vos oreilles par la peinture vraie d'un pécheur impénitent , aux prises avec la mort , demandez instamment à Dieu que sa voix toute-puissante triomphe enfin de votre insensibilité , de votre trop longue résistance ; qu'elle détruise en vous le règne du péché ; qu'elle établisse dans vos cœurs , par la force de sa grace victorieuse , l'aimable smpire de la charité. Daignez m'accorder l'attention la plus sérieuse et la plus favorable.

Tout passe sur la terre : rien de durable dans ce triste séjour. La santé la plus robuste , la plus vigoureuse , s'épuise insensiblement , et la vie la plus longue aboutit toujours au tombeau. Les générations se succèdent ; le soleil parcourt régulièrement l'espace immense des cieux ; le jour prend la place de la nuit ; les fleuves s'empressent de grossir le volume des mers ; nos corps se réduisent en cendres ; et la terre qui en reprend les débris , les conserve précieusement jusqu'au grand jour de la révélation. Sorties des mains de Dieu , nos ames , en quittant cette habitation terrestre , retournent enfin à leur créateur... Ce sont-là , M. T. C. F. , des vérités palpables. L'incrédulité s'efforcerait en vain d'en affaiblir le poids et l'autorité : les doutes imposans qu'elle prétend y jetter , ne seront toujours que des doutes insensés , des doutes extravagans. Il est dans l'ordre que tout finisse , que la terre retourne à la terre , et l'esprit , à Dieu qui l'a fait à son image... O hommes, oseriez-vous critiquer ou renverser cet ordre, et d'une bouche impie et téméraire, demander à Dieu pourquoi il en est ainsi ? Sa sagesse, sa justice l'a établi ce bel ordre : c'est pour son intérêt comme pour le vôtre, pour l'honneur de sa gloire comme pour votre bonheur. L'équité ne demande-t-elle pas que le vice soit puni, la vertu récompensée ? Les récompenses et les punitions qui seront éternelles, sont proportionnées, dès cette vie même, aux œuvres et aux mérites d'un chacun d'entre nous. Les justes meurent dans la paix ; l'espérance de l'immortalité les soutient contre les frayeurs de la mort ; et ils ont pour partage la société des saints, des élus et des amis de Dieu : mais quelle différence, et quelle est affreuse la destinée des pécheurs ! La mort n'a pour eux que de l'horreur : nés dans la proscription, la malédition est leur partage : la fin des méchans est horriblement cruelle : *nationis iniquae dirae sunt consummationes.* Pour en juger sainement et aux yeux d'une raison éclairée, je vous invite, M. T. C. F., à vous transporter, en esprit, dans l'appartement d'un de ces hommes, qui, partisans du vice, foulèrent toujours aux pieds les droits sacrés de la vertu ; qui, toujours insensibles à tout l'éclat de la justice, lui préférèrent l'odieuse obscurité du crime : d'un impie, d'un pécheur en un mot, qui, lassé dans les pénibles voies de l'iniquité, va enfin, sur un lit de douleur, consommer le mystère de sa réprobation, en consommant une vie toute de crimes... Mon invitation vous révolte ; et dans un mouvement de surprise et d'indignation, vous vous récriez : oh ! quel

quel spectacle, dites-vous, quel spectacle plus révoltant pour la nature! un homme en proye aux angoisses, et aux prises avec la mort! un cadavre enfin qui bientôt sera froid, inanimé et horriblement hideux!.... Mais homme trop délicat, faut il que pour ménager votre trop grande sensibilité, j'use de ménagemens qui affaiblissent la vérité, et que je devienne prévaricateur de mon ministère? Triste alternative, hélas!... Mais à Dieu ne plaise! ce spectacle est pour vous le spectacle le plus intéressant, et peut-être le seul propre à opérer la réformation de vos mœurs. C'est là l'histoire de ce que vous serez bientôt : si vous y êtes insensibles, si vous savez encore fermer l'oreille à la voix qui vous appelle, si vous ne saisissez avec avidité la seconde planche après le naufrage, craignez sagement de donner ce spectacle à l'univers étonné, et au ciel lui-même, affligé de votre perte... Je vous suppose donc auprès du lit d'un pécheur, d'un pécheur invétéré, d'un de ces hommes si communs de nos jours, qui remettent au lendemain à se convertir au Seigneur : il est frappé de la maladie qui doit l'enlever au monde : le coup est parti du ciel ; l'infirmité est mortelle: les précautions de l'art, les attentions les plus suivies, les soins les plus assidus, ne serviront qu'à en accélérer les progrès. Ah! quelles leçons! quelles terribles leçons, M. T. C. F.! J'ai besoin que votre foi, que votre piété me soutienne et me rassure dans le récit de ces effrayantes vérités.

Dans le cours de ses égaremens, le pécheur se laisse surprendre par les dehors séduisans de la créature : tout en impose à ses faibles yeux : épris des fragiles beautés de la terre , l'illusion amuse son cœur par des douceurs trompeuses ; un voile imposant , qu'il ne veut pas tirer , lui dérobe la rigueur de ses maux ; ils sont accablans , et il y est insensible : insensibilité d'autant plus dangereuse , qu'elle est plus volontaire. Les lumières de sa raison , toutes celles de la foi , les reproches les plus tendres et toujours réitérés de sa conscience allarmée , rien en un mot ne peut le ramener au sentiment de sa misère. Il s'imagine marcher dans des routes de fleurs , quoiqu'il ne rencontre sur tous ses pas que des épines : quoiqu'il ne moissonne que la tempête et la corruption , il croit cueillir les roses les plus fraîches et les plus durables; le prestige l'aveugle , et l'enchantement lui plaît... Mais dans ces derniers momens , où , comme un phantôme , la vie va lui échapper , où la mort , l'impitoyable mort va exercer sur lui toute sa fureur , et l'ajouter à la multitude infinie de victimes qui tombent sans cesse à ses côtés , dans ces derniers momens , prêts de se fermer pour toujours , ses yeux semblent alors s'ouvrir davantage. L'importune vérité s'en empare et le poursuit : l'erreur et les préjugés s'éclipsent ; l'illusion et ses charmes disparaissent ; une clarté pure l'environne , et dissipe tous les nuages. Chaque instant qui l'approche du terme de ses jours est un nouveau dégré de lumière. Oh ! que les objets se retracent bien différens de ce qu'il les a vus ! le miroir est fidèle ; il voit dans une pleine évidence , qu'il s'est grossièrement trompé. Il connaît alors , et la caducité du monde , et la fausseté de ses promesses , et le poison de ses plaisirs , et le

néant de sa gloire, et la vanité et la folie de
son existence. Une main supérieure et invisible déchire le voile de la séduction ; le masque tombe ; et d'un coup d'œil, le pécheur se
voit tel qu'il est au naturel... O mort secourable, tu es l'école avantageuse où l'homme
dépose ses préjugés, ses erreurs ; tu le pénètre d'une vive lumière, et tu lui rends sa raison, et tu le rappelles à sa foi ! *ô mors, bonum
est judicium tuum*... Mais sous quelles formes ;
hélas ! vient-elle s'offrir ! que de maux elle
traîne à sa suite ! que de douloureuses circonstances en augmentent l'horreur et l'amertume !
quels mélanges d'idées confuses viennent en
foule troubler son rsprit et accabler son cœur !
le passé, le présent, l'avenir ne lui présentent que la plus triste perspective. Quelle source de regrets ! les années éternelles qu'il aurait
dû toujours avoir dans l'esprit, *annos aeternos* ; ces jours immuables, ces antiques jours,
dies antiquos, dont il aurait dû faire son occupation la plus douce et la plus sérieuse, il
ne les regardait que comme les aimables rêveries, ou comme la production ingénieuse de
quelque pieux enthousiaste. Ah ! ce ne sont
plus ces imaginations creuses d'un visionnaire,
il commence à en connaître les terribles conséquences. Quelles angoisses ! quels tremblemens ! quelles agitations ! Non, la mer en
courroux ne fut jamais si cruellement agitée.
La violence de ses flots irrités n'est qu'une faible expression du violent état du pécheur au
lit de la mort.... Il faut enfin cesser d'être ;
rien ne peut prolonger des jours en proye à la
voracité du tems : l'heure est venue ; il touche
à l'instant fatal. Cette vaste maison de l'éternité

nité où il va entrer enfin, ne lui paraît plus
une chimère, il en sent toute l'importance; il
sent l'indispensable nécessité de survivre à son
crime pour en porter la juste peine. Il se forme
alors une toute autre idée du souverain Etre
qu'il a si injurieusement oublié. Ce n'est plus
ce Dieu aveugle, sourd, muet, insensible,
indifférent, qui s'offre à lui; les passions se
taisent; ces ridicules, ces bizarres, ces sacrilèges imaginations se dissipent, et le jettent
dans la plus cruelle perplexité; il ne peut plus
se déguiser la vérité, ni se refuser à son impression. La raison rentre dans ses droits;
trop long-tems méprisée, trop long-tems obscurcie, la foi reprend toute sa certitude, toute
son autorité. Sa prétendue force d'esprit l'a-
bandonne : l'athéisme qu'il affectait, disparaît
enfin; il en connaît, à sa honte, toute l'im-
possibilité, toute l'extravagance. La raison et
la foi concourent d'un commun accord à l'é-
pouvanter; elles ne lui présentent qu'un Dieu
tout-puissant, un Dieu infiniment terrible,
un Dieu plein de fureur, un Dieu en un mot
infiniment juste, qui va le juger, le condamner, le perdre sans ressource... Et quelle différence, et quel changement dans la scène!
il ne trouve plus que le triste sujet de la plus
affreuse désolation dans tout ce qui l'amusait;
la faible vanité de la créature se fait enfin sentir efficacement; et il n'y trouve plus qu'un
vuide désespérant; comme des ombres fugi-
tives, ces chers objets lui échappent; l'avidité
de ses désirs ne sauraient les fixer; ils se refusent constamment à ses mains empressées;
il s'en promettait la prorogation d'une vie
toujours plus amusante, toujours plus déli-

cieuse : vain projet ; il a la douleur de voir
ses espérances s'évanouir comme de la fumée ;
il ne trouve même plus , dans ces objets im-
portuns , que des sujets de tristesse ; il les
aime , hélas ! encore ; son cœur s'élance encore vers ces périssables objets , et ils ne répondent à son amour que par la plus froide
indifférence ; ils ne reconnaissent tout son
attachement que par la plus mortelle insensibilité. Le souvenir qui lui en reste , ne sert
même qu'à l'affliger plus vivement. . . C'est
donc là le terme de mes plaisirs , s'écrie-t-il
cent fois , plongé dans un abîme de regrets !
eheu fugaces ! Ah ! que j'en connais bien ,
mais trop tard , la vanité , le néant ! cruelle ,
mais toujours chère volupté , c'est donc là le
salaire de tes partisans ? Quelle était ma folie ,
de me laisser surprendre à tes attraits ! que
n'ai-je eu le courage de fuir et de me dérober
à tes caresses ! que n'ai-je déchiré le voile imposant et séducteur dont tu couvrais mes faibles yeux ! c'est donc en vain que je t'implore
dans l'excès de ma douleur ! mon cœur qui te
fut toujours si fidèle , mes mains tremblantes ,
mes mains toujours empressées ne peuvent
donc t'émouvoir ! Ah ! quelle a été mon erreur ! quelle a été mon extravagance ! Mais
que d'objets rapprochés pour augmenter ses
inquiétudes et ses regrets , et accélérer son
supplice ! des affaires en désordre , dont la
masse est inextricable ; des intérêts à démê-
ler ; des arrangemens à prendre ; des injustices à réparer ; des restitutions à faire ; des
enfans dépourvus , dont l'éducation négligée
ne laisse entrevoir que des sujets ou inutiles ,
ou nuisibles à la patrie et à la religion ; une

épouse la plus aimable , la plus intéressante sous tous les rapports de mère tendre et d'épouse fidèle , traitée le plus indignement , et avec le dernier mépris ; le vil objet d'une passion criminelle peut-être encore tendrement aimé… ah ! quels troubles ! que de mortelles inquiétudes ! en faudrait il même tant pour désorganiser la plus forte tête ?..... O mort, qu'ils sont violens les coups dont tu m'accables ! quelle est redoutable ta force meurtrière ! tu m'arraches bien impitoyablement à ce que j'aime avec le plus d'ardeur ! *siccine separat amara mors.*

Ces troubles , ces inquiétudes , ces regrets aggravent la situation du pécheur ; la masse du sang en reçoit un nouveau dégré d'effervescence ; le choc des humeurs redouble la fièvre ; le mal ne fait qu'empirer ; de nouvelles coupes , toujours plus dégoûtantes , toujours plus amères , accélèrent la chûte de ce corps de péché… Timide et tremblant, le malade porte un œil incertain sur tous ceux qui l'approchent. Il trouve , dans l'air déconcerté de ses domestiques , dans les alarmes de sa famille désolée , de bien sinistres présages. . . . Mon état, leur dit-il d'une voix entrecoupée , mon état serait-il dangereux ? Aurais-je à craindre pour mes jours ? Toucherais-je au moment où vous devez me perdre ? Quelques soupirs , quelques larmes échappées à des questions aussi attendrissantes , un morne silence ne lui rendent qu'une réponse de mort ; il lit dans tous les yeux effrayés ce redoutable arrêt : *morte morieris* ; arrêt terrible , et qui le pénètre de la plus vive crainte. Ses entrailles sont émues, ses os sont ébranlés… Ah ! quelles

anxiétés ! Je le vois qui se trouble , sa raison
s'égare : plus d'ordre dans ses idées ; la confusion se met dans ses pensées ; mille phantômes
effrayans se présentent à son esprit ; son imagination égarée les grossit , et les lui rend toujours plus hideux. La terreur s'en est emparée ; il ne lui reste de lumière et de force, que
pour se livrer à de nouveaux regrets. Il me
semble l'entendre s'écrier : c'en est donc fait !
le tems va donc finir pour moi ! plus de tems,
plus de vie , plus de plaisirs ! bientôt mon
corps, comme un cadavre infect , sera jetté
en terre ; ma chair , cette chair que j'ai tant
flattée , tant chérie , ma chair sera la pâture
des plus vils animaux... Objets imposans , titres flatteurs , vastes idées de fortune , d'ambition , vous allez vous éclipser pour moi : que
n'ai-je bien connu la folie de vos grandeurs !
ne vous ai-je donc aimées que pour mon malheur ? Fallait-il donc m'attacher si follement à
vos brillantes chimères , pour avoir le cuisant
regret de vous perdre , et de vous perdre pour
toujours ?

L'ardeur de la fièvre semble relâcher , et
donner au malade quelque petite lueur d'espérance. Des parens attendris , des amis empressés saisissent ce moment favorable. On a
quelque réputation à ménager ; on tient par
état et par naissance à un certain monde ; il
faut au moins sauver les apparences de la religion. On sait bien que le malade est un de
ces hommes dont la langue empoisonnée ne
cesse de critiquer la religion et ses mystères ,
de décrier la morale évangélique et ses maximes ; un de ces hommes qui tiennent toutes
les voies de l'impiété , dont la bouche sacri-

lége en profère tous les blasphêmes ; en un
mot, on ne peut se dissimuler que ce ne soit
un chrétien plus qu'équivoque ; une espèce
d'athée par ses mœurs, un incrédule, un li-
bertin par systême : mais n'importe, il est
d'usage de faire, à la mort, les derniers actes
d'une religion pour laquelle on n'a toujours
eu qu'un souverain mépris dans le cœur : c'est-
à-dire, qu'après avoir vécu en impie, en chrétien indifférent, on voudrait mourir en bon
chrétien, en chrétien parfait. Le respect humain en impose, et c'est le seul motif déter-
minant ; il faut suivre l'usage. On n'a rien négligé pour procurer au corps tous les soula-
gemens nécessaires ; on a même inutilement
employé, épuisé toutes les ressources de l'art :
on donne enfin quelques attentions tardives
au pressant besoin de l'ame. Mais qu'il est à
craindre que ces soins, que ces attentions ne
soient employées elles - mêmes aussi inutilement ; et c'est ce que malheureusement ne jus-
tifie que trop l'expérience journalière.

On va réclamer enfin instamment le ministère d'un pasteur actif et charitable ; on lui
expose avec émotion l'état critique du malade.
Le vrai zèle ne connaît point de lenteur Le
ministre accourt. Quel spectacle pour le pécheur ! Un prêtre, un ange du Seigneur, un
ministre du Dieu vivant ! quelle funeste présence ! mais quelle surprise plus affligeante
pour le prêtre lui-même ! à peine trouve-t-il
quelque lueur de raison ; la violence du mal a
déja fait bien du progrès ; les organes sont
presque entièrement étoupés ; trop long-tems
assoupie, la foi est éteinte. Le zèle du pasteur lui fait tenter de la ranimer ; mais ses

efforts sont inutiles , son ingénieuse charité lui suggère mille moyens ; mais tentative superflue. Dieu lui-même qui poursuit le pécheur et qui ne voudrait pas sa perte , lui accorde un dernier moment de grace, un dernier rayon de lumière ; le pécheur en abuse ; et les paroles qu'il profère ne sont que les tristes expressions de toute l'amertume qui le dévore. Sa faiblesse semble ranimer ses forces. . . . Il faut donc mourir , s'écrie-t-il d'une voix tremblante ! c'en est donc fait ! Ah ! chers objets de mon cœur ! épouse adorable , enfans les plus chéris ! ô vous, mes amis , les compagnons de mes délices, il faut donc enfin nous séparer ! Ma vie n'est plus qu'un souffle ; c'est un songe , c'est une ombre qui disparaît et qui s'évanouit ; tout passe , tout périt , tout finit pour moi ; amis , richesses, fortune, plaisirs , vous me suivrez jusqu'au tombeau. Quel tableau que ma vie ! quel pas que la mort ! quel terme que l'éternité ! Mon iniquité seule me suivra au-delà du trépas ; je sens déjà tout le poids du bras vengeur de mon Dieu. . . . Ministre des autels , puis-je espérer que sa clémence me pardonne ? . . . Le ministère du prêtre n'est qu'un ministère de miséricorde ; il est homme, et il se laisse surprendre à ce prétendu bon moment ; et lorsqu'il faudrait tonner , foudroyer , attérer le pécheur , il ne fait que l'encourager ; il le rassure contre le témoignage de sa propre conscience , justement allarmée ; tandis qu'après S. Augustin, il devrait lui dire : Je vous offre la pénitence, je vous offre les secours de la religion , les suffrages de l'Eglise ; mais je ne vous donne pas l'assurance. Il lui exagère les bontés de

Dieu : Ayez confiance ; le Seigneur est bon , et il vous fera miséricorde... Promesse insensée , promesse ridicule ; le seigneur la désavoue. Le Seigneur est bon ; il est miséricordieux ; je dois cet hommage à la vérité ; ses misérations l'emportent sur tous ses autres ouvrages : mais s'il est bon , il est juste , il est vrai , il est fidèle ; il ne peut se démentir , ni manquer à sa parole : *fidelis et verax.* L'équité est la règle de ses jugemens ; la justice rend irréfragables les arrêts qu'il prononce : *cum justitiâ judicat.* Sa bonté outragée se lasse enfin ; le pécheur n'est pas seulement à ses yeux un objet de mépris et de risée , *ridebo :* mépris pour mépris , la peine serait supportable ; c'est une victime d'indignation qui va tomber sous la violence de ses coups : le moment fatal est arrivé ; Dieu va le perdre et le confondre , du souffle de sa bouche : *ridebo et subsannabo.* Vérités bien terribles , M. T. C. F. Que ne puis-je en adoucir toute l'amertume ! Que ne puis-je dérober à vos yeux l'effrayante exécution de si terribles menaces !

La rapidité du tems fait appréhender les approches de la mort ; on craint la surprise ; on la prévient : les momens sont précieux ; on se hâte ; on se presse. Le ministre abusé porte au malade le gage du salut. Mais que vois-je ? Ah ! sachez en trembler , pécheurs endurcis dans le crime. L'arche-d'alliance vit autrefois tomber à ses pieds l'infâme Dagon : le même prodige se renouvelle : immobile , abattu , le pécheur ne peut soutenir la présence de son Dieu : la terreur qui se répand sur son visage annonce tout le frémissement de son cœur ; *concidit facies ejus.* Le ministre

a beau lui protester que c'est l'Agneau de Dieu
qui efface les péchés des hommes ; le pécheur
ne voit que le terrible lion de la tribu de Juda :
ce n'est plus pour lui un Dieu sauveur ; mais
un juge redoutable , dont le seul aspect le fait
frémir et sécher de crainte. . . . Arrêtez , ministre du Dieu vivant.... Et pourquoi forcez-
vous ce pécheur à mettre le comble à son impiété ? N'est-ce pas déja trop d'avoir hasardé
l'application des mérites de Jésus-Christ et de
son sang, par le ministère de la réconciliation?
Quelle certitude avez - vous que le péché ne
vit plus en lui , et qu'il ne vit plus pour le
péché ? Cet homme , il est vrai , est mourant ;
mais le péché vit encore dans le fond de son
ame. Aussi , M. F. , et je ne le dis qu'en frémis-
sant : le pain des anges n'est pour le pécheur
qu'un poison mortel ; il mange son jugement
et sa condamnation. Sa vie n'a été qu'un tissu
de crimes , et le moment qui précéde sa mort
est marqué par un dernier outrage à la religion , par une dernière violence au corps et
au sang de Jésus-Christ , par un horrible sacrilège... Ne criez pas à l'exégération ; M. F. ;
et plût à Dieu qu'une vérité si affligeante et si
propre à confondre notre ministère , ne fût
pas constatée par l'expérience journalière !
Vous chercheriez en vain à vous rassurer ;
en vain vous applaudiriez aux prétendus
grands sentimens de piété , avec lesquels ce
pécheur vient de recevoir les derniers sacremens de l'Eglise : ce ne sont-là malheureusement que des apparences ; et des apparences
ne sauraient me tranquilliser sur son sort. Je
reconnais avec vous l'immensité des miséricordes du Seigneur ; mais qu'a fait ce pécheur

pour pouvoir se les promettre ? Je connais toute la grandeur de Dieu, toute l'étendue de sa justice ; et que n'a pas fait ce pécheur pour la provoquer, pour l'irriter ? Il n'a pas quitté le péché, c'est le péché qui l'a quitté. Je trouve dans les Ecritures des exemples frappans qui écartent et qui dissipent tous les doutes que je pourrais former sur la destinée d'un pécheur qui ne prétend se convertir qu'à la mort. Qu'il est à craindre, dit S. Grégoire-le-Grand, que la pénitence d'un mourant ne soit elle-même une pénitence morte ! Je frémis à la vue d'un Esaü rejetté, d'un Antiochus réprouvé. Sans doute que les sentimens, que les larmes de ce pécheur que vous vantez si indiscrétement, ne sont ni plus grands, ni plus abondantes que les sentimens et les larmes de ces deux illustres coupables. Mais enfin désabusez-vous et tremblez : Judas, le perfide Judas communia la veille de sa mort, et il fut frappé d'anathême. Observez une différence essentielle entre Judas et le pécheur dont il est question. Cette différence est toute en faveur du perfide apôtre. Judas n'avait pas encore réalisé le monstrueux projet qu'il avait formé, de livrer l'homme juste, le sang innocent. Judas était l'instrument aveugle et nécessaire dans l'exécution du décret éternel, qui condamnait à la mort, et à la mort de la croix, le Fils de Dieu fait homme. La communion du perfide apôtre précéda son horrible attentat, et l'un et l'autre le conduisirent au plus affreux désespoir. Tel est aussi le sort du pécheur impénitent : en recevant les SS. Mystères au lit de la mort, il consomme celui de sa réprobation éternelle : mystère d'autant plus terrible, qu'il

est enveloppé sous un voile de miséricorde....
Souffrez, M. F., l'application d'une autre figure. L'arche-d'alliance porta la désolation et
la mort chez les Philistins : ainsi accablé sous
poids de la grandeur de son Dieu, le pécheur
frémit de rage ; un souvenir amer lui retrace
toute son impiété ; le torrent de ses iniquités
se déborde et se répand à grands flots ; ses excès, comme autant de monstres impitoyables,
le saisissent ; de si affreuses images le font entrer en fureur ; il se maudit lui-même, s'en-
yvre de son propre sang. Ce ne sont pas-là,
M. F., des traits imaginés ; c'est l'Esprit de
Dieu qui nous l'apprend : je ne fais que vous
citer les expressions d'un prophète. Le pécheur le verra avec indignation ; il grincera
des dents ; il séchera de dépit : le pécheur n'a
semé que des péchés ; il ne recueillera que des
supplices : il n'a semé que des iniquités, des
crimes ; il ne moissonnera que des grincemens de dents, une rage désespérée, une fournaise de feu : *peccator videbit : dentibus fre-
met et tabescet.*

Déjà le pécheur ne peut plus résister à la
violence de son mal : une défaillance universelle annonce une prochaine destruction ; les
esprits animaux s'évaporent ; les ressorts de la
machine s'affaissent et se brisent ; un épais
nuage se répand sur les yeux ; la langue s'em-
barrasse ; une froideur mortelle glace tout le
corps ; la mort l'assiège de ses douleurs, et le
couvre de ses ombres... Quel maintien, quelle
gêne, quelles angoisses ! Ah ! ce ne sont plus
que des convulsions les plus cruelles ! Je le
vois qui s'agite, qui se tourmente ; il résiste
en vain ; la mort frappe, et le pécheur ne vit

plus... Cadavre infect , objet hideux qu'on
n'ose pas même regarder. On se setire précipitamment ; on l'abandonne à quelques mer-
cenaires ; un mauvais draps, quatre planches
feront son partage ; une fosse de deux pieds
de profondeur fera sa demeure : les vers le
réduiront en cendres et en poussière ; c'est
une peine due à son péché. La toute-puissance
de Dieu la ranimera un jour , cette vile poussière ; mais ce ne sera que pour la couvrir
d'un opprobre éternel : Dieu la ressuscitera ,
cette vile poussière ; mais ce ne sera que pour
sa condamnation : telle est la destinée des pécheurs. Direz-vous encore que le péché n'est
pas un si grand mal ? Des suites aussi terribles
sont sans doute de nature à vous en inspirer
de l'horreur. Ah ! fasse le ciel , que les coups
dont il a frappé tant d'autres , soient pour
vous des graces qui vous ramènent à la pénitence , et que vous n'éprouviez jamais par
vous-mêmes , combien il est dur , combien il
est amer d'avoir abandonné le Seigneur sou
Dieu. Ouvrez enfin sérieusement les yeux , ô
vous qui buvez l'iniquité comme l'eau , dont
les péchés se multiplient comme le sable de la
mer. Votre vie n'est qu'un instant : sortez enfin de cette yvresse des sens dans laquelle vous
êtes plongés. Ecoutez avec docilité la raison
qui vous condamne. Que vous servira d'avoir
vécu dans le centre des plaisirs , dans les bras
de la mollesse , si vous venez à perdre votre
ame ? Accoutumez-vous à penser de ces plaisirs ce que vous en penserez à la mort. Gémissez, pleurez, faites pénitence ; laissez les hommes profanes se livrer à des espérances trompeuses ; déplorez leur funeste illusion. N'ayez

de soin plus assidu que d'éviter jusqu'à l'apparence du mal ; d'attention plus suivie , que de saisir toutes les occasions de faire le bien. Une vie exempte de péchés et remplie de bonnes œuvres vous procurera , dans le tems, les consolations les plus intimes de la foi ; vous rassurera contre les frayeurs de la mort : ce jour si terrible pour les méchans , ce jour si redoutable aux pécheurs impénitens, sera pour vous le plus heureux des jours : délivrés de ce corps de péché , vous passerez de cette vie mortelle à la vie de la bienheureuse immortalité. Dieu vous en fasse la grace. *Amen.*

IVe. DIMANCHE DE CARÈME.

Sur la Providence de Dieu.

D'où pouvons-nous acheter assez de pain pour donner à tant de monde.

Joan. 6. 5.

Langage de la défiance , langage trop commun de nos jours , M. T. C. F. ; il fait la honte de la raison , et il présage la décadence de la foi. Une providence , infiniment sage , règle tout , et préside à tous les événemens : et il se trouve des hommes assez stupides pour la méconnaître ! assez injustes pour oser s'en plaindre ! Livrés aux bornes étroites de leur esprit , les uns voudraient pénétrer les secrets de sa conduite : mécontens de leur sort , les autres blâment ouvertement ses dispositions. Impiété d'une part , injustice de l'autre : c'est le caractère général de notre siècle ; l'expérience de tous les âges ne peut encore dissiper le prestige des passions et de l'erreur ; l'esprit de vertige se répand sans cesse. Après avoir infecté la capitale , la contagion gagne les provinces ; les hameaux les plus reculés ne sont pas à l'abri de l'infection qu'elle répand ; son souffle empesté a tout corrompu. Les oracles s'accomplissent ; nous touchons à ce malheureux tems où les hommes , se faisant illusion , devaient suivre leurs désirs deréglés. Hommes superbes , dit un apôtre , dont les discours pleins de faste et de vanité blasphèment ce qu'ils ignorent , et osent prescrire des bornes à la Providence , lui contester même son existence. Murmurateurs odieux , fugitfs éternels d'une perpétuelle providence , ils s'exhalent en plaintes injustes contre ses ordres suprêmes. Il est de notre ministère d'élever la voix, M. T. C. F. , et de nous opposer fortement aux progrès de la contagion. La foi est sur son déclin ; l'apostasie se consomme ; bientôt Dieu n'aura plus d'adorateurs parmi nous : on ne saurait prendre trop de précautions pour arrêter le torrent impétueux de l'impiété. Les moyens qu'offre la politique mondaine sont insuffisans ; elle ne connaît ni la gravité , ni l'étendue du mal , pourrait-elle employer un remède efficace ? Nous avons une ressource assurée dans les livres saints ; consultons - en le dépôt : tout ce qui est écrit , est écrit pour notre instruction. Il n'y a ni conseil , ni prudence contre le Seigneur , dit l'écrivain sacré. La souveraine sagesse du Seigneur dispose tout avec douceur , et elle atteint avec force d'une extrémité à l'autre.

Les bornes d'un discours ordinaire ne permettent pas de traiter, de développer, dans toute leur étendue ces grandes vérités. Je m'arrête à la dernière. Si elle trouve quelque docilité dans nos cœurs, si je puis vous persuader que la providence fait notre sûreté, que nous n'avons rien à craindre sous sa main toute-puissante, parce qu'elle atteint avec force d'une extrémité jusqu'à l'autre, bientôt la raison reprendra ses droits ; et bien loin de chercher à pénétrer des secrets impénétrables à l'orgueil humain, elle adorera en silence et avec humilité ce qu'elle ne comprend pas ; sa soumission fera sa consolation et sa joie. Serai-je assez heureux, M. T. C. F., pour vous convaincre de cette importante vérité ? Jamais, sans doute, il ne fut plus nécessaire de ranimer et d'encourager votre foi, que dans ces circonstances pénibles, où, réduits quelquefois à manquer du nécessaire, nous serions tentés de croire qu'il n'y a point de providence. Jamais, sans doute, il ne fut plus nécessaire de vous prémunir contre les railleries des libertins, les blasphèmes des impies, et sur-tout contre les propos indécens d'une raison orgueilleuse, qui ose demander à Dieu pourquoi il en est ainsi. Daigne le Dieu puissant et miséricordieux, par un effet de sa grace, dissiper notre aveuglement, et nous donner cette confiance filiale qu'exigent et réclament les soins assidus et les attentions paternelles de sa providence. Vous voudrez bien m'accorder quelques momens d'attention.

Il y a un Dieu infiniment bon, souverainement parfait : tout conspire à nous faire adorer sa puissance sans bornes, comme sa bonté infinie. L'évidence de cette vérité ne saurait être obscurcie par les difficultés que l'impiété de nos jours ne cesse d'y opposer. Mais quelques efforts que l'on fasse pour l'affaiblir, ces efforts seront toujours malheureux. Tout homme qui fait usage de ses yeux et de sa raison ne peut se refuser à la lumière, ni douter sérieusement de l'existence d'un Dieu premier principe des autres êtres : la foi de la providence est le dogme de l'univers entier ; toutes les créatures publient hautement la gloire du créateur ; les seules lumières naturelles suffisent pour nous faire comprendre que l'idée d'un Dieu créateur emporte nécessairement celle d'un Dieu conservateur. Il serait plus que ridicule, il serait absurde d'avouer que le monde, ce monde visible qui fait l'objet de notre admiration, se soit donné à lui-même son existence ; et il serait inconséquent d'avancer qu'il se gouverne lui-même : sa dépendance du premier être est universelle. Mais admettre un Dieu créateur, c'est reconnaître son action perpétuelle sur sa créature, pour la conduire à la fin qu'il s'est proposée dans ses décrets éternels : admettre un Dieu créateur qui ne serait pas conservateur, ce serait se forger l'idée d'un Dieu cruel, insensible. Quelle inclémence en effet dans Dieu, dit le grand Ambroise, qu'elle insensibilité, de refuser à l'univers, son merveilleux ouvrage, ses soins et ses attentions ! *non curare summa inclementia.* Comment s'imaginer que le plus puissant, le meilleur des pères, néglige le soin de ses enfans ? Pourquoi les aurait-il formés, s'ils lui étaient indifférens ? Le cèdre et l'hissope, l'homme et le plus petit des insectes sont l'objet de ses bontés et de ses attentions les plus suivies ; et vouloir dépouiller l'Etre-Suprême d'un droit aussi inaliénable , c'est également insulter à sa bonté et à sa puissance : *non regere summa injuria.* Le spectacle de la nature est l'histoire de la providence , comme la nature elle-même est la preuve la plus sensible de son existence : preuve toujours certaine , toujours subsistante ; on ne saurait en affaiblir la certitude. S'il n'est point de providence, l'idée de Dieu s'efface , la religion s'anéantit : les yeux seuls arrachent cet aveu à la saine raison. Cependant il est des hommes assez téméraires pour oser prescrire des bornes à la providence, assez impies pour ne pas vouloir en dépendre. Une défiance coupable les anime ; ils ne savent compter que sur leurs lumières ; ils attendent tout de leur industrie. Hommes aveugles et pervers, que n'ouvrez-vous les yeux ? Que ne prêtez-vous l'oreille à la voix intérieure qui cherche à vous instruire? Dieu est le père commun de tous les hommes ; il veille sans cesse à leurs besoins ; il prévoit et s'attendrit sur leurs maux , et il emploie sa puissance à les soulager. Quels motifs plus puissans vous faut-il donc pour vous rassurer et ranimer votre confiance ? La bonté de Dieu est l'attribut à qui vous devez votre existence , et par conséquent le premier à qui vous devez rendre hommage, par une dépendance pleine, entière et absolue. Dieu veille sur nous : premier motif qui fait notre sûreté.

Dieu , dit le prophête , regarde du haut du ciel ; il considère tous les enfans des hommes : de son trône éternel , il contemple les habitans de la terre. Ce n'est pas seulement sur une partie que tombent ses regards ; tout l'univers est

est son empire ; tout l'univers est toujours présent à ses yeux : rien n'est éloigné à son égard ; rien aussi ne lui est indifférent. En considérant du ciel tous les hommes, ce n'est point par une vue générale et confuse, qu'il les examine ; chaque particulier lui est aussi présent, que s'il n'était occupé que de lui seul. Cette connaissance, cette attention, qui sont aussi incompréhensibles que son être, sont une suite naturelle de ce qu'il est le créateur de tous.

Que prétendent donc de nos jours ces hommes qui, empruntant le langage de l'impiété des premiers siècles, nous disent, avec le ton avantageux, que les nuées cachent l'Etre-Suprême ; qu'il ne considère point ce qui se passe parmi nous ; qu'il ne sort point de l'enceinte du ciel ; et qu'il est trop élevé, pour savoir ce que nous faisons : *nubes latibulum ejus, nec nostra considerat.* Parce qu'ils ne conçoivent pas comment l'Etre - Suprême descend dans le détail immense des siècles, comment il préside au réglement des tems et des saisons, à la production des grains et des fruits de la terre, à la conservation des plantes et des animaux, ils l'attribuent au hasard ; ils en font honneur à la nature, ou à des divinités forgées dans l'enthousiasme d'un esprit égaré ; ces soins leur paraissent indignes de sa majesté, et ils l'en débarrassent : ils n'en font qu'un Dieu dédaigneux et superbe, qui néglige, qui oublie l'homme après l'avoir fait, qui le dégage de toute dépendance, de peur de s'abaisser jusqu'à veiller sur lui ; qui l'abandonne par mépris à tous les égaremens de son orgueil, à tous les excès de la passion, sans y prendre le moindre intérêt ; un Dieu qui voit d'un œil égal le vice triomphant et la vertu violée ; qui ne demande d'être aimé ni d'être connu de sa créature, quoiqu'il ait mis en elle une intelligence capable de le connaître , et un cœur capable de l'aimer.

Loin de vous, M. T. C. F., une opinion aussi monstrueuse ; elle déshonore , elle avilit, elle dégrade, elle est indigne de tout homme qui pense , et elle est démentie par le témoignage de tous les peuples, qui , persuadés qu'il y a un Dieu, croient en même tems qu'il a soin des choses humaines ; tant est forte et naturelle la conviction d'une providence , dèslà qu'on admet un Etre-Suprême , un Etre créateur. Quoi ! dit le prophète , celui qui a fait l'œil ne voit point , celui qui a fait l'oreille n'entend point, celui qui instruit les nations ne juge point ! ce n'est qu'un Dieu sourd, un Dieu muet, un Dieu aveugle , un Dieu indifférent , un Dieu insensible , qui ne prend aucun intérêt au sort des hommes ! Que des idolâtres , que des payens en fussent venus à cet excès, il n'y aurait rien d'étonnant , le beau jour de la grace ne les a point éclairés , ou ils ont constamment fermé les yeux à la lumière de la justice : mais que des hommes , dans le siècle le plus éclairé , au milieu des prodiges les plus frappans et les plus sensibles, dans un siècle où l'on se fait honneur de ne rien donner aux préjugés, où l'on porte tout au tribunal de le raison : que des chrétiens , dans la maison de la foi , donnent dans une erreur aussi grossière , c'est être d'autant plus coupable , que c'est résister à de plus grandes lumières , celles de la raison , celles de l'Evan-

gile. *O insensati Galatae* ! ô insensés ! ô impies ! quel prestige se joue de votre crédulité ?
Par quel ensorcellement renoncez-vous tout-
à-la fois, à vos yeux et à la raison ? Vous l'invoquez sans cesse cette raison ; vous vous glorifiez d'en être les apôtres, et vous en êtes les
plus zélés apologistes : ne penserez-vous pas
avec sagesse ? Ah ! rentrez en vous-mêmes ;
écoutez avec quelque docilité le sentiment intérieur, commun à tous les hommes ; adorez
dans le plus respectueux silence la sagesse de
Dieu : rendez hommage à son amour pater-
nel ; il ne perd jamais de vue la moindre de
ses créatures ; elle est l'objet de ses soins, de
sa sollicitude : ne lui faites pas l'outrage de
croire qu'il les abandonne au hasard et aux
caprices des causes secondes. Non, il n'en est
pas ainsi : cette même sagesse qui était à ses
côtés, lorsqu'il tira du néant le monde visible
et toutes les merveilles qu'il renferme, elle
est encore assise sur son trône, dans le séjour
de sa gloire : elle dispose tout, elle ordonne
tout, elle veille à tout, elle nous couvre de
ses aîles, suivant l'expression d'un prophête,
et nous sommes en sûreté sous ses plumes : sa
vérité nous sert de défense et de bouclier ;
nous n'avons rien à craindre, ni les terreurs
de la nuit, ni la flèche qui vole durant le jour,
ni l'air contagieux qui se glisse dans les ténèbres, ni la mortalité qui ravage en plein midi.
Elles nous a donné ses anges pour être nos
guides et nos protecteurs ; ils nous gardent
dans toutes nos voies ; ils nous portent sur
leurs mains, pour éloigner de nous tous les
maux, soit spirituels, soit temporels, dont
nous sommes menacés à tout moment.

O 2

Que l'impie, que le mondain ne dise pas que ce sont-là de pieuses métaphores. C'est l'assurance d'une protection toujours attentive que Dieu s'est engagé d'accorder à ses créatures. Si vous pouviez la méconnaître, M. T. C. F., cette attention, cette vigilance dans le spectacle de la nature, je vous inviterais à rentrer en vous-mêmes ; vous la trouveriez cette vigilance dans le fond de votre être. Vous êtes l'image du créateur ; vous ne pouvez jamais mieux la trouver que dans les portraits où il a voulu se peindre lui-même. Dans l'ordre politique, les gouvernemens veillent sur tous leurs sujets ; dans l'ordre civil, dépositaires de l'autorité, les magistrats veillent au maintien et à la conservation de la tranquillité publique ; dans l'ordre spirituel, les pasteurs veillent sur les peuples confiés à leurs soins ; vous-mêmes, M. T. C. F., vous veillez sur vos enfans ; vous prenez pour eux mille soins que vous inspire votre tendresse ; vous partagez les attentions, les inquiétudes d'une épouse chérie ; vous portez la prévoyance à prévenir les maux et les accidens qui peuvent leur arriver : ce que vous faites pour vos enfans, vous pouvez le faire pour vos amis. Un étranger, un inconnu vous intéresse : cette tendresse, ce sentiment ne vous est-il pas fortement imprimé par une cause supérieure ? N'est-ce pas en vous une providence toute particulière ? Or, ce que vous sentez pour vos enfans, pour vos proches, pour vos amis, pour les malheureux, vous oseriez le refuser à la divinité ? Vos soins, vos attentions ne sont qu'une image imparfaite de celles de Dieu : il est le père de tous les hommes, ainsi que leur créateur : leur création n'est qu'un jeu dans ses mains, et leur conservation n'est pour-ainsi-dire, qu'un amusement. Ses yeux sont toujours ouverts et arrêtés sur ses enfans, pour veiller à leurs besoins, et pour prévoir leurs maux : son cœur y est sensible ; second motif qui fait notre sûreté, et qui condamne notre défiance.

Tout est grand, tout est infini dans Dieu : sa puissance éclatte de toute part, ainsi que sa sagesse. Il suffit d'ouvrir les yeux, mille et mille monumens les plus solemnels attestent cette vérité. Mais l'attribut dominant dans les ouvrages de sa puissance, celui qui paraît avec le plus d'éclat, c'est sa bonté : et disons-le hardiment, la qualité de père lui est infiniment plus chère, que celle de créateur. Un Dieu infiniment sage, dit Tertullien, ne peut qu'être infiniment bon. Un Dieu insensible ne serait en effet qu'un Dieu cruel : et quelle cruauté en effet dans Dieu, d'avoir tiré du néant des créatures, de les avoir formées à sa ressemblance, de leur avoir donné en partage l'intelligence et la raison, et de les abandonner à elles-mêmes, de ne prendre aucun intérêt à leur sort, de leur laisser jouer sur la terre un rôle passager, plus affreux que le néant lui-même. Non, M. T. C. F., il n'en est pas ainsi : Dieu n'a créé les hommes que pour en faire les objets de ses bontés. Il est charité, dit l'Ecriture, et il ne rougit pas d'être appelé leur Dieu ; que dis-je ? il leur défend même de reconnaître d'autre père sur la terre que lui seul, qui habite dans les cieux. Et ne commande-t-il pas à tous les hommes, sans exception, de nous adresser à lui comme à notre père, et avec la confiance d'un enfant ? Quelle injure ne serait-ce donc pas de croire qu'il n'en remplit pas les fonctions ? Jamais il ne fut de père plus tendre, plus sensible, dit Tertullien, *tam pius, tam pater nemo.* Il est le seul qui soit bon, qui soit tendre, qui soit sensible ; il est seul la plénitude de la tendresse, de la sensibilité ; il est la source unique de la bonté. Celle qui se trouve dans les créatures n'est qu'une participation de celle de Dieu, et n'est rien en comparaison.

Le sentiment de la piété, ce sentiment si naturel, ce sentiment qui nous pénètre de douleur à la vue de l'infortune, ce sentiment, cette sensibilité dont nous ne sommes pas les maîtres, elle est une émanation de celle de Dieu même. Qualité respectable, elle fait l'honneur et la gloire de l'humanité ; elle est le partage des bons cœurs, des esprits bien faits. Or, M. F., si vous vous affligez sur le malheur de vos semblables, si vous y êtes sensibles, si l'infortune a des droits sur vos cœurs, refuseriez-vous le même sentiment à Dieu dont vous êtes la ressemblance et l'image ? Oui, vous n'êtes tendres, vous n'êtes sensibles, que parce qu'il est lui-même tendre et sensible. Cette sensibilité, cette tendresse qui vous honore, elle est un don de dieu, un présent du ciel ; elle vous est imprimée par une cause supérieure ; une impulsion secrette plus forte que la raison, plus forte que le plaisir même, vous y porte sans cesse. Et s'il est des hommes assez dénaturés, assez féroces, pour ne pas suivre cette impression, Dieu vous assure qu'il en est incapable. Il ne vous oublie jamais ; il s'attendrit sur vos maux ; il les a gravés dans

sa main ; il les porte dans son cœur : *in manibus meis descripsi te.* Seriez-vous capables de
ne pas l'en croire sur sa parole ? Oseriez-vous
même en douter ? Ce serait pousser trop loin
la défiance. Un tel attentat serait le comble de
l'orgueil. Livrez-vous plutôt à la simplicité
du cœur, et prenez du Seigneur des sentimens
dignes de ses bontés. Ne le déshonorez pas par
la bassesse et l'indignité de vos pensées ; considérez ce que vous êtes, et ce qu'il est ; ce
que vous avez fait contre lui, et ce qu'il a fait
pour vous. Il vous a donné son propre Fils ; il
l'a livré à la mort pour vous tirer de l'esclavage du démon. Tel est l'excès de son amour ;
non-seulement il veut que vous soyez appelés
ses enfans, mais encore que vous le soyez en
effet. L'espace immense qui nous sépare n'est
point un obstacle à ses salutaires influences.
Je ne fais aucune difficulté d'employer ici les
images de l'Ecriture : tantôt comme une nour-
rice pleine de tendresse, qui a soin de ses enfans, qui les porte entre ses bras, il veille continuellement pour nous conserver, pour nous
assister, afin que nous ne manquions de rien ;
tantôt comme une poule, cette mère affec-
tionnée qui se néglige elle-même quand elle
élève ses petits, qui leur cherche à manger,
qui les rassemble, qui les échauffe sous ses
ailes, Dieu nous met à couvert dans le sein
de sa providence et de son amour. Sa puissance nous défend contre nos ennemis ; elle
éloigne de vous tous les dangers qui vous mé-
nacent : troisième motif qui doit soutenir votre confiance.

La bonté de Dieu ne se dément jamais. Immuable dans son essence, il n'éprouve aucune

de ces vicissitudes qui caractérisent l'humanité, et qui en font tout le malheur. La bonté dirige sa puissance ; et sa majesté ne paraît jamais avec plus d'éclat que dans l'exercice de ses perfections adorables. Sa force est sans bornes, comme sa sagesse est sans mesure. Il dissipe les artifices et les efforts de la nation des ténèbres ; il rend vaines les pensées du prince des enfers. Le Seigneur est le défenseur de ma vie, disait le prophète, qui pourra me faire trembler ? Il fait, quand il lui plaît, des prodiges dans le ciel, sur la terre et dans les abîmes ; rien ne lui est impossible. Dans l'ordre de la grace et du salut éternel, comme dans l'ordre de la nature et des secours temporels, rien ne résiste impunément à sa volonté suprême. Au commencement, il dit, et tout fut fait. Le néant fut le riche fonds d'où il tira la production de l'univers. Dès le premier instant, tout annonçait des prodiges, et l'œil le moins attentif et le moins pénétrant n'apperçoit encore par-tout que des merveilles, qui attestent que sa puissance est toujours la même. Il dispose du sort des peuples et des empires ; il sait, quand il lui plaît, faire échouer les projets des princes et des nations ; il brise avec la même facilité le cèdre et l'hyssope ; il commande à la mer, et elle respecte les bornes qu'il lui prescrit.

La fausse prudence du siècle ne saurait tenir contre ses décrets : assemblez-vous, peuples, et vous serez vaincus : peuples éloignés, peuples de toute la terre, écoutez ; réunissez vos forces, et vous serez vaincus ; prenez vos armes, et vous serez vaincus ; formez des desseins, et ils seront dissipés ; donnez des ordres,

et ils ne s'exécuteront pas. En vain prétendriez-
vous détruire ce qu'il plaît au Seigneur de
conserver, vos efforts seront inutiles : en vain
chercheriez-vous à conserver ce qu'il lui plaît
de détruire, vos efforts seront toujours malheureux. Eh ! ignorez-vous que si le Seigneur
ne bâtit la maison, en vain ceux qui travail-
lent emploient leur travail ; et si le Seigneur
ne garde la ville, celui qui la garde veille inutilement ? C'est sa main toute - puissante qui
abat ou qui élève. Vos soins excessifs, vos prévoyances inquiètes ne sauraient rien changer
à sa détermination ; il se joue des desseins des
hommes, et les fait servir à l'exécution des
desseins favorables qu'il a sur ses élus : il se
plaît à confondre ces hommes qui ne mettent
leur confiance que dans leurs forces, et dont
la prudence se repose sur un bras de chair. En
voulez-vous des preuves ? nos Saintes-Ecritures nous en offrent de convaincantes à toutes
les pages. Les enfans de Jacob veulent faire
périr leur frère, et leur précaution elle-même
devient l'instrument de l'élévation de Joseph.
Pharaon s'obstine à poursuivre le peuple de
Dieu à travers les eaux de la Mer-Rouge, sus-
pendues contre leur penchant naturel, ses flots
se hâtent de l'envelopper et de l'engloutir avec
toute son armée. Dans la folie de son orgueil,
Nabuchodonosor veut se faire adorer ; trois
jeunes Hébreux refusent de souscrire à cet ordre impie ; on les jette dans la fournaise ; la
flamme respecte jusqu'à leurs cheveux, tandis
que, animés à en exciter la fureur, les bourreaux eux-mêmes en sont dévorés. Evènemens
mémorables, l'incrédulité voudrait-elle les attribuer au hasard ? Mais le hasard n'est rien ;

c'est une fiction , c'est une chimère qui n'a ni probabilité , ni existence. La providence y paraît d'une manière trop sensible ; et ne pas vouloir l'y reconnaître , c'est en faire le désaveu le plus formel, c'est arborer l'athéisme.

Quelle est donc aveugle , la prudence humaine , qui espère, qui attend tout de ses lumières, de ses forces et de ses soins ? Les ouvrages de ses mains seront toujours frappés de malédiction. Hommes du siècles , qui n'êtes prudens et sages qu'à vos yeux , ne vous désabuserez-vous donc jamais ? Serez-vous toujours le jouet de l'orgueil qui vous domine ? Ne sentirez-vous donc jamais le ridicule de la fausse confiance qui vous anime ? N'apprendrez-vous jamais à dépendre des soins de la providence ? A vous voir , il semble que tout dépende de votre génie , ou de votre caprice : ce n'est ni de Dieu, ni de sa providence , que vous attendez le succès dans vos affaires. L'industrie , les talens , le secours des hommes , vous présentent des secours infaillibles ; êtesvous donc les maîtres des évènemens? Ignorezvous qu'il n'y a ni sagesse , ni prudence , ni conseil contre le Seigneur? Et vos prévoyances, et vos soins, et vos travaux pourraient ils faire réussir des projets dont Dieu ne serait pas l'auteur, et qu'il n'aurait pas déterminés dans le secret de ses conseils ? L'expérience que vous faites chaque jour de votre faiblesse , ne devrait-elle pas vous instruire et vous désabuser? Vous prenez des mesures , vous concertez avec toute la sagesse possible, vous faites jouer tous les ressorts de la politique , vous remuez toutes les machines imaginables , et lorsque vous croyez toucher au succès , vous

avez la douleur et la confusion de voir échouer
ce que vons avez concerté avec le plus d'habi-
leté. Je n'en suis pas surpris : vous n'avez pas
consulté Dieu ; sa providence n'est entrée pour
rien dans vos vues ; vous n'avez compté que
sur vous-même et sur des hommes faibles comme vous ; vous vous êtes appuyé sur un faible
roseau, est-il étonnant qu'il se soit brisé, et
qu'il vous ait percé la main ? et s'il vous arrive quelquefois de réussir selon les desirs de
votre cœur, votre prospérité doit allarmer votre foi : craignez que Dieu n'exerce sur vous
une providence de sévérité et de justice, et
non une providence de miséricorde. La légéreté de votre bouche est à votre chair une occasion de péché ; vous avez dit insolemment
dans votre cœur : il n'y a point de providence ; votre conduite a justifié votre égarement :
mais le Seigneur, irrité contre vous, renverse
les ouvrages de vos mains ; livrés à un secret
jugement, vous êtes la preuve sensible de
cette providence adorable que vous contestez ;
et vous apprenez aux autres hommes, pour
votre malheur éternel, qu'il est un Etre tout-
puissant, dont l'action constante et perpétuelle s'étend sur toutes les créatures. La sagesse et la force lui appartiennent en propre :
sans lui, tout est inutile à l'homme présomptueux. Qu'il veuille, ou qu'il ne veuille pas,
ce que le Seigneur a résolu, s'exécute toujours.
Il est seul souverain arbitre de tous les évènemens ; ses yeux sont fixés et arrêtés sur chacun des hommes en particulier, comme si
c'était-là toute son occupation ; et il s'applique à tous en général, comme s'il n'avait soin
que d'une personne en particulier. Il gouverne

tout et dispose tout avec force. Puissance de force qui fait notre sûreté. Eh ! que pourrions-nous craindre sous sa main toute-puissante ? Elle doit soumettre nos esprits et gagner nos cœurs. Il voit nos maux ; il y est sensible, et il s'empresse toujours de venir à notre secours, lorsque mettant en lui notre confiance, nous jettons dans son sein toutes nos inquiétudes.

Quelle doit donc être notre tranquillité, M. T. C. F., au milieu des tempêtes qui nous agitent, parmi tant de périls qui nous environnent ? Celle d'un enfant, qui plein de confiance dans la sagesse, dans la puissance, dans les bontés de son père, ne connaît d'autre moyen qu'une grande dépendance de sa volonté. Nous sommes comme sur une mer la plus orageuse. Le vaisseau de l'Etat, celui de l'Eglise, sont violemment battus par les flots. Nous ne voyons que le ciel et l'eau : l'eau qui menace d'une mort présente, et le ciel qui est seul capable de la détourner. Rassurons-nous, la providence veille sur les destinées de l'Etat ; et le vaisseau de l'Eglise, qui est composé du bois de la croix de J.-C., est conduit par la sagesse de Dieu et par le soufle de son esprit. Parmi la multitude de maux extérieurs et intérieurs qui l'accablent, l'Eglise est toujours effrayée et toujours assurée : sa frayeur même est sa sûreté, parce qu'elle l'avertit de n'espérer son salut que de celui-là seul dont la main peut tout, et dont le secours est toute sa force.

J'aime à me persuader, M. T. C. F., que dans sa miséricorde Dieu n'a pas permis qu'il y ait parmi vous de ces hommes impies, dont

la bouche téméraire ose avancer qu'il n'y a
point de providence : j'ai la confiance qu'il
qu'il voudra bien les éloigner de vous de plus
plus : secondez ses vues bienfaisantes ; sé-
parez-vous de ces hommes rébelles. Schisme
éternel avec ces hommes contagieux ; profitez
de leurs égaremens ; adorez avec humilité ce
que vous ne comprenez pas ; marchez dans la
simplicité de la foi Que votre bouche ne se
répande point en discours injurieux contre cet
œil suprême qui voit tout : c'est sa main toute
puissante qui gouverne tout. Abandonnez au
Seigneur le soin de tout ce qui vous regarde ;
déchargez-vous sur lui de toutes vos inquiétudes ; ayez plus de confiance en ses bontés,
que de crainte de vos ennemis. Faites dépendre de sa providence le succès de vos affaires :
quoiqu'il permette que vous soyez agités pendant quelque tems, par les différentes afflictions de cette vie, il ne souffrira pas que vous
soyez dans l'agitation pour toujours, si vous
êtes pleins d'une humble confiance, dont il
est lui-même le principe ; le calme succédera
à la tempête, la paix au combat, la joie à la
tristesse, le bonheur de l'éternité au malheur
du tems.

Pour ranimer votre confiance, pour la rendre inébranlable, ayez toujours dans le cœur
et sur vos lèvres ces paroles du prophète : *Dominus regit me :* c'est le Seigneur qui me conduit ; il est également sage, bon et puissant.
J'ose m'assurer que je ne manquerai de rien.
Non seulement je suis sans inquiétude, mais
je fais consister ma prudence à me reposer sur
ses soins. Il me fait marcher dans les sentiers
de la justice pour la gloire de son nom. Quand

je marcherais dans une vallée couverte des
ombres de la mort, je ne craindrais aucun
mal. Tout périrait plutôt que de voir sa vérité,
son amour et sa puissance frustrées. J'ose dé-
fier toutes les créatures, comme faibles et im-
puissantes. Je méprise non-seulement l'ombre
de la mort, mais la mort même. La table que
que vous m'avez préparée, Seigneur, elle est
un sacrifice, et vous en êtes la victime. C'est
pour moi un festin de délices ; vous m'y com-
blez de consolation et de joie, L'onction de
votre grace dissipe toutes mes inquiétudes ;
mes prières deviennent plus hardies ; mon espérance va presque jusqu'à la certitude : ma
reconnaissance et mon amour n'ont plus de
règle ni de mesure. Je suis plein de confiance
que votre bonté et votre miséricorde ne m'a-
bandonneront pas un seul jour de ma vie, et
que vous remplirez à mon égard les promesses
que vous avez faites à tous vos élus. Je ne le
mérite pas, je l'avoue ; c'est un don privilé-
gié, et qui peut m'être refusé : mais je le demande, et je l'espère. Vous me l'avez promis,
voilà mon titre ; voilà sur quoi je me fonde ;
tout autre appui me tromperait: vous êtes mon
pasteur, vous êtes mon père, vous êtes mon
Dieu, soyez-le toujours : donnez-moi les vertus
qui me rendent agréable à vos yeux : rendez-
moi vigilant ; inspirez-moi de la ferveur ; faites que ma prière soit continuelle. Donnez-
moi de l'amour pour les pratiques de la religion, les maximes de l'Evangile ; de la haine
pour les plaisirs, les délices, les maximes du
monde ; du goût pour vos Ecritures, de l'attrait pour la solitude et le silence, de l'ardeur
pour les biens invisibles, mais sur toutes

choses la docilité, le cœur d'un enfant ; abré-
gez mon voyage ; terminez mon exil, achevez
de me rendre semblable à vous, en me rendant votre héritier. Fixez moi pour toujours
dans le lieu de votre repos, en me plaçant
pour toujours à votre droite parmi vos élus.
Que votre miséricorde me suive tous les jours
de ma vie, afin que j'habite dans la maison
du Seigneur pendant toute la durée des jours
éternels. *Ainsi soit-il.*

DIMANCHE DE LA PASSION.

NÉCESSITÉ DE LA CONFESSION, ET COMBIEN ON

A TORT DE LA REDOUTER.

Qui de vous peut me convaincre de péché ?
Joan. 8. 46.

IL n'appartenait sans doute qu'à l'Homme-
Dieu de faire un défi aussi public, aussi solemnel. Animés de plus en plus contre J.-C.,
les juifs ne laissaient échapper aucune occasion de marquer la haine qu'ils lui portaient.
La rage dans le cœur, ils cherchaient à s'en
saisir et à le perdre. Lassé, pour-ainsi-dire, de
leurs tentatives redoublées, pour mettre fin à
leurs poursuites, et leur en faire sentir tout
le ridicule, qu'avez-vous, leur dit-il, à me
reprocher ? Mes mœurs et ma doctrine ne
sont-elles pas hors de toute atteinte, et pourriez-vous, sans injustice, vous permettre à cet
égard le moindre soupçon désavantageux ? Ma
doctrine n'honore que la divinité ; elle n'a

pour fin que le bonheur des hommes. Mes mœurs sont irréprochables : et quels prétextes pourriez-vous alléguer pour justifier vos odieuses inculpations ? Ma conduite présente-t-elle quelque infidélité à la loi ? Je ne cherche point ma propre gloire ; j'honore mon père ; mes pas ne se comptent que par des bienfaits multipliés : des prodiges sans nombre, et dans tous les genres, n'annoncent-ils pas et ma bonté et ma puissance ? Qu'avez-vous à me reprocher ? Qui d'entre vous oserait entreprendre de me convaincre de péché ? Mes discours ne respirent que la vérité, pourquoi vous acharnez-vous à la combattre ? Mes paroles et mes œuvres attestent ma divinité, pourquoi fermez-vous les yeux à des preuves si sensibles et si palpables ?... Quel est celui d'entre vous, M. T. C. F., qui pourrait se rendre un témoignage aussi avantageux ? Qui pourrait protester avec autant d'assurance de l'innocence de ses mœurs, sans crainte d'être démenti ? Jésus-Christ seul pouvait tenir ce langage : il s'était fait péché, dit l'apôtre, mais il n'était pas pécheur. Il n'est pas de la destinée de l'homme d'être sans péché sur la terre ; et si, contre l'évidence, si contre le témoignage de notre conscience, nous osions avancer qu'il serait impossible de nous convaincre d'infidélité, de prévarication, nous nous en imposerions à nous-mêmes ; nous serions dans l'illusion, dans l'aveuglement, dans l'erreur ; et notre apologie en ce point serait un mensonge. C'est une vérité d'expérience, que sous l'empire de la grace, presque tous nos pas sont marqués par des chûtes fréquentes. Le trésor de la justice, nous le portons

portons dans des vases fragiles, que le moin-
choc peut briser à chaque instant. Eh ! que de
naufrages ! Une funeste expérience ne nous
prouve que trop que nous sommes pécheurs,
et de très-grands pécheurs. Quiconque oserait assurer le contraire, serait pleinement
convaincu de fausseté et d'imposture : *in hoc
veritas non est.* Triste état de l'homme sur la
terre ; le néant est son origine, et il n'a reçu
en partage qu'un penchant au mal, invincible aux forces du libre arbitre, qu'une impuissance totale à toutes sortes de biens : sans la
grace, l'homme n'est que ténèbres, que corruption, que péché. Ne nous contentons pas d'en
gémir ; adorons en silence et avec humilité la
bonté de Dieu : par le ministère de son Fils, il
a établi dans son Eglise le moyen efficace de
sortir de cet état déplorable. Il a mis dans ses
apôtres, dans ses disciples, dans leurs successeurs les évêques et les prêtres, la parole
de la réconciliation. Il a choisi des hommes
faibles, mortels, environnés d'infirmités, sujets au péché comme les autres hommes, pour
remettre les péchés. Je ne viens point établir
ce dogme si consolant de la réconciliation de
l'homme avec Dieu : il n'est ici, graces à
Dieu, ni incrédules, ni hérétiques. Enfans
dociles de l'Eglise, vous vous faites gloire
d'une soumission sans bornes à son autorité ;
votre acquiescement à ses décisions est un acquiescement réfléchi, judicieux, raisonnable,
comme s'exprime le grand apôtre. Vous croyez
sans hésiter, l'efficacité des clefs que J.-C. a
données à son Eglise ; vous croyez que ce
pouvoir exercé par ses ministres a la vertu de
lier et de délier les pécheurs. J'aime à croire,

M. T. C. F. , que vous n'avez pas le moindre doute sur cette doctrine de l'Eglise : mais s'il est vrai que vous croyez à l'efficacité du sacrement de Pénitence , pourquoi votre conduite ne s'accorde-t-elle pas avec votre croyance ? S'il est vrai que les prêtres ont le pouvoir de remettre les péchés , pourquoi vous obstinez-vous à ne pas profiter d'un si précieux avantage ? Quel intérêt trouvez-vous à croupir dans vos iniquités, au risque même d'être surpris par la mort , et dans la certitude de mourir dans votre péché ?... Le malheur des tems , la violence de la persécution que nous avons éprouvée , la dispersion des pierres du sanctuaire ont servi jusqu'à présent de prétextes à votre indolence : des craintes déplacées , comme elles sont sans fondement , des craintes frivoles , qui n'ont de réalité que dans votre imagination , vous entretiennent dans cette malheureuse apathie : il est tems de sortir de cette espèce de létargie qui vous endort dans une funeste sécurité. Voici un tems favorable : nous touchons à la plus grande de nos solemnités ; l'Eglise vous fait un devoir de vous y préparer , et il n'est pas d'autre moyen que de venir purifier vos consciences dans le bain salutaire de la pénitence , par un sincère , par un humble aveu de vos fautes. Pour vous y engager , j'entreprends de dissiper les craintes qui vous ont arrêté jusqu'à présent : j'ai la confiance que vous conviendrez de leur frivolité. Le détail dans lequel je vais entrer ne peut que vous paraître intéressant. Daignez m'accorder quelques momens d'attention.

Toujours occupé de notre perte , l'esprit tentateur , dit l'apôtre , rode sans cesse autour de nous. Jaloux de notre bonheur, il voudrait nous faire partager son malheureux sort : de concert avec l'amour-propre, il n'est point de moyens qu'il n'emploie pour nous faire tomber dans ses filets. Il a le secret spécieux d'atténuer la honte du péché, de calmer les remords de la conscience, de dissiper les allarmes de l'innocence, l'appréhension des jugemens de Dieu. Par l'inspiration de l'Esprit-Saint, le pécheur est-il frappé de l'énormité de son péché, veut-il se convertir au Seigneur, rien de plus effrayant que le tableau qu'il lui trace du tribunal de la Pénitence. Aller développer son intérieur, faire un récit humiliant de ses faiblesses, raconter l'histoire de ses intrigues, révéler des mystères d'iniquités, des actions honteuses, ensevelies dans les ténèbres ! et à qui ? à un homme faible, sujet au péché, qui n'est point ce qu'il devrait être, qui tient la place de Dieu, mais qui ne l'est pas, est-il rien de plus humiliant ? Ne sont-ce pas-là, M. T. C. F., les motifs ordinaires qu'on allègue pour se justifier à ses yeux l'éloignement du tribunal de la Pénitence ? Mais ces craintes sont frivoles, et elles n'ont aucun fondement.

C'est-là qu'éclatte particulièrement la bonté du Seigneur et son infinie miséricorde. J'ai offensé Dieu, je l'ai irrité ; et parce que je m'accuse, que je m'humilie, que je découvre, avec une salutaire confusion, les playes de mon ame, je désarme le bras de sa justice ; au lieu d'un juge sévère, d'un Dieu vengeur, se trouve le Dieu de clémence, le Dieu des miséricordes. Quand on réfléchit à l'outrage que le péché fait à Dieu, aux châtimens éternels qu'il mérite, ne doit-on pas plutôt admirer et adorer sa bonté ? N'est-ce pas un crime de se plaindre, et de dire qu'il a attaché le pardon de nos péchés à une démarche trop humiliante ? Dire en effet que la confession auriculaire est un joug accablant, qu'il n'y a que cette démarche pénible qui révolte dans la religion catholique, c'est blâmer, c'est censurer le Dieu des miséricordes ; c'est offenser sa sagesse qui préside au choix des moyens qu'il établit pour notre salut ; c'est imiter le langage des protéstans ; c'est autoriser leur audacieuse témérité dans le retranchement qu'ils ont fait du second baptême : cependant rien de plus commun que ce langage, même parmi des chrétiens qui se piquent de piété. Si lon concevait une juste idée du péché et des châtimens qu'il mérite, bien loin de trouver trop dur et trop pénible le joug de la confession auriculaire, on exalterait les excès de la miséricorde de Dieu, d'avoir attaché à un moyen si facile le pardon du péché : bien loin de s'allarmer, de se livrer à la crainte, on s'exciterait aux sentimens de l'admiration et de la reconnaissance. Vous savez, M. T. C. F., les instances que firent à Naaman les personnes qui étaient à sa suite, lorsque le prophête, pour opérer la guérison de sa lèpre, lui ordonna d'aller se laver dans les eaux du Jourdain : Qui vous retient, lui dirent-ils ? parce que le prophête vous prescrit une démarche facile et aisée, vous refusez de vous y soumettre ; êtes-vous sage de vous en plaindre ? Et certes, il eût attaché votre guérison à une démarche humiliante et pénible ; il eût exigé de vous tous les efforts, tous les sacrifices dont vous êtes capable , vous eussiez dû lui obéir. Je vous adresse les mêmes paroles, chrétiens , qui , comme Naaman , vous plaignez que votre guérison est attachée à un aveu qui vous paraît dur et pénible ; qui , comme lui , hésitez, différez d'aller vous purifier dans la piscine salutaire de la pénitence ; qui , comme lui , voudriez être purifiés de la lèpre du péché , sans une démarche qui vous gêne , qui vous humilie. Quand Dieu , outragé par vos crimes , en attacherait le pardon à un aveu public , quand il vous obligerait à vous montrer tel que vous êtes , à ceux même auxquels vous avez le plus grand intérêt de cacher vos désordres ; quand il exigerait de vous , pour vous accorder la grace de la réconciliation , de renoncer à vos biens , aux douceurs même permises de la société , certes vous devriez vous y soumettre , plutôt que de mourir ennemi de Dieu : *certe facere debueras.* Eh ! pourquoi regardez-vous donc comme une démarche trop pénible et trop humiliante l'obligation de vous accuser , dans le secret , à un ministre de Jésus-Christ ? Pourquoi ces craintes , ces allarmes , une sorte même de frayeur, quand il s'agit de confession ? Pourquoi hésitez-vous ? N'êtes-vous pas coupable , de croire que Dieu en exige trop pour se réconcilier avec vous ? N'êtes-vous pas ingrats , d'être insensibles aux plus grandes preuves de sa miséricorde ? Persuadés , convaincus , M. T. C. F. , de la bonté de Dieu , qui peut donc vous allarmer , vous affrayer dans la confession ? Pourquoi ces craintes injurieuses à la miséricorde du Seigneur ? De quoi s'agit-il dans le tribunal de la Pénitence ? D'une déclaration de toutes vos fautes , même les plus secrètes ; d'un jugement prononcé en conséquence de votre aveu. Mais quelle différence entre ce qui se passe dans le tribunal de la réconciliation , et ce qui se passe dans les tribunaux de la justice humaine.

Dans les tribunaux de la justice humaine , les innocens même n'y paraissent pas sans crainte ; les accusateurs , les témoins , les juges, l'arrêt qu'ils prononcent, tout est à craindre , tout est à redouter ; la calomnie du côté des accusateurs , l'exagération du côté des témoins ; on peut surprendre la religion des juges et entendre prononcer un arrêt de sévérité , lorsqu'on s'attendait à un arrêt de clémence. Mais il n'en est pas ainsi dans le tribunal de la réconciliation : tout doit dissiper vos craintes , exciter votre confiance , l'accusateur , le témoin , le juge, l'arrêt qu'il prononce. Vous êtes l'accusateur ; c'est sur votre aveu que l'on prononce. Par-tout ailleurs , on peut vous imputer des fautes que vous n'avez pas commises ; vous pouvez être innocent et être traité en coupable : mais ici , vous êtes seul avec Jésus-Christ, représenté par son ministre. Vous êtes seul aux pieds de J.-C. , comme la femme adultère, une grande misère avec une grande miséricorde. Vous êtes aussi le seul témoin qu'on entende ; on ne reçoit d'autres témoignages que le vôtre ; vous n'avez donc à craindre ni exagération, ni mensonge, ni calomnie. Vous n'êtes pas, il est vrai, juge de votre propre cause , c'est le ministre qui tient la place de Jésus - Christ ; mais quelle différence entre les juges qui décident dans les tribunaux de la justice humaine ! les juges ne demandent l'aveu du criminel, ils n'ont même recours aux tortures pour l'avoir, qu'afin de le condamner à un supplice proportionné à ses crimes : et le ministre de la réconciliation ne demande l'aveu sincère de nos fantes, que pour nous les pardonner. Les juges sont obligés de condamner le coupable, quand son crime est avéré : et le ministre de la réconciliation ne fait que différer l'absolution, quand il ne doit pas la donner ; jamais il ne prononce d'arrêt de mort ; c'est toujours un arrêt de paix, de clémence, de miséricorde. C'est en vain que les pharisiens sollicitent la condamnation de la femme surprise en adultère, J.-C. ne la comdamne pas ; il l'absout, et il la renvoie. C'est en vain que l'austère Simon se déclare l'accusateur de la fameuse pécheresse de Jérusalem ; témoin de ses larmes et juge de sa douleur, Jésus-Christ ne la rebute pas ; il ne la condamne pas ; il lui fait entendre ces consolantes paroles : allez en paix. Tels sont aussi les arrêts que nous faisons entendre aux pécheurs pénitens : Je vous absous ; je vous pardonne vos péchés ; allez en paix, ne péchez plus... Arrêt sans doute bien consolant, M. T. C. F. ; et combien il vous doit paraître précieux ! Ce n'est point un arrêt de justice, de rigueur, de sévérité ; mais un arrêt dicté par l'amour d'un Dieu mort pour vous sur la croix ; il est scellé de son sang. Sont-ils excusables ces pécheurs qui s'éloignent du tribunal de la Pénitence ? Sont-ils recevables dans les craintes qu'ils se forgent dans leur imagination, quand ils avancent que la confession auriculaire est un joug pénible, accablant ? Ces craintes, ces allarmes ne sont donc que frivoles : je dis plus, elles sont injurieuses à la miséricorde de Dieu, à l'amour immense de J.-C. Ces craintes, ces allarmes ne sont pas moins frivoles, quand vous alléguez que ce sont des hommes à qui J.-C. a confié le ministère de la réconciliation; elles sont même injurieuses aux ministres, puisqu'elles annoncent, de votre part, de la défiance, ou au moins un soupçon de leur fidélité ou de leur charité.

Quelle idée en effet vous faites-vous de la confession, lorsque vous faites éclater vos craintes, lorsque vous vous plaignez hautement du choix que Dieu a fait des ministres de la réconciliation, lorsque vous vous permettez des doutes sur leur charité, sur leur discrétion, sur leur zèle ? Nous ne pouvons vous le dissimuler, ces craintes, ces doutes font le triste sujet de nos gémissemens, par les fâcheuses conséquences qu'elles présentent. Quel respect avez-vous pour le choix de J.-C., quand vous vous plaignez d'être obligés de vous confesser à un homme comme vous ? Es-ce l'approuver ? Est-ce l'adorer ? Est-ce en sentir tous les avantages ? Quelle idée concevez-vous de l'autorité que Jésus-Christ a confiée à des hommes pour votre salut, quand vous ne regardez dans ces hommes que ce qu'ils ont de leur propre fonds, vos misères, vos faiblesses, vos penchans au péché, et peut-être plus violens ; quand vous ne faites aucune attention aux graces du ministère? Votre salut dépend-il de la sainteté du ministre? Non assurément..... Que pensez-vous de la discrétion d'un confesseur, quand vous vous livrez à des craintes que le démon seul peut vous donner ? Le secret inviolable auquel le confesseur est obligé, la grace du silence attaché à son ministère, tant de siècles écoulés sans qu'on puisse produire un seul exemple d'une révélation directe, ne sauraient vous rassurer ! Allarmés, effrayés, vous craignez que le mystère de vos iniquités ne soit pas toujours un mystère ; vous vous rassurez plus sur les ténèbres qui vous enveloppent, que sur le silence du ministre. Delà ces personnes qui conservent certains péchés jusqu'à la mort ; qui ne laissent tomber dans le tribunal qu'une partie du voile qui couvre leurs playes ; qui cachent la plus profonde et la plus honteuse, par conséquent la plus dangereuse. Delà tant de sacrilèges qui endurcissent et qui conduisent à la réprobation..... Que dirai-je encore des craintes qu'on a sur les dispositions du confesseur envers ses pénitens ? Combien qui craignent de l'étonner, de l'indisposer par le récit de leurs péchés et de leurs rechûtes ? Combien qui craignent de perdre son estime, et qui, pour la conserver, vont confier à des confesseurs inconnus un péché ou une chûte qui changerait l'histoire de leur confession ordinaire ? Ne dirait-on pas que la charité du ministre de la réconciliation ne s'étendrait que sur les ames justes, sur certaines personnes régulières ; que son cœur ne s'ouvrirait que pour elles ; qu'il bornerait son zèle à un petit troupeau de brebis dociles ; que lui seul aurait son attention en son estime ; qu'il serait insensible au retour et au repentir des pécheurs, pour n'admirer que la persévérance des justes ? Mais si l'on craint d'étonner, d'indisposer un confesseur par le récit de ses péchés ; si l'on appréhende de perdre son estime ; si l'on redoute les idées qu'il conçoit de ses pénitens, on ne se le représente pas comme un ministre de la réconciliation ; on ne lui suppose pas le zèle du salut des ames ; on le regarde comme un homme en place dans le monde, dont il est important d'être considéré et estimé. Or, M. F., toutes vos craintes ne sont point fondées ; c'est le démon qui les inspire ; elles sont injurieures au choix de Jésus-Christ, à la discrétion et au zèle du confesseur. Je vais les dissiper, et vous montrer des motifs de confiance et de consolation dans le sujet même de vos allarmes.

Craintes injurieuses au choix de J.-C. N'est-ce pas le censurer, le désapprouver, que de vous plaindre d'être obligés de vous confesser à un homme ? N'est-ce pas dire qu'il aurait dû établir des anges pour être les ministres de la réconciliation, plutôt que des faibles mortels comme vous, sujets au péché comme vous ? Vous n'ignorez pas que c'est Dieu qui a choisi ces hommes pour le ministère important de la réconciliation ; que ce n'est pas à des anges, mais à ses apôtres, qu'il a donné le pouvoir de remettre les péchés : or, en vous plaignant de la nécessité qu'il vous a imposée de vous accuser de vos fautes à un homme, de lui développer votre intérieur, n'est-ce pas vous plaindre de son choix ? Ah ! chrétiens, c'est ce choix d'un Dieu qui doit exciter votre confiance, dissiper vos craintes et vos allarmes : c'est lui qui m'encourage. L'idée que je me forme du ministre aux pieds duquel je m'humilie, je m'avoue coupable, auquel je raconte l'histoire de mes fautes, de mes faiblesses , me rassure et excite ma confiance. Il représente Jésus-Christ ; il est revêtu de sa puissance pour me délier et me remettre tous mes péchés : voilà pourquoi je lui développe mon cœur , et lui révèle des mystères que Dieu seul connaît ; il est homme comme moi , par conséquent sujet aux mêmes fautes ; il a les mêmes penchans , par conséquent il peut faire les mêmes chûtes ; il n'ignore pas mes misères , parce qu'il sent les siennes ; il est en état de compatir à mes infirmités , parce qu'il en est environné comme moi : s'il est plus juste que moi , il peut devenir plus coupable. Voilà ce qui excite ma confiance.

En effet , M. T. C. F. , c'est ce choix que Jésus-Christ a fait des hommes pour nous dispenser ses graces , que S. Paul nous rappelle pour exciter notre confiance , pour nous faire admirer et reconnaître sa bonté. Tous les prêtres qui offrent pour nous le sacrifice de l'Agneau sans tache , qui remettent nos péchés par le pouvoir qu'ils ont reçu , sont choisis entre les hommes : *omnis pontifex ex hominibus assumptus.* Mais pourquoi Dieu a - t - il choisi des hommes pour un ministère si sublime, si important, pour être les dépositaires des secrets des cœurs , et les juges de leurs frères ? Afin qu'ils puissent compatir à leurs faiblesses , par l'expérience de leurs fragilités ; qu'ils ne soient pas étonnés , effrayés des égaremens de leur esprit et de leur cœur : *qui condolere possit iis qui ignorant et errant.* Pourquoi ce confesseur ne sera t-il pas étonné, effrayé de l'histoire de vos faiblesses ? C'est qu'il n'est pas un ange , mais un homme obligé de lutter , de combattre contre ses inclinations , ses penchans ; qui gémit dans un corps de mort, comme vous, dans une chair qui se révolte et veut l'emporter sur l'esprit : *quoniam et ipse circumdatus est infirmitate.* Voyez si vos allarmes, si vos craintes sont bien fondées, et si vous n'êtes pas coupables, quand, sans faire attention au choix d'un Dieu, vous vous plaignez d'être obligés de révéler vos fautes les plus secrettes à un homme comme vous. Le confesseur le plus pur, le plus saint, le plus innocent, ignore-t-il la cause des désordres du cœur humain ? Les combats qu'il soutient pour conserver son innocence, ne les lui apprennent-ils pas ? Témoin de la licence de notre siècle, de la vie dissipée des mondains ; instruit par les discours publics, des injustices, des intrigues et du dénouement de tant de scènes éclatantes, est-il surpris quand on lui dit, dans le secret, ce qui s'est passé au grand jour ? Otez quelques fautes secrettes, toutes les autres ne sont - elles pas connues ? Vous ne vous contentez pas dans vos craintes d'inculper le choix de Dieu, elles ont encore pour objet la discrétion de ses ministres.

Mais, M. F., qui peut vous faire craindre la révélation des fautes dont vous vous accusez dans le tribunal de la pénitence ? Est-ce l'indiscrétion du ministre qui vous écoute ? Mais ceux même qui n'ont pas toutes les qualités que l'Eglise demande dans un confesseur, ont ils ce défaut là ? Si quelques-uns manquent de discrétion dans ce qui les regarde, en manquent-ils quand il s'agit de la confession ? Et ceux même qui ne sont pas assez prudens pour garder leur secret, pensent-ils jamais à révéler le vôtre ? En a-t-on un exemple ? Tous les siècles de l'Eglise en pourraient-ils fournir un? Vous craignez la révélation des fautes que vous confiez aux ministres de la réconciliation, parce qu'ils sont des hommes que l'indiscrétion peut faire parler, sans le vouloir, des choses qu'ils ont entendues; que le délire, la démence peuvent rendre incapables du secret; que l'erreur peut séduire; que les menaces peuvent intimider. Encore une fois, vos frayeurs sont vaines; elles ne sont fondées sur aucun exemple. Il y a une grace d'état, une grace de silence. Je l'admire dans tous les siècles de l'Eglise; des faits consignés dans ses annales me l'annoncent. C'est cette grace qui ferme la bouche des confesseurs qui ne sont pas ce qu'ils devraient être. On peut malheureusement leur reprocher beaucoup de fautes; mais on ne peut pas leur reprocher une révélation directe. C'est cette grace qui ferme la bouche aux plus imprudens. Plusieurs ont souffert des pertes, ont essuyé des disgraces, ont passé des jours tristes dans les ennuis d'un exil ou d'une prison, pour avoir parlé indiscrétement; mais aucun n'a été puni pour une révélation directe. C'est cette grace qui ferme la bouche de ceux qui tombent dans le délire ou la démence, dans les égaremens d'une fièvre chaude, d'une imagination échauffée, d'une raison aliénée : ils montrent quelquefois les emportemens de la fureur; ils n'ont plus ni retenue, ni décence, ni même de respect pour les choses saintes : mais jamais ils ne parlent des secrets de la confession : c'est un fait attesté par tous ceux qui se consacrent au service des malades de cette espèce. C'est cette grace qui a fermé la bouche au malheureux

Luther. Après avoir célébré les SS. Mystères, et exercé le ministère de la réconciliation pendant plusieurs années, il est devenu l'ennemi de l'Eglise ; il a combattu la confession auriculaire : mais en condamnant les secrets que nous confions aux ministres de la réconciliation, il a gardé le silence sur ceux qu'il avait entendus. Le démon, qui lui avait fourni des argumens contre le S. sacrifice de la messe, n'a pas eu le pouvoir de délier sa langue pour lui faire faire une révélation directe. N'est-ce pas cette même grace qui, dans ces jours d'orage et de persécution, dans ces jours de licence et d'impiété, a fermé la bouche à tant de prêtres apostats ? On les a vus se marier, profaner, fouler aux pieds les choses saintes, renoncer publiquement l'Evangile, blasphémer Jésus-Christ, tourner en ridicule, en dérision les pratiques les plus augustes de la religion, notamment le ministère de la réconciliation : mais en connaissez-vous qui en aient violé, trahi le secret ? N'est-ce pas un miracle d'une protection visible sur son Eglise, que Dieu ait permis qu'aucun d'entr'eux n'ait manifesté d'une manière directe les secrets dont ils sont les dépositaires ? Il y aura toujours des scandales dans l'Eglise, la parole de J.-C. y est expresse ; il y aura toujours des prêtres vicieux, plus amateurs d'eux-mêmes que de Dieu, plus occupés des intérêts de leurs passions, que des intérêts de Jésus-Christ et de son Eglise : mais Dieu, par l'effet de sa grace toute-puissante, conservera toujours l'inviolabilité du sceau de la confession. Il y aura toujours des persécutions ; Dieu permettra que ses fidèles ministres soient vexés, tour-

mentés , qu'on les couvre d'opprobres , qu'on
les rassasie d'outrages ; l'enfer dans sa rage ,
l'impiété dans ses fureurs en feront des martyrs , mais ils n'en feront jamais des infracteurs du secret de la confession. Si parmi les
potentats et les puissans du siècle , il se trouvait de ces êtres dont la basse jalousie s'avisât
d'ordonner , même sous la menace de la mort ,
la violation du secret inviolable de la confession , Dieu renouvellerait le courage invin-
vincible d'un Népomucène.

Combien donc sont frivoles les allarmes que
se donnent tant de chrétiens pour se justifier
à leurs yeux leur éloignement du baptême laborieux de la Pénitence ? Pourraient-ils ne pas
renoncer à ces craintes imaginaires qu'ils se
font de l'indiscrétion des ministres ? Pourraient-ils encore , sans injustice , critiquer le
choix que Dieu a fait des hommes , de préférence aux anges , pour exercer cet important
ministère ? La confession auriculaire , loin
d'être un joug pénible et humiliant , est elle
le principe invariable de la joie intérieure , de
la paix du cœur , cette paix si délicieuse , qui
surpasse tout sentiment comme toute expression... O vous , M. T. C. F. , qui jusqu'à présent avez partagé ces craintes , ces allarmes ,
revenez enfin de cette funeste erreur ; prenez
du ministère de la réconciliation des idées plus
justes et plus vraies : ayez le courage et la force
d'arracher le bandeau qui vous aveugle , de
rompre les liens qui vous arrêtent. Bénissez
Dieu d'avoir donné aux hommes la puissance
de remettre les péchés : n'écoutez plus les re-
présentations de l'amour-propre , toujours ingénieux à vous séduire et à vous tromper :

demandez à Dieu un guide éclairé, qui vous conduise dans les voies du salut, qui vous y fasse marcher constamment, selon les principes de la morale de l'Eglise ; un guide habile, qui sache distinguer ce qui vient de l'homme, de ce qui vient de Dieu ; un guide ferme, qui vous soumette aux saintes règles de la pénitence, malgré vos prétextes et votre délicatesse. N'attendez pas le tems de la rigueur de la justice : profitez du tems de la miséricorde : approchez avec confiance du tribunal de la réconciliation ; le pardon qui vous y sera accordé sera le gage de la bienheureuse immortalité. Dieu vous en fasse la grace. Ainsi soit-il.

DIMANCHE DES RAMEAUX.

Entrée triomphante de Jésus-Christ dans Jérusalem. Ce que le Peuple fait en cette occasion figure de ce que nous devons faire pour recevoir J.-C., éviter l'inconstance des Juifs.

Tout le Peuple, tant ceux qui allaient devant lui, que ceux qui le suivaient, criaient : Béni soit celui qui vient au nom du Seigneur.

Math. 21.

Quelles sont incompréhensibles les voies de Dieu ! et quelle est étonnante la légéreté et l'inconstance du peuple ! Il n'y a pas huit jours que le peuple Juif voulait lapider Jésus, qu'il le traitait de Samaritain, de ministre du démon, qu'il lui reprochait de faire ses miracles

cles au nom de Béelzébut, prince des démons. Et voilà que ce peuple ayant appris que Jésus venait à Jérusalem, s'empresse de venir au-devant de lui, de lui faire une entrée honorable, et lui marquer, par ses acclamations et ses cris de joie, qu'il le reconnaissait pour le fils de David, pour celui qui vient au nom du Seigneur. Ce changement n'a rien de bien étonnant pour quiconque sait étudier et bien connaître le peuple. Le peuple ne voit que par ses yeux et par ses sens, et il se laisse conduire par ceux qui ont intérêt à le séduire et à le tromper. Il est l'instrument aveugle des fureurs et des passions des grands. La révolution qui s'est faite parmi nous, en est la preuve, et l'Histoire la consacrera dans ses fastes.

Dans le court intervalle de cinq jours, ce même peuple oubliant les démonstrations qu'il avait données de la divinité de Jésus, épousera de nouveau la querelle des Grands et des prêtres, et sollicitera, par des cris d'indignation et de fureur, le crucifiement de Jésus. Adorons, M. T. C. F., les vues de Dieu; respectons, dans le plus religieux silence, les desseins de sa miséricorde pour opérer le salut du genre-humain. Les circonstances de la solemnité de ce jour servent infiniment à relever l'éclat de la divinité de Jésus; et l'on peut dire qu'il n'a jamais paru plus Dieu que dans ce jour.

Sans nous arrêter ici à faire le parallèle humiliant de la conduite des juifs avec celle des chrétiens de nos jours, cherchons à nous instruire. L'Evangile nous en fournit les moyens: évitons avec soin l'extrémité fâcheuse à laquelle se porta ce peuple ingrat, que tant de bienfaits dont il avait été comblé ne purent solidement éclairer sur la divinité d'un aussi libéral que généreux bienfaiteur. En un mot, apprenons de la conduite du peuple juif comment nous devons honorer Jésus-Christ dans la réception que nous nous proposons de lui faire dans cette sainte quinzaine. Fasse le ciel que nous n'imitions pas les Juifs dans leur inconstance, ni dans l'aveuglement de leur esprit, ni dans la dureté de leur cœur.

En entrant dans le monde, Jésus avait protesté à son Père, qu'il n'y venait que pour obéir à ses ordres, et non pas pour faire sa propre volonté. L'accomplissement de toutes les prophéties était le terme de sa mission ; il devait exécuter fidélement tout ce qui avait été prédit de lui. Depuis long-tems Isaïe avait annoncé à la fille de Sion, l'arrivée de son Roi, qui devait venir à elle plein de douceur, monté sur une ânesse, et sur l'ânon de celle qui est sous le joug. Réjouissez-vous, filles de Sion, soyez comblées de joie, poussez des cris d'allégresse, voici que votre Roi vient à vous : c'est en ces termes que s'exprimait le prophète Zacharie. Ce Roi si clairement annoncé ne peut être que le Messie ; et l'empressement de ce peuple à rendre à Jésus un hommage aussi extraordinaire, est la preuve la plus certaine que Jésus était ce roi désigné par les prophêtes Isaïe et Zacharie. L'un et l'autre ont annoncé un roi plein de douceur, monté sur une ânesse et sur l'ânon de celle qui est sous le joug. La prophétie ne pouvait pas être énoncée plus clairement : Jésus la remplit. Cet évènement démontre donc évidemment que Jésus est le roi des juifs promis et attendu depuis tant de siècles.

Ce qui s'est passé à Jérusalem, lors de la solemnité de la Pâque, a un rapport essentiel à ce qui se passe de nos jours. L'entrée de Jésus dans Jérusalem est la figure sensible de celle qu'il fera dans nos ames par la communion, dans la solemnité de cette Pâque. Profitons de l'exemple que nous donnent ceux qui vont à la rencontre de Jésus, et qui le conduisent en triomphe dans Jérusalem. L'Evangile nous apprend que ces peuples se dépouillent de leurs vêtemens ; qu'ils le louent et le bénissent ; et qu'ils le reconnaissent pour leur roi et pour leur souverain. Voilà, en peu de mots, ce que je propose à votre imitation : c'est dans l'exemple de ce peuple que vous devez prendre la règle de votre conduite, pour faire à J.-C., dans cettesolemnité, une réception qui lui soit honorable, et qui vous soit également utile.

Le premier mouvement de ce peuple à la vue de Jésus-Christ monté sur une ânesse, et entouré de ses disciples, fut de venir au-devant de lui, portant des branches de palmiers et des rameaux d'oliviers, et d'étendre par terre leurs vêtemens, pour honorer son passage. L'Histoire nous apprend que c'était un usage pratiqué parmi les Juifs. Le quatrième livre des Rois nous en présente un exemple frappant. Jéhu ayant été sacré roi d'Israël, par le serviteur du prophête, tous les officiers de l'armée se lévèrent aussi-tôt, et chacun prenant son manteau le mit sous ses pieds ; ils en firent une espèce de trône ; et sonnant de la trompette, ils s'écrièrent : Jéhu est notre roi. Cette espèce de triomphe que le peuple décernait à Jésus, n'avait rien de la magnificence qu'étalent les autres rois : cet appareil n'était qu'un appareil d'humilité et de douceur. Ce cortège n'était composé ni des grands, ni des efficiers de la couronne : c'est le peuple qui rend ces honneurs. Il n'est point dit qu'il y eût des savans, des riches, des grands de la terre. Funeste présage pour ces états, qui semblent, dit S. Jérôme, avoir en eux-mêmes une opposition à la foi et à la pratique des vertus évangéliques : la science qui enfle ne disposant guères à la soumission de l'esprit ; les richesses, à l'amour de la pauvreté ; la grandeur, à l'humilité de J.-C. En naissant d'une mère pauvre, il a réprouvé les richesses, en ne s'instruisant point des sciences du monde, il a réfuté la sagesse du siècle ; en ne paraissant que sous le nom de fils de charpentier, quoiqu'il fût fils de David, il a montré que la grandeur de la naissance n'est considérable qu'en tant qu'on la cache sous le voile de l'humilité.

Pour honorer J.-C. dans l'imitation du dépouillement que fait le peuple de ses vêtemens, il faut que ceux qui, dans l'ordre de la providence, sont revêtus des biens, des honneurs et des grandeurs de la terre, ne cherchent point à s'en glorifier ; ils doivent en faire un sacrifice perpétuel à celui dont ils les ont reçus. Soyez, M. F., si vous le voulez, soyez grands, riches, savans : mais vous devez préférer la naissance spirituelle que vous avez contractée dans les eaux sacrées du baptême, au sang qui coule dans vos veines, et dont vous tirez votre origine : vous, riches, vous devez être fidèles économes des biens que vous possédez ; quoiqu'environnés de richesses, vous ne devez pas y mettre votre cœur : vous, que vos connaissances distinguent des autres hommes, vous devez faire céder vos lumières à l'obscurité de la foi : l'humilité doit vous abaisser autant au-dessous de Dieu , que vos lumières et vos connaissances semblent vous élever au-dessus des autres hommes. A l'exemple du peuple de l'Evangile , vous devez faire servir au triomphe et à la gloire du Sauveur tout ce que vous avez : dépouillez-vous de vos vêtemens et de tout ce qui vous pare aux yeux du public , pour les jetter sous ses pieds.

Cette première disposition ne suffit pas pour faire à Jésus-Christ une réception honorable. Ce dépouillement, figuré par celui du peuple , impose une obligation plus étroite et plus indispensable : le dépouillement du vieil homme avec ses œuvres , selon le langage de saint Paul. Le vieil homme nous est représenté par les vêtemens ; et comme les vêtemens ne tiennent pas à nos corps , et qu'ils ne font point partie de nous-mêmes , nous pouvons les quitter ; de même , avec la grace de Dieu , nous pouvons et nous devons nous dépouiller du vieil homme avec ses œuvres. S. Chrysostôme demande pourquoi S. Paul l'appelle du nom de vieil homme : c'est pour nous marquer , dit ce Père , sa laideur et sa faiblesse , ou pour mieux dire , pour nous faire sentir combien le vieil homme avec ses œuvres nous rend difformes aux yeux de Dieu. Ce n'est donc pas assez de renoncer à nos péchés qui sont la production du vieil homme , il faut quitter l'attachement au péché , l'affection au péché ; et ne pas imiter ceux qui voudraient se revêtir du nouveau , sans s'être dépouillés du vieil homme.

Or ce dépouillement consiste à voir de bonne-foi qui nous porte au péché , ce qui est en nous la racine du péché, et l'arracher jusqu'au fond, quelque violence qu'il faille faire sur ce sujet. Ce n'est point assez, pour se dépouiller du vieil homme, de quelque retranchement extérieur ; il faut faire mourir les membres de l'homme terrestre qui est en vous : la fornication, l'impureté, les abominations, les mauvais désirs, et l'avarice qui est une idolâtrie. Si vous avez eu le malheur de commettre ces actions criminelles, si vous avez vécu dans ces désordres, il faut quitter tous ces péchés. La colère, l'aigreur, la malice, la médisance ; que les paroles déshonnêtes soient bannies de votre bouche. Ne vous contentez pas de ne plus vous abandonner à ces passions honteuses, et d'y renoncer, en vivant d'une vie chaste et honnête ; ne souffrez pas même en vous les autres vices qui ne paraissent pas si abominables aux hommes, et qui sont d'autant plus à craindre, qu'ils sont plus imperceptibles. Dépouillez-vous entièrement du vieil homme avec ses œuvres. Ne quittez pas seulement les vices et les péchés auxquels vous vous abandonniez autrefois ; prenez garde qu'en paraissant changés, vous ne renfermiez l'ennemi capital au-dedans ; que vous ne changiez de vices, et qu'une vanité secrette n'augmente en vous à mesure que vous paraîtrez plus réformés à l'extérieur. Il n'en est pas de l'orgueil comme des autres péchés que la vertu opposée détruit et anéantit : l'orgueil, au contraire, se glisse parmi les vertus, et naît de la vertu même : ainsi pour conserver l'humilité, il faut non-seulement être en garde contre le vice, mais même contre la vertu. Il n'y a, dit S. Augustin, que les mauvaises actions qui soient la matière des autres vices, mais les bonnes peuvent être celles de l'orgueil. Défaites - vous mêmes peu - à - peu de tous les mauvais désirs et des affections déréglées qui sont encore en vous après votre conversion, quoiqu'involontaires, et qui sont les effets de votre premier déréglement. Il faut porter le glaive de l'Evangile au-dedans de vous-mêmes, pour égorger les passions à mesure qu'elles renaissent, pour retrancher les malheureuses productions d'une nature corrompue, pour immoler au Seigneur tout ce qui est désagréable à ses yeux, pour lui consacrer sans réserve tout ce qui est en vous, ne souffrant rien en vous qui lui puisse déplaire. Il faut, à l'exemple du S. roi Josias, renverser, brûler et réduire en cendres les autels où l'on avait sacrifié à de fausses divinités; c'est-à-dire, qu'il faut détruire entièrement tout ce qui pourrait réveiller et ressusciter en nous le péché. Le feu de la charité doit réduire en cendres ce qui a été la matière de la cupidité. Il faut enfin étouffer tous les vices par les vertus contraires: l'orgueil, par la pratique de l'humilité; l'avarice, par des aumônes abondantes; la sensualité, par des œuvres pénibles et laborieuses, les jeunes, les veilles, l'abstinence, les privations de toute espèce.

Ce n'est-là, M. T. C. F., qu'un léger apperçu de ce que vous impose d'obligation l'exemple de ce peuple, qui, pour honorer Jésus-Christ, se dépouille de ses vêtemens et les étend sur son passage. Votre foi, votre piété doit suppléer à tout ce que j'aurais à vous dire sur cet important objet, que le tems ne me permet pas de développer plus au long.

Passons au second objet de cette Instruction.

Ce peuple ne se contente pas de joncher le chemin de branches d'arbres , de rameaux d'oliviers , de le couvrir de ses vêtemens , emporté par l'enthousiasme , il fait retentir l'air de cris de joie. Ce mouvement inattendu est inspiré par le sentiment de la reconnaissance : le souvenir des morts ressuscités , des malades guéris , de la multitude rassasiée plusieurs fois dans le désert , excite ces acclamations. Le peuple est bon : ses premiers élans sont communément dirigés par la justice : quand le peuple n'est pas influencé par les passions d'autrui , il est d'un sens droit. Ces bénédictions , ces louanges qu'il donne au Seigneur sont le tribut d'un cœur sincère et reconnaissant. Les uns précèdent , les autres le suivent , et tous d'un commun accord font éclatter leur joie , célèbrent son triomphe , et répètent à l'envi des cantiques d'allégresse , forment des vœux ardens pour sa gloire et pour sa prospérité : Hosanna , au fils de David : béni soit celui qui vient au nom du Seigneur : salut et gloire lui soient au plus haut des cieux.

Tel est , M. T. C. F., l'hommage que vous devez vous empresser de lui rendre dans cet heureux jour , pour célébrer son entrée dans vos cœurs. Mais la louange que vous lui devez , et qu'il exige de vous , ne doit pas être purement extérieure , semblable à celle que lui donne ce peuple qui ne le connaît pas. Elle ne doit pas être seulement sur vos lèvres ; elle doit être intérieure , c'est-à-dire , partir du cœur : elle consiste dans les sentimens que doivent produire dans vos ames l'amour et la reconnaissance. Quel était le grand mobile qui détermina de la part du peuple ces acclamations, ces louanges ? Le seul souvenir des bienfaits sans nombre dont il avait été comblé. Rappellez à votre mémoire tout ce que J.-C. a fait pour tous les hommes en général, et pour vous en particulier : et résistez, si vous le pouvez, à l'impression salutaire que doit faire sur vos cœurs le souvenir de ses immenses bienfaits.

Nous devons tout à l'amour gratuit de J.-C. envers nous ; il nous a choisis pour être ses membres. Le dernier dégré de la charité, dit S. Jean, est de mourir et de donner sa vie pour ce qu'on aime : l'amour de ses semblables ne peut être porté à un plus haut dégré de perfection. Admirez ici, M. T. C. F., l'amour de J.-C. pour nous. Il vous a aimés jusqu'à mourir pour vous : et dans quelles circonstances ! lorsque vous étiez, non ses amis, mais ses ennemis : il vous a aimés le premier ; il vous a faits ses amis ; il vous a traités comme les plus chers de ses amis ; il vous a aimés jusqu'à mourir pour vous, pour vous racheter, pour vous réconcilier à son Père. Pour vous marquer tout son amour, pour démeurer avec vous, ils institue un auguste sacrement, le gage toujours subsistant de son amour ; il fait de sa chair une véritable nourriture, de son sang un véritable breuvage : pour ne pas vous effrayer ni vous éblouir par l'éclat de sa majesté, il renferme sous les espèces du pain et du vin ce précieux sang, ce corps adorable. Celui qui mange la chair, qui boit le sang de Jésus-Christ s'unit intimement et se mêle avec Jésus-Christ par la charité et par une union comme naturelle et corporelle. Ce n'est point ici la manne que les Israëlites ont mangé dans le désert , et qui ne les a pas empêché de mourir : c'est ici le pain du ciel ; celui qui mangera ce pain vivra éternellement. Tout puissant qu'il est , quel gage plus assuré pouvait-il nous donner de son amour ?

A la vue de ces prodiges , opérés pour notre salut , quel homme pourrait garder le silence, et ne pas s'écrier avec le prophète : Que rendrai-je au Seigneur pour tous les biens que j'en ai reçus ? Je prendrai le calice du salut , et j'invoquerai le nom du Seigneur ; je chanterai à sa louange des cantiques ; je lui rendrai des actions de graces ; je lui offrirai mes vœux en présence de tout son peuple. Il n'est plus cet heureux tems , où la fureur exerçait son tyrannique empire , et comptait ses triomphes par la multitude de victimes qu'elle immolait ; ils sont passés ces jours de persécution. Tout homme animé de zèle pour la gloire de Dieu , embrâsé de l'amour de J.-C. et d'un ardent désir de lui être uni , doit sans doute regretter de n'avoir plus d'occasion de lui rendre sang pour sang , vie pour vie : mais consolez-vous , ames ardentes et pieuses ; s'il ne vous est pas donné de monter sur les échafauds, et de sceller de votre sang la profession que vous faites de croire en Jésus-Christ , et de mettre en lui seul toutes vos espérances , en avez-vous moins occasion de souffrir pour sa gloire , au milieu des scandales sans nombre dont nous sommes environnés , au milieu d'un monde profane qui se fait gloire de ne pas connaître Jésus-Christ , au milieu de tant de chrétiens qui ne le connaissent que pour l'insulter dans sa personne et dans celle de ses Elus ? Mais descendez dans le fond de votre cœur ; ne trouverez-vous pas de quoi lui faire un sacrifice, qui ne lui sera pas moins agréable que celui de votre mort ? C'est le fruit qu'il attend de sa passion, ayant fait éclater la grandeur de son amour envers nous, afin de s'attirer le nôtre par le motif d'une juste reconnaissance. C'est ce que nous fait admirablement sentir un Père de l'Eglise, par la comparaison de l'aimant avec l'amour de J.-C. : comme cette pierre merveilleuse a la force d'attirer le fer malgré sa dureté et sa pesanteur ; de même Jésus-Christ, cette pierre mystérieuse, qui par un excès d'amour est descendu du ciel pour s'approcher de nous, doit attirer par la vertu de cet amour nos cœurs pesans et attachés à la terre, et les contraindre d'abandonner leur insensibité pour lui, pour s'élever jusqu'à lui.

Occupez-vous, M. T. C. F., de cette solide réflexion, dans ces heureux momens, où dociles à la voix de l'Eglise, où sensibles à l'invitation de Jésus - Christ, vous vous disposez à vous ranger au nombre de ses disciples pour célébrer la Pâque : quelles louanges ne donnerez-vous pas à ce divin Sauveur ? Fidèle interprête de votre cœur, votre faible voix lui payera un juste tribut ; vous inviterez Jérusalem à le louer : *lauda Jérusalem Dominum.* Que toutes les nations applaudissent, quelles fassent retentir des cris de jubilation : *omnes gentes plaudite manibus.* Habitans des cieux, louez-le du plus haut du firmament : anges de Dieu, puissances célestes, cieux des cieux, louez toutes le Seigneur. Dans les transports

de votre joie , vous aurez même recours aux
êtres les plus insensibles , vous ferez parler
toute la nature pour le louer et le bénir. Vous
répéterez sans cesse avec le peuple Juif : Béni
soit celui qui vient dans moi pour y guérir ce
qui est malade , y fortifier ce qui est faible , y
redresser ce qui est courbé , pour éclairer mon
esprit , pour échauffer , pour embraser mon
cœur. *Hosanna in excelsis.* Qu'à jamais honneur , salut et gloire lui soient rendus dans le
ciel et sur la terre ; qu'il demeure en moi ,
que je demeure en lui , que je vive en lui ,
qu'il vive en moi, qu'il y réside éternellement,
qu'il y règne et qu'il y domine. Il est entré
dans Jérusalem en Roi. Dites à la fille de Sion :
voici votre roi qui vient à vous : c'est aussi en
cette qualité que nous devons le recevoir dans
nos ames.

Bien différent des rois, des conquérans de la
terre , le Sauveur , dit S. Augustin , n'entre
pas dans Jérusalem la force à la main , pour
exiger des tributs , et pour combattre visiblement ses ennemis : il y vient plein de douceur , *mansuetus* , pour gouverner les ames ,
pour conduire au royaume du ciel ceux qui
croiront et espéreront en lui. C'est ainsi qu'il
entre dans nos cœurs par la sainte communion. Rendons-lui donc tous les devoirs qui
sont dûs à un Souverain. Il vient pour régner
en nous , ayons pour lui une fidélité inviolable , un profond respect , une soumission parfaite. Que cette fidélité soit telle , qu'elle nous
empêche d'avoir aucune intelligence avec ses
ennemis ; que ce respect soit si profond , qu'à
l'exemple des vieillards de l'Apocalypse , nous
soyons prosternés devant le trône de l'Agneau

immolé pour nous ; que cette soumission soit si entière ; qu'il règne souverainement sur nos esprits , sur nos cœurs, sur nos sens et sur nos passions.

Est-ce ainsi que nous en usons ? Au-lieu d'avoir pour notre Dieu la fidélité qu'on doit à son roi, nous sommes des traîtres , qui , en le recevant, lui donnons un baiser de Judas , et qui ne nous approchons de lui que pour le livrer entre les mains da ses ennemis. Pouvons-nous dire que nous avons pour J.-C. ce profond respect qu'il mérite , quand nous voyons qu'on le reçoit avec autant d'indiscrétion que d'irrévérence ; celui-ci avec un esprit dissipé ; celle-là avec des yeux pleins de curiosité ; les uns et les autres le faisant passer d'une bouche impure dans un cœur uniquement occupé d'affaires et de passions ? Quelle soumission enfin avons-nous pour lui ? Hélas ! notre vie se passe dans une rébellion continuelle contre ses ordres ; et par notre conduite , nous semblons répéter sans cesse ce que les juifs disaient de lui au moment de sa passion : nous ne voulons pas que cet homme-là règne sur nous. Nous préférons Barrabas au Sauveur : c'est-à-dire , que nous prenons le parti de nos passions contre lui-même : nous ne rompons jamais véritablement avec elles ; nous faisons tout-au-plus trève de quelques jours, quand la Pâque approche : mais, dès qu'elle est passée , nous reprenons notre premier train de vie : ainsi une révolte continuelle se trouve où une soumission parfaite devrait se trouver.

Comment l'entendons-nous donc , M. T. C. F. ? En user ainsi, n'est-ce pas aller à la table du Sauveur comme à une cérémonie purement profane ? N'est-ce pas le traiter comme un roi de théâtre ; lui rendre pendant quelques heures des honneurs extérieurs , et n'en tenir plus aucun compte un moment après ? N'est-ce pas faire comme les juifs, s'agenouiller devant lui, l'appeller roi , et l'insulter en même tems ? Quoi donc ! ne ferons-nous donc jamais réflexion , et ne serons-nous jamais sérieusement frappés de cette vérité terrible , qu'en mangeant sa chair indignement, nous mangeons notre propre condamnation ?

Que la conduite des juifs nous fasse trembler , M. T. C. F. , parce que nous y voyons un modèle achevé de la nôtre. Il y a huit jours que les juifs voulaient lapider le Fils de Dieu ; aujourd'hui ils lui rendent des honneurs, et vendredi ils l'attacheront à la croix. Image , hélas ! trop vraie et trop sensible de ce qui se passe parmi nous ? Combien de chrétiens qui , ennemis déclarés de Jésus-Christ , il y a huit jours , lui donnent aujourd'hui des marques extraordinaires d'honneur et de respect par des œuvres extérieures de piété et ne religion, le crucifieront de nouveau dans cinq jours, et ne laisseront pas d'en approcher et de le recevoir dans la fête de Pâque ?

Pour remédier à ces malheurs et prévenir ces rechûtes , quittons véritablement nos péchés , quand il s'agit d'approcher de la Sainte-Table. Ah ! disait autrefois Samuël au peuple de Dieu , si vous revenez au Seigneur de tout votre cœur , ôtez du milieu de vous les dieux étrangers ; arrachez cette passion , qui est la divinité à laquelle vous sacrifiez. Si Dagon tombe , s'il est brisé en présence de l'arche du

Seigneur, les idoles de notre cœur, c'est-à-dire, l'ambition, l'avarice, l'orgueil, l'impureté, peuvent-elles subsister en présence de ce Dieu immolé sur les autels, dont l'arche n'était que la figure ? Dépouillons le vieil homme avant que de nous revêtir du nouveau; que le cœur répète toutes les louanges que la bouche donne à notre Dieu, ou plutôt que la bouche ne dise que ce que le cœur lui fait dire ; que la bouche ne soit que l'organe du cœur et l'expression du sentiment : mais donnons-lui sur nous un pouvoir et un empire souverain ; que chacun de nous lui dise, avec autant d'ardeur que de sincérité, ces paroles de S. Bernard : Venez, Seigneur Jésus, ôtez les scandales de votre royaume, qui est mon ame, afin que vous régniez seul en elle comme vous le devez. L'avarice y veut avoir sa place, l'orgueil y veut dominer, la luxure dit, j'y régnerai. Toutes les passions disputent en moi de moi-même. Je résiste autant que je le puis : je vous invoque, vous qui seul avez droit sur moi ; je vous appelle, vous qui êtes mon Dieu et mon Seigneur ; je n'ai point d'autre roi que Jésus. Venez donc, Seigneur Jésus, dissipez et détruisez ces ennemis par la puissance et la force de cette grace victorieuse, afin que vous régniez en moi, vous qui êtes véritablement mon roi et mon Dieu. *Amen. Amen.*

PASSION DE N. S. JÉSUS-CHRIST.

*Videte contemptores, admiramini et disperdimini.
Voyez, gens du monde, contempteurs de la croix ; ne
voyez même que par vos yeux : soyez remplis d'admiration, et tombez dans le plus profond anéantissement.*

Act. Apost. 13. 41.

Tout le corps de Jésus meurtri, tout son
sang répandu, tout ce qu'il a souffert, tout
ce qu'il aurait voulu souffrir de plus, s'il eût
été possible à ses bourreaux d'ajouter à ses
plaies, et d'imaginer une torture plus sanglante „ voilà le grand objet que je viens présenter aujourd'hui à votre étonnement et à
votre admiration. C'est cet événement annoncé dès l'origine du monde, prédit par tous les
prophêtes, et assuré dans tous les siècles, le
grand mystère de la rédemption de l'homme.
C'est ce grand spectacle mis dans tout son jour
dans Jérusalem. La nature elle - même en a
rougi ; les nations les plus barbares en ont
frémi ; les derniers âges le croiront à peine :
spectacle digne de l'enfer, s'il n'eût été réservé à Israël de donner à l'univers une scène
aussi horrible, aussi cruelle. Il fallait que
Jésus souffrît, et qu'il trouvât, jusques dans le
sanctuaire, des passions poussées jusqu'au
sacrilège, jusqu'au déicide.... Sont-ils plus
coupables que nous ces grands, ces magistrats, ces pontifes qui condamnèrent Jésus?
Ils n'étaient que les instrumens nécessaires
dans le grand œuvre de Jésus ; Jésus lui-
même a coloré une espèce d'ignorance qui les

faisait

fesait aveuglément agir. Il a sollicité et obtenu leur grace... Mais nous... Ah! M. F., épargnons-nous, pour quelques momens encore, la triste honte d'un parallèle du Nazaréen clouant Jésus sur la croix, et du chrétien né sur cette croix, et toujours plus insensible à cet amour immense qui put seul clouer Jésus sur la croix.

Quelques larmes passagères, quelques soupirs échappés à un spectacle le plus attendrissant, ne tromperont pas sans doute le cœur trop éclairé de Jésus, et ils ne doivent pas m'en imposer... J'aurai beau vous exprimer Jésus mourant pour vos péchés; j'aurai beau vous mettre sous les yeux la plaie générale dont il est couvert; j'aurai beau vous le peindre baigné dans tout son sang, je ne trouverai peut-être, hélas! que des oreilles mollement frappées, des cœurs les moins tendres et les moins sensibles.... Vous croirais-je assez impies?... A Dieu ne plaise, M. T. C. F.: je ne dois qu'espérer de vous inspirer un tendre amour pour Jésus, et un solide amour de sa croix, dès que je ne l'espère que de sa grace attendrie enfin sur toute notre insensibilité... Les rochers se brisent, les tombeaux s'ouvrent, et les ténèbres remplissent toute la terre. Il en doit coûter plus de prodiges sans doute à sa puissance pour vous toucher et pour vous convertir; et j'ose les demander pour vous ces grands prodiges de sa miséricorde... Je vais le suivre dans les parties les plus intéressantes de sa passion: je ne compte que toujours lire dans son cœur pour vous dire avec plus de force: voyez s'il est amour semblable, s'il est douleur comparable à la mienne ! *videte*. Amour immense, douleur incompréhensible de Jésus ! l'un et l'autre doit nous pénétrer d'étonnement et d'admiration : *admiramini*. O mystère incroyable ! ô Seigneur ! s'écrie le prophête, c'est votre ouvrage, c'est l'ouvrage de votre miséricorde et de votre amour ! Ecrions-nous, nous-mêmes, M. T. C. F., dans les transports du prophête : ouvrage, hélas ! où un Dieu meurt pour des rébelles et pour des ingrats ; où ingrats et rébelles vous-mêmes, il meurt peut-être inutilement pour vous ! Oui, pécheurs invétérés, pécheurs incorrigibles, Jésus souffrant, Jésus mourant, ne sera peut-être qu'un Sauveur et un Rédempteur inutile pour vous ; vous serez baignés dans son sang dans cette quinzaine, vous en serez abreuvés ; et le dirai-je? au grand regret de Jésus, vous ne saurez pas encore l'aimer. Ah ! que n'ai-je des paroles enflammées, et que n'ai-je pu tremper ma plume dans le sang même de Jésus, pour allumer enfin dans vos cœurs un amour tendre, un amour durable pour Jésus ! Ah ! M. F., ah ! pécheurs toujours chers à Jésus, vous ne pouvez pas au moins refuser votre attention et votre admiration : *admiramini*. Le verriez-vous dans Gethsemani, chez Caïphe, dans le prétoire, sur le Calvaire, sans en frémir, et sans apprendre à l'aimer? . . . Je vais enfin le mettre sous vos yeux dans des situations si touchantes. N'attendez cependant de moi que le bien triste langage de mes sanglots et de mes soupirs : et quel ordre aurais-je pu donner à un discours où l'on ne s'exprime bien en effet que par les larmes et les gémissemens?

En deux mots : l'immolation de Jésus dans son cœur, par les humiliations et la tristesse qu'il éprouve : l'immolation de Jésus - Christ dans son corps, par les tourmens qu'il endure, c'est le plan général des deux parties de ce discours. Immolation faite pour nous racheter, pour nous instruire, pour se faire enfin aimer de nous. Exposition simple, imitée même des Pères. Et dans un événement aussi rapide, aussi accablant, chaque trait bien développé doit nécessairement vous toucher et vous instruire. O croix toute adorable, ô croix toute imbibée du sang de Jésus, pourrais-je mieux l'espérer que de vous-même et par vous-même! on n'étudie, on n'aime bien Jésus qu'à vos pieds : nous nous empressons d'y porter les plus sincères hommages. *O crux ave*, etc.

Le Tout-Puissant offensé, et ne voyant dans tous les siècles que des hommes perfides et révoltés, pouvait-il ne pas leur destiner des peines éternelles ? Les murmures de l'impie ne peuvent pas sans doute nous faire penser différemment. Il y a un Dieu juste, et dont les jugemens ne sont qu'équitables : il y a un Créateur, un Tout-Puissant toujours jaloux, toujours sensible, et il devait toujours être offensé et outragé par des hommes : mais sa miséricorde, caractère dominant dans son cœur, eut toujours les droits de préférence dans ses ouvrages. Il est infiniment bon, s'il est infiniment juste ; et à en juger par les prodiges de son amour, la qualité de Dieu lui fut peut-être moins chère que celle de créateur et de père..... Mais quelle préférence pouvait trouver l'homme sur l'ange rébelle ? Et ne devint-il pas bien rébelle lui-même ? Il avait été

séduit ; il était plus faible ; il pouvait s'humilier devant Dieu , et il pouvait l'aimer. N'envisageons que son néant et sa faiblesse. Il était
de tout l'amour de Dieu et de sa miséricorde
de le racheter. Mais à quel prix doit-il l'être ?
Le sang des animaux n'était qu'une ombre stérile , une image trop grossière , incapable de
satisfaire le Tout-Puissant : seule victime digne de Dieu , Jésus doit et va être immolé
pour l'homme.

Les cris du péché étaient enfin portés avec
plus d'éclat jusqu'au trône de Dieu ; le sang
de Jésus , qui avait déjà coulé dans le sein des
apôtres , ne devait pas suffire apparemment à
laver l'orgueil de l'homme, à effacer la révolte
de tous les siècles , à calmer la trop juste colère du Tout - Puissant ; il fallait que Jésus
souffrît tout l'opprobre de la croix ; que cet
Homme , seul juste parmi les hommes , op-
posât des souffrances infinies à leur révolte
infinie , et qu'il acquît , par des souffrances
aussi extrêmes , le droit de calmer son Père
dans tous les tems , de sanctifier , de rendre
éternellement heureux ces insensibles , ces ingrats, ces rebelles. Son heure était marquée :
déjà il avait fait connaître son Père ; déjà il
avait appris aux hommes à être purs , à être
chastes , à être humbles. Sa toute-puissance
avait éclaté par des prodiges dignes de Dieu ;
la mort même avait respecté sa voix ; les peuples ne savaient que l'aimer et l'admirer ; et
tous les grands de la Sinagogue avaient été
forcés de le respecter. Déjà il avait rempli sa
course et sa mission , et tout était consommé:
l'Eglise était établie ; sa hiérarchie était ordonnée pour tous les tems. Son heure était

marquée ; elle était enfin venue ; toute la rage de l'enfer allait éclater ; les péchés de tous les hommes allaient devenir son accablant fardeau ; il devait racheter les hommes , et les hommes même devaient l'immoler. . . . Que l'enfer toujours trop jaloux eût osé l'entreprendre , et qu'il eût sacrifié Jésus pour les hommes , sa rage eût peut-être éclaté avec moins de fureur que dans les hommes : mais que les hommes deviennent eux - mêmes les bourreaux de leur Rédempteur. Ah ! Seigneur, c'est à ce trait le plus odieux et le plus infâme pour l'humanité , que je reconnais et que j'adore le plus tout votre amour pour les hommes. Qu'étaient-ils donc , et que sont-ils encore à vos yeux ? Vous les aimiez dès-lors malgré leurs sacrilèges , malgré leur dureté ; elle ne pouvait pas même arrêter vos impétueux désirs pour la croix : *desiderio desideravi.* Ils vont enfin être satisfaits ; et les hommes même vont vous rassasier de tourmens et d'opprobres... Renouvellons d'étonnement et de confusion , *admiramini :* ouvrons enfin cette scène horrible qu'ils vont donner à l'univers et à l'enfer étonné lui-même. Voyons la préparation qu'y apporte Jésus. Il commence par s'immoler lui-même ; sa divinité l'abandonne, pour-ainsi-dire , à toute son humanité. Dans ce jardin célèbre, confident ordinaire des vœux empressés qu'il rendait à son Père, il ne trouve, il ne voit dans lui que l'homme, ou plutôt il voit tous les hommes se réunir tous à l'offenser et à l'outrager. Il leur propose , il leur destine une félicité éternelle , et il les voit aveuglément occupés des tristes félicités de la terre ;

il leur ouvre la porte du ciel , et il leur assure
la possession éternelle du souverain bonheur ,
de Dieu même, et il les voit voler en foule aux
flammes éternelles de l'enfer , enivrés qu'ils
sont des vanités du monde. Le cénacle a déjà
vu le premier sacrifice de son sang ; ce sang
doit être encore immolé sur le Calvaire ; et il
voit que le plus grand nombre des hommes ne
doivent que le fouler aux pieds , et en faire
le breuvage assuré de leur damnation éternelle. Des considérations aussi vives et aussi
accablantes le saisissent du plus profond ennui , *cœpit taedere* ; et son ame en est triste
jusqu'à la mort , *tristis est ad mortem.....*
Onias voit le temple pillé et profané par Hé-
liodore , l'altération de son visage annonce
toute sa douleur : quelle désolation dans Jésus ! quelle pâleur ! quel abattement ! quel sai-
sissement de son cœur , de voir son corps profané dans ce nombre infini de temples vivans !.... Plein de douleur , Jacob aurait été
chercher Joseph jusques dans les entrailles de
la terre , pour lui rendre la vie, lorsqu'on lui
annonçait sa mort : ah ! Jésus ira jusqu'au
Calvaire , jusqu'à la croix , et il y ira inutilement pour plusieurs hommes : qui pourrait
marquer toute l'amertume qu'il en ressent ?
Les expressions doivent me manquer ; son
amour peut seul développer les ressentimens
de son cœur : lisez-y vous-mêmes, M. T. C. F.,
et voyez les regrets , les craintes dont il est
dévoré. Cette partie si sensible dans Jésus est
abîmée , noyée dans une mer d'amertume ;
une tristesse mortelle s'en est emparée , *tristis
est ad mortem. . . .* Il tombe dans une agonie

violente ; les symptômes de la mort en annoncent les approches, et un miracle de toute sa douleur dans cette agonie extrême, c'est une sueur de sang qui tombe à grosses gouttes de tout son corps, et qui en découlent précipitamment. Jésus succombe, et se meurt déjà de tant de faiblesse : il ne trouve aucun secours dans trois disciples plongés dans un profond sommeil. Etendu par terre, à peine peut-il lever ses yeux mourans ; à peine peut-il élever et faire entendre sa faible voix : Grand Dieu ! l'excès de mes douleurs peut-il suffire à votre justice ! Ah ! si elles ne sont qu'inutiles pour tant de pécheurs, ah ! mon Père, épargnez-moi toutes celles qui m'attendent encore, et que ce calice de votre colère, dont je dois boire jusqu'à la lie, soit détourné de devant moi : tout vous est possible, et vous m'aimez en Dieu et en Père. Mais, que dis-je, ô homme ! l'homme parle chez moi : non, mon Père, je ne dois qu'écouter et suivre votre volonté, et non la mienne, *non quod ego volo, sed quod tu.*

Telle fut la première et la préliminaire passion de Jésus ; tel fut le martyre de son cœur ; telles furent les inquiétudes et les regrets de son amour pour nous : ah ! qu'ils sont touchans ! mais qu'ils sont terribles pour vous, pécheurs endurcis, pécheurs incorrigibles !... Ames justes, ô vous qui savez lire dans le cœur de Jésus un amour aussi inquiet, un amour aussi tendre ; qui savez l'adorer, qui savez le prier, qui savez l'aimer, il est dans Gethsémani votre modèle ; priez avec autant d'humilité, avec autant d'attention, avec autant d'instance, avec autant d'inquiétudes pour vos

frères : vous ne le trouvez pas toujours , parce
que souvent vous ne vous trouvez pas vous-
mêmes : il fuit aux regards empressés que vous
lui portez ; il vous punit ; il vous éprouve :
mais quelle diférence de votre onction et de
votre patience à la sienne ! Il tombe en agonie ; il sue à grosses gouttes de sang , priant
son Père ; et vous , justes , le dégoût et la sé-
cheresse ne vous rendent et ne vous trouvent
peut-être , que las , impatiens dans vos prières... Enfin un ange vient consoler Jésus. O
justes , vous êtes encore mieux partagés : si
vous avez su souffrir dans vos oraisons , Jésus
vient toujours vous y consoler lui même.

Il parlait à ses disciples à peine éveillés aux
justes reproches qu'il leur faisait. Ah ! Jésus
souffrait, et ils pouvaient dormir ! image sans
doute bien naturelle d'un sommeil dont l'E-
glise a toujours souffert elle-même. Jésus parlait pour la dernière fois à de premiers apôtres
encore assoupis, et voici une basse soldatesque
qui s'avance ; elle est conduite et commandée
par Judas même. Quoi ! un apôtre ! oui, M. F.,
un apôtre , un traître , un scélérat , un sacrilège , l'enfant de perdition , en un mot ; il a
vendu trente deniers son cher maître : il avait
fait une communion indigne ; rien ne lui devait coûter... Un regard de Jésus doit convertir Pierre ; tout le sang de Jésus est dans le
cœur de Judas , et il ne le doit mener qu'au
désespoir. Ce traître s'avance avec sa troupe ,
et donne le signal convenu : il embrasse Jésus
pour le faire connaître et le faire saisir ... O
cieux , soyez dans le plus grand étonnement !
un apôtre vendre Jésus, et le trahir par un
baiser ! O hommes , soyez vous-mêmes dans le

plus grand étonnement ! Jésus terrasse cette vile soldatesque d'un seul regard , et Judas n'est pas mis en poussière à ses pieds ; connaissez mieux Jésus, M. T. C. F. ; il ne lui fait que de doux reproches , et il ne l'appelle que son ami : Vous trahissez , vous livrez le fils de l'homme , lui dit - il ; à quelle extrémité en êtes-vous venu ? *Amice , ad quid venisti ? filium hominis tradis....* O vous plus coupables de nos jours, plus impies, plus avares que le perfide apôtre , combien de fois un vil intérêt , un vain attachement à votre sens erroné et indocile , à votre cupidité toujours fougueuse et jamais domptée , combien de fois vous a-t-il fait trahir et livrer Jésus par des dehors étudiés , suivis , et servilement accordés au caractère et à la place ! Oui , pécheurs plus effrénés , Judas fut moins éclairé , moins intéressé, moins coupable que vous ; le sanctuaire ne souffre que votre indifférence , vos mépris ; faut-il qu'il souffre encore à cette Pâque vos perfidies , vos sacrilèges ? Faut-il que la bienséance, que la crainte , que le trouble , que la déraison même vous y mène ? *Filium hominis tradis.* Ah ! si l'impiété n'a pas encore éteint de dernières étincelles de votre foi ; si l'intervalle que le monde et la bienséance semblent vous donner , vous trouve susceptibles de quelque attention sur tout l'amour de Jésus , pourriez - vous , oseriez - vous encore le trahir et livrer à ce que la réputation , l'intérêt , la bienséance , l'usage au moins exigent de vous dans cette Pâque ? Mais quoi ! l'horreur d'une communion sacrilège ! quoi ! une mort éternelle qui en est l'irréparable fruit ? Mais non : je ne saurais m'en faire une crainte

si horrible , et je ne prétens toujours vous bien
toucher que par le portrait toujours plus frappant de l'amour et des souffrances de Jésus.

Le voilà livré entre les mains des pécheurs ;
le voilà en leur puissance : ses apôtres prennent la fuite ; et deux grands et deux nouveaux
miracles ne peuvent pas même donner quelque confiance à Pierre : le pasteur est frappé ,
et les brebis fuyent et se dispersent.... On lie
les mains de Jésus, on précipite ses pas ; il ne
pouvait être , hélas ! que bien faible , sortant
d'une agonie : on le traîne , on le bat , on
l'outrage.... Mais ô fureur des princes des prêtres et des magistrats du temple , ils courent
à sa rencontre. Eh quoi ! leur dit Jésus , vous
venez à moi comme si j'étais un voleur , *tanquam ad latronem...* Ils en ont tout le caractère et tous les traits , dit S. Chrysostôme ; ils
vous traitent , ô mon Dieu , avec bien moins
d'égards et bien moins d'indulgence ; et des
prêtres , des magistrats , des grands entiére-
ment déplacés ne rougissent pas d'augmenter
le nombre des gardes qu'ils ont employés...
des scribes, des juges , des grands , des sages si
grossiérement avilis, voilà donc en effet cette
puissance des ténèbres dont leur parle Jésus ,
et une conspiration des grands états décidée
contre lui ! . O peuple , vous ne sûtes toujours
qu'aimer et admirer Jésus ; vous ignorez encore le sort barbare qu'on lui destine ; vos magistrats et vos prêtres vont vous l'apprendre
par le plus odieux spectacle : voyez donc , ô
peuple toujours plus sensible , voyez celui qui
depuis peu avait trouvé dans vos empressemens , ces acclamations si honorables , où
votre reconnaissance fidèle avait marqué les

obligations que vous lui aviez, et avait annoncé si hautement sa divinité et sa toute-
puissance : voyez Jésus en proie à toute la fureur de vos grands ; doivent-ils donc encore
vous en imposer ? Eh ! que n'arrachez-vous
d'entre ces bras parricides un Sauveur qu'ils
n'ont jamais voulu reconnaître, et que vous
savez adorer ?... Arrêtez... Il faut qu'il meure
même pour vous ; ne retardez pas même un
amour qui le mène à la mort pour vous
donner enfin la vie : son Père lui fait boire ce
cher calice ; ne l'honorez aujourd'hui que par
vos soupirs et par vos larmes ; sentez avec lui
la honte et la confusion publique dont on l'accable. Quelle consolation et quelle leçon plus
intéressante peut-il vous donner, ô peuple
toujours plus humilié et toujours plus malheureux ! vos riches et vos grands n'observent
pas même qu'ils doivent tout à vos bras ; ils
vous traitent comme Jésus fut traité lui-même.... Voyez avec quelle dureté, avec quelle
avidité de son sang, ils l'emmènent chez
Caïphe avec les fers dont Anne l'avait chargé
chez lui.

Le conseil ne se devait tenir que le lendemain de très-grand matin, chez le souverain
pontife : jusques-là et dans tout le cours de la
nuit... Ah ! M. F., pourriez-vous l'imaginer ?
Un souverain pontife permettre chez lui, je
ne dis pas les bassesses les plus indignes de sa
place et de sa maison, mais permettre, et
peut-être ordonner une cruauté barbare exercée sur Jésus ; le livrer, en un mot, à la fureur qu'il a pu inspirer et trouver dans toute
une soldatesque et dans sa livrée.... C'est une
fête horrible, où dans le grand nombre de

ceux qui la composent , et à l'issue d'une table aussi déréglée , chacun s'empresse d'humilier, de mortifier , d'outrager , de battre Jésus : on lui crache au visage, on lui donne des souflets; on lui bande les yeux , et après l'avoir frappé , on lui dit par dérision : devine qui t'a frappé ; on le traite en un mot comme le dernier des hommes ; et ce qu'avait prédit Isaïe de ce trait de la passion de Jésus est entièrement exécuté... Quoi ! Jésus , le Dieu de toute grandeur , la grandeur même, en proie aux fureurs d'une brutale livrée ! Quoi ! le visage de Jésus meurtri de souflets , inondé de crachats !... O homme , ton orgueil porté jusqu'à mépriser ton Dieu , et porté jusqu'à cet excès ; ton orgueil , quelque coupable qu'il soit , il est sans doute expié par cette étonnante humiliation de Jésus : c'est un anéantissement où l'on ne peut que bien comprendre sa patience et son amour.... Et quelle leçon pour vous , grands du monde ! vous n'êtes grands que par lui , comparés à des hommes vos semblables qu'il a bien voulu vous soumettre : il est la grandeur ; vous n'en êtes ques les faibles images , images toujours chères à ses yeux ; il vous a placés lui-même au-dessus de nous ; un vain éclat vous surprend et vous aveugle ; et pour vous éclairer dans tous les tems sur le néant de votre fausse grandeur , il vous présente sans cesse tout cet avilissement où son amour pour vous le fit tomber chez Caïphe. Admirez donc , grands du monde, et soyez dans la plus grande confusion , *admirámini et disperdimini* ; suivez l'auteur de votre grandeur ; suivez encore Jésus dans ses nouvelles humiliations.

Dois-je passer sous silence, M. T. C. F.,
toute celle qu'il reçut de la part du chef même
de ses disciples? Dans une première séance en
arrivant chez Caïphe, il subit un premier in-
terrogatoire, où il reçoit, en présence de son
juge, un outrageant soufflet : Pierre qui l'avait
suivi de loin, arrivé enfin chez le pontife,
s'était confondu parmi des valets et des soldats : devait-il abandonner ainsi son cher maître, après les grandes assurances qu'il lui avait
données, de mourir même avec lui ? Ah !
restant à ses côtés, il n'eût jamais été infidèle
ni parjure ; jamais il ne l'eût vu plus digne de
son amour et de son admiration. Il était dé-
placé, et une vile servante sait lui en imposer.
Ah ! lavons dans les larmes qu'il répandit, et
dans le sang qu'il a versé pour Jésus, le bas reniement qu'il fit de Jésus. Nous l'imitons tous
les jours dans nos respects humains, dans nos
craintes basses et humaines : la grace même a
toujours un tendre regard pour nous rappeller ; mais trouve-t-elle jamais la douleur sincère et les larmes durables de S. Pierre ?

Le jour succédait enfin à tant de ténèbres ;
et des mains infâmes qui pendant toute la nuit
l'ont outragé chez Caïphe, Jésus passe immédiatement sous les yeux de ses juges assemblés
précipitamment chez ce pontife..... Cité fi-
déle, si célèbre autrefois par les lumières et
par la sagesse de ses tribunaux, *civitas fidelis* ;
la religieuse équité y dictait les plus sages arrêts, *justitia habitavit in eâ* ; les grands hommes qui les prononçaient, savaient craindre
Dieu et respecter les hommes ; ils ne sont plus
aujourd'hui que des homicides, *nunc autem
homicidae* ; et ils vont entreprendre de juger

Dieu même : sont-ils compétens ? Ont-ils d'irréprochables témoins ? Ont-ils des instructions sûres ? Ont-ils une accusation juridique contre Jésus ? Ils n'ont que leur haîne ; ils n'ont que leur rage , *homicidae sunt.* Ils cherchaient , ils imaginaient quelque imputation , quelque déposition au moins apparente contre Jésus ; et si grande était son innocence, sous leurs yeux mêmes , ils n'en trouvaient pas ; il ne s'en présente que de fausses ou de contradictoires. Voici la plus spécieuse et la plus ridicule sans doute. Jésus a dit : je détruirai ce temple , et dans trois jours je le rétablirai ; elle ne parut , et elle ne dut paraître que bien faible ; et Caïphe appercevant le mépris qu'en faisait Jésus par un profond silence , s'approcha de lui , prétendant le condamner par lui-même. Etes-vous , lui dit-il , le Christ , fils du grand Dieu ? *tu es Christus , filius Dei benedicti ?* Je le suis, répond Jésus , et vous le verrez un jour assis sur la nuée , à la droite du Tout-Puissant , *videbitis sedentem a dextris virtutis Dei*. . . . A ces mots, Caïphe pâlit , et déchirant ses habits dans sa fureur , il viole une loi : qu'est-il besoin de témoins , s'écrie-t-il ; et quelle preuve plus convaincante et plus complette ? Avez-vous entendu un tel blasphême ? Eh ! n'est-il pas digne de mort ?.. . Tous l'y condamnèrent , *omnes damnarunt....* O jugement le plus injuste ! il caractérise évidemment de tels hommes et de tels juges : ce ne sont que des homicides et des déicides , *homicidae sunt.* Connaissez-les mieux encore : ils chargent Jésus , en le quittant , de mille outrages et de mille injures. A-t-on jamais vu des juges en venir à une extrémité aussi flétrissante ? Et un criminel condamné à mort ne trouva-t-il pas toujours et par-tout de la compassion et de l'humanité ? Jugement le plus aveugle : un seul hommage rendu à la vérité éternelle , la confession que fait Jésus de sa divinité méritait-elle donc une aussi odieuse condamnation ? Jésus ne dit mot à un arrêt aussi injuste: insensibilité seule capable de démontrer sa divinité , et dans laquelle Tertullien voit évidemment un Dieu aux excès des outrages et des humiliations qu'il endure , sans aucune de ces impatiences qui ont toujours échappé aux plus grands hommes.... Vous le dirai-je , ô juges de la terre ? l'insensibilité de Jésus devant toute une magistrature , que vous dit-elle à vous-mêmes ? Ce pauvre dénué de tous les moyens qui mènent jusqu'à vous , et qui ignore même tant d'avenues qui y mènent, qui ne peut pas faire parler tous les organes qui vous instruisent , qui ne sait pas parler lui-même, et qui n'a devant vous que cette humble immobilité de Jésus devant ses juges , c'est Jésus même ; que trouve-t-il dans vos yeux ? Que trouve-t-il à vos pieds ? Objet cependant d'autant plus cher et plus respectable , que dans notre institution même , il doit trouver , je ne dis pas la préférence , mais un empressement d'autant plus grand à le servir , qu'il est moins pourvu de secours et de moyens , qu'il est plus vivement opprimé , et que vous êtes autant ses défenseurs que ses juges ; je dis plus, et dans un si beau jour pour les malheureux , il est , aux yeux de votre foi plus vive et plus compatissante , il est Jésus rempli des mêmes humiliations ; il est votre frère ; et il est racheté comme vous du sang de Jésus..... Ah !

l'arrêt en est porté ; il va couler à grands flots. Renouvellons d'étonnement et d'admiration : Jésus va consommer l'immolation de son corps par les tourmens les plus horribles : prenons un moment pour en gémir ; adressons un nouvel hommage à cette croix sacrée qui va le recevoir : *Ô crux ave*, etc.

Tout est possible aux grands du siècle : ils savent tout entreprendre et tout employer ; le peuple les craint et les adore ; il n'est dans leurs mains qu'un vil instrument dont ils se jouent. Des miracles les plus frappans l'avaient cependant dévoué à Jésus ; et jusqu'à ce jour précieux où il devait mourir pour nous, le magistrat, toujours indisposé contre Jésus, n'avait su que le respecter, redoutant sans doute un peuple nombreux toujours soulagé par Jésus, et lui marquant toujours l'adoration la plus fidèle... Enfin ce même peuple, qui pouvait et qui devait par tant d'endroits délivrer Jésus, ce même peuple craint ses grands, et épouse toute leur rage. La multiplication des pains dans le désert, la résurrection du Lazare, tout est déjà oublié. Ce bas reniement de tout un peuple n'a sans doute rien de bien étonnant : charnel et grossier, le peuple ne voit que par ses sens ; il n'écoute que sa fureur ; il est cruel ; il est extrême. . . . Quand Jésus, avec cinq pains, rassasiait cinq mille hommes ; quand il marchait sur les eaux ; qu'il commandait à la mer ; qu'il ressuscitait les morts, il était admiré ; il était adoré ; il était aimé. Il sort de chez Caïphe avec tout l'appareil d'un homme condamné à la mort : une tête horrible, un visage meurtri et couvert de crachats ; la synagogue triomphante enfin...

enfin... spectacle affreux , où le peuple déconcerté ne peut envisager que l'air satisfait de ses grands, qui ne rougissent pas même d'accompagner Jésus... Impression fatale, préjugé des sens ; fatale et ridicule religion du peuple ; triste objet du ridicule qu'y donne l'impie, que ne vous éclipsez-vous enfin aux flambeaux toujours ardens avec lesquels des pasteurs zélés et éclairés ne cessent de vous combattre... O peuple ! vous êtes léger , vous êtes faible , vous êtes difficile , dur , obstiné ; vous vivez et vous mourez dans les ténèbres d'une superstition la plus coupable ; votre foi est toute dans l'habitude et dans les sens : ce peuple , dans Jérusalem , n'en suivit que la funeste impression ; comme lui , vous êtes extrême , et vous allez vous reconnaître dans ses excès... Jusques-là il était craint , et les entreprises du sanhedrin n'avaient pu paraître qu'assez timides : Pilate même devant qui ces pontifes trop avilis ont la bassesse de traduire Jésus, Pilate apprend à respecter sa vertu, son innocence , et il aurait voulu l'arracher à leur aveugle fureur. Les vôtres , plus animées encore , peuple barbare , les vôtres l'obligèrent à s'avilir et à compromettre l'autorité de César , et vous fûtes en effet le malheureux organe qui sollicita par de si hauts cris la mort de Jésus , et le puissant instrument qui la lui fit donner aussi cruelle : vous seul en imposâtes à Pilate ; vous seul le déterminâtes ... O peuple qui m'écoutez, peuple peut-être aussi aveugle, aussi extrême, voyez dans cette triste comparaison vos fureurs sacrilèges; voyez tant de confessions , tant de communions indignes ; voyez-y tout ce qu'une singulière ma-

lignité vous inspire de mépris et d'outrages
contre Jésus et contre ses ministres vos pasteurs : et ne sait - elle pas , hélas ! vous les
rendre encore des Pilates trop faibles et trop
timides ?

Déjà prévenu de l'entreprise grossière de la
synagogue , Pilate ne reçoit que froidement
les prétendues sérieuses accusations portées
contre Jésus. Et qu'a-t-il fait , dit-il avec un
air d'assurance capable d'intimider ses infâmes
accusateurs ? Il ne tient pas même compte
d'un trait qui devait seul l'intéresser , et par
lequel Jésus est accusé de défendre de payer
le tribut à César , lui qui l'avait payé si exactement et si miraculeusement. Il connaît Jésus ; et tandis que ces pontifes si délicats se
font un scrupule de commettre une impureté
légale en entrant dans le prétoire , Pilate y
appelle Jésus pour l'entendre seul s'accuser
lui-même. Jésus trouve dans lui quelque vertu ; il ne dédaigne pas de l'instruire , ou plutôt il ne doit point varier ni se dissimuler lui-
même... Oui , je suis roi , dit-il à Pilate , et je
suis né pour l'être : mais mon royaume n'est
pas de ce monde ; je n'y suis venu que pour
rendre témoignage à la vérité ; et une preuve
que j'en ai fait mon seul objet , c'est le triste
état où vous me voyez, et tout ce que je souffre
pour elle. Si j'avais pu ambitionner la trom-
peuse condition des rois de la terre , et si
j'avais voulu m'y placer , mes sujets me tire-
raient sans doute de celle où vous me voyez
en proie à la fureur des Juifs... Une déclaration aussi naturelle et aussi juste ne trouva
que de l'approbation dans Pilate : persuadé
d'ailleurs combien il était innocent , et com-

bien enflammées étaient la jalousie et l'envie de ses accusateurs, il se flattait toujours de pouvoir le délivrer ; poussé sur-tout par ce qu'il en coûte à condamner un innocent, et déterminé par les sages frayeurs de son épouse, et par l'admiration toute particulière que lui donne Jésus, Pilate ne peut voir dans Jésus qu'un homme, et il est homme lui-même : toute sa commisération va le céder à une délicatesse, à une bienséance et à des considérations toutes humaines... Vous ne pouvez pas, juges de la terre, vous défendre contre l'évidence d'un droit que tout caractérise ; et des organes gagés ou d'aussi vils instrumens ne peuvent que difficillement obscurcir les lumières que vous pouvez et que vous devez en prendre vous-mêmes ; vous êtes bien nés et dignes des places que vous occupez ; et les cris de cette partie et de cette victime que vous allez immoler, vont percer et déchirer votre cœur ; vous la condamnez pourtant, et vous l'immolez. Un grand, une épouse, ou une personne plus chère vous ont sollicité : vous êtes hommes, hélas ! et des Pilates aussi coupables. Ce juge que vous imitez, craint comme vous de trouver dans Hérode un grand trop jaloux de son autorité. Tout l'intimide ; la présence de ce Prince dans Jérusalem, et la circonstance particulière où il se trouve d'avoir mérité sa disgrace ; il ne sait qu'insister sur l'innocence de Jésus, et il n'ose pas la prononcer. Il le fait conduire chez Hérode, aux cris pleins de blasphèmes d'un peuple déjà en fureur... Jésus devant un roi ! Jésus à la Cour !... O mon Dieu ! c'est-là où le mensonge se montre avec le plus de graces et avec le plus d'éclat ; et c'est-là où il s'empresse de nous dérober des hommages qu'on n'y sait rendre qu'à l'intérêt, qu'à la faveur ; et c'est-là où vous vous empressez d'étaler les saintes horreurs de votre passion ; vous qui avez élevé Hérode sur le trône, qui êtes le seul et le véritable dispensateur des sceptres et des couronnes. Plus vous voyez l'homme ingrat vous méconnaître dans une première place que vous lui avez confiée, et s'y méconnaître lui-même, plus vous daignez opposer à son orgueil, et votre humilité et votre amour : vous refusez des miracles ; vous ne voulez pas même parler ; et par un aussi sage silence, vous dites à tous les rois, à tous les grands de la terre : Si pour racheter l'univers, si pour rendre heureux tous les hommes, j'humilie ma divinité, j'immole toute mon humanité, vous qui me représentez et que j'ai préposé sur vos frères et sur des hommes, pouvez-vous, cendre et poussière comme eux, pouvez-vous ne pas être humbles et humiliés vous-mêmes ? Pouvez-vous ne pas tout sacrifier pour vos sujets ?... Le meurtrier de Jean-Baptiste ne pouvait pas sans doute entendre ce beau langage dans tout le silence de Jésus... O rois, ô grands de la terre, vous ne voulez pas l'entendre vous-mêmes ce beau langage, et la croix n'est toujours pour vous qu'un scandale et qu'une folie ; votre orgueil vous en dérobe l'éclat, et tout ce qu'elle peut vous en dire ; une vie passée avec le plus d'agrémens, voilà ce que la croix de Jésus ne peut jamais effacer de votre cœur ; et le prophète qui ose vous la présenter n'est que Jésus lui-même, couvert d'une robe qui marque tout le

mépris que vous en faites. . . . . O pontifes , ô
prêtres de Jésus , vous ne pouvez en effet intéresser et toucher les grands , qu'en leur re-
présentant chez vous l'innocence et la patience de Jésus chez Hérode : votre humiliation doit seule les condamner ; et fussiez-vous ,
comme Jésus, baffoués, joués chez les grands,
votre silence seul les confond et vous honore.

Jésus ne fut que méprisé et regardé comme un insensé chez Hérode ; et Pilate ,
toujours porté à le justifier, proteste encore
et avec plus de fondement de son innocence :
non , assurément , dit-il aux Juifs , il n'est
point digne de mort ; et vous devez au moins
en croire un roi : *remisi vos illum et ecce
nihil dignum morte actum est ei...* Pilate ne se
rebute pas ; et vous voyez combien il est
frappé de la crainte de commettre en effet la
plus haute injustice ; il saisit un expédient qui
naturellement devait opérer l'entière délivrance de Jésus. Il avait le droit , et il était dans l'u-
sage d'accorder celle d'un criminel à la Pâque :
voulez-vous au moins , peuple cruel , que je
donne la préférence à l'innocent Jésus sur Barrabas ? Barrabas ! un séditieux , un meurtrier ,
un infâme voleur !... Ah ! M. F. , c'est ici
où l'on voit l'homme dans les excès extrêmes
où il peut tomber , et où il faut encore plus
admirer l'amour de Jésus pour l'homme , *admiramini.* Trop fidèles historiens , avez-vous
bien pu nous l'apprendre ? Vous le dirai-je ,
M. F. , et pourrai-je assez m'exprimer sur une
préférence aussi monstrueuse ? Des cris horribles , des cris sanglans s'élèvent de toute
part. Pilate ne peut plus parler pour Jésus ; il
ne peut plus solliciter la préférence pour Jé-

sus ; elle est accordée à Barrabas : *non hunc, sed Barrabam.* Ne rougissez , M. F., que d'une préférence plus odieuse et plus ordinaire que vous donnez tous les jours à un vil intérêt , à une vile créature... Un plaisir d'un moment, cet intérêt suivi avec tant d'injustice , avec tant de passion , dont le triste produit vous mène à de si grands désordres , c'est ce monstrueux Barrabas que vous préférez tous les jours à votre créateur et à Jésus... Femmes mondaines, idoles du tems , vous avez , hélas ! toutes les préférences ; vous voulez plaire , et vous cherchez toujours à plaire : un art plus étudié et plus employé que jamais , vous y rend toujours trop heureuses : vous plairez ; et ces cœurs de chair que vous enlevez à Jésus , sont un bien triste triomphe que vous lui dérobez : plus coupables sans doute d'une double préférence que vous recevez et que vous donnez , vos yeux ne cessent de dire à vos aveugles adorateurs : non , ce n'est point à Jésus que vous devez vos plus chers hommaget , *non hunc , sed Barrabam.* Pesez-la cette odieuse préférence que vous mandiez avec tant de soin , et que vous emportez ; vous êtes idolâtres et vous faites les idolâtres : fautil que j'implore toute la commisération de Pilate même pour vous éclairer et pour vous toucher ? Eh ! que vous a fait Jésus pour vous déclarer ses plus dangereuses ennemies, *quid mali fecit ?* Ce que la nature vous a donné d'agrément ne suffit point à votre vanité : il faut encore que de misérables soins présentent des armes plus redoutables , et que tout conspire chez vous contre l'amour à Jésus. Cette chair , hélas ! trop ornée , trop embellie, trop adorée, vous l'allez voir dans Jésus toute ensanglantée et toute meurtrie : vous apprendrez sans doute à la moins aimer : et tout le prétoire baigné du sang de Jésus, vous dira enfin ce que vous devez le plus aimer, ou de Jésus ou de vous-même.

Pilate ne sait plus résister : il a fait tout ce qu'une molle timidité a pu lui inspirer en faveur de Jésus : ministre de César, il pouvait, il devait sans doute le délivrer ; il saisit les tempéramens ; il veut tout ménager et tout employer excepté son autorité ; il craint de la compromettre ; il craint qu'on le rende suspect chez l'empereur ; il ne veut point prendre sur lui un événement où une nation entière pourrait parvenir à le faire soupçonner ; il ne sait que s'envisager et respecter sa place, et il ne va pas au-delà ; il n'ose pas même imposer silence aux cris redoublés du peuple ; et pour donner un dernier trait de protection à Jésus, et pour protester de son innocence pour la dernière fois, il prétend marquer la sienne, et déclarer en se lavant les mains, qu'il ne prend rien sur lui, et des tourmens, et de la mort d'un homme aussi juste... Que son sang tombe sur nous et sur nos enfans, s'écrie alors ce peuple toujours plus aveugle et plus barbare, et que Jésus soit enfin crucifié : *succlamabant crucifige.* Le croiriez-vous, M. F., ces cris barbares en imposent, il est vrai, à Pilate ; ils l'intimident ; mais ils ne lui donnent qu'une nouvelle compassion pour Jésus : compassion bien cruelle sans doute, puisqu'il s'agit d'abreuver du sang de Jésus la rage de tout un peuple. Pilate espère qu'elle en sera rassasiée, et qu'il pourra au moins sauver une vie mourante à Jésus : mais put-il penser, et pouvait-il s'imaginer qu'elle dût être portée aux excès où vous l'allez voir s'exercer chez Pilate même, et dans le prétoire?... Il n'ordonna sans doute qu'une flagellation ordinaire : mais à peine eut-il abandonné Jésus, que voilà ces taureaux animés, et ces lions rugissans se jetter sur leur proie : une troupe tumultueuse et appellée, *convocabant totam cohortem* ; et la cour immense du prétoire est toute pleine de bourreaux avides du sang de Jésus. Ses sages historiens ont exprimé par un seul mot une scène la plus horrible et la plus sanglante : oserai-je entreprendre de vous la donner toute entière, et pourriez-vous la voir sans horreur ?

On dépouille Jésus, on le lie nud à un poteau ; mille mains se succèdent et se lassent des coups de fouet dont elles le meurtrissent ; elles sont teintes de son sang, ces mains barbares ; il coule de tout côté : chaque coup fait une plaie profonde et déchire quelque partie de ce précieux corps : enfin il ne présente qu'une seule plaie, et on a la cruauté de porter de nouveaux coups sur cette plaie si générale : *ita ut jam non torquerentur membra, sed vulnera,* dit S. Cyprien ; vous auriez vu ses poumons à découvert, vous eussiez apperçu les faibles battemens de son cœur... Oui, ô mon Sauveur, vous dirai-je avec un Père de l'Eglise, le ciel et la terre, tout conspirait à vous frapper dans le prétoire, et les Juifs n'étaient que des instrumens aveugles, votre amour, votre immense amour pour moi conduisait leurs mains barbares ; *percutis te ipsum :* et votre Père vous frappait lui-même pour épargner une misérable créature comme moi, *percutit te pater tuus....* Une plaie générale s'étend depuis sa tête jusqu'aux pieds, et la moindre plainte ne lui échappe cependant pas ; il est ce doux agneau dont on fait la cruelle tonsion sans en entendre les moindres cris ; ses bourreaux furent plutôt lassés de le frapper, qu'il ne le fut de souffrir : ils ont horreur de l'état où ils l'ont mis ; et s'ils ne peuvent ajouter de nouvelles douleurs, ils vont se dédommager par de nouveaux mépris. Pour mieux flétrir le caractère de roi qu'il s'était si justement donné, ils chargent sa tête d'une couronne d'épines aiguës qui y font de profondes blessures ; son visage est inondé du sang qui en découle : ils lui mettent dans les mains un faible roseau pour sceptre ; et la troupe de ses bourreaux s'empresse de lui rendre l'adoration la plus ridicule, l'insulte par des outrages les plus sanglans... Impies, voilà vos infâmes modèles : mille passions toujours satisfaites vous ont mené à la plus aveugle impiété : toujours ennemie déclarée de la raison et de la foi, elle ne sait que vous inspirer les plus injurieux mépris pour Jésus ; il n'est également pour vous qu'un roi de théâtre couvert d'une misérable pourpre ; son royaume ne vous paraît également qu'une ridicule chimère, et vos sacrilèges vous mettent à la place de ses bourreaux... Arrêtez, malheureux, que pensez-vous, que dites-vous de Jésus assujetti à tant d'ignominies, à tant de mépris ? Que pensez-vous, que dites-vous de tous ceux qu'il souffre encore au trône de sa gloire et aux pieds de ses autels ? Ils sont pourtant, ces autels aussi abandonnés et aussi méprisés, ils sont pourtant les dépositaires des traits de ses vengeances : rougissez, impies, et tremblez, si vous ne savez encore y connaître la toute-puissance de Jésus; si vous ne savez pas y admirer toute sa patience et tout son amour. Soit dans le prétoire, soit sur le Calvaire, soit dans l'Eucharistie, il n'est en effet qu'un Dieu de patience, *Deum patientiae.*

Pilate, qui le protège et qui l'admire toujours, et qui, comme vous, pécheurs et gens du monde, ne veut ni le bien connaître, ni tout sacrifier pour lui, Pilate espère encore fléchir la rage des Juifs en le leur présentant dans un état à trouver en effet de la compassion et de l'humanité chez les peuples les plus barbares... Un corps par-tout déchiré, ulcéré, un visage plein de sang et de crachats, une tête couronnée d'épines, un sceptre ridicule à à la main, une pourpre aussi ridicule sur ses épaules; tout l'appareil en un mot d'un homme de douleur... Le voilà, ce malheureux objet de votre envie, ô peuple le plus cruel et le plus barbare, *ecce homo.* Qu'a-t-il fait, et pourquoi m'avez-vous obligé de le livrer à des mains aussi cruelles? A t-il donc formé un parti dont César et votre patrie même puisse souffrir? Sa doctrine n'honore que la divinité, et sa morale n'a pour objet que le bonheur des hommes : qu'a-t-il donc fait? *quid mali fecit?* Ses pas peuvent se compter par les bienfaits dont il vous a comblés, ingrats... Eh quoi! votre rage n'est donc pas encore satisfaite! Il est homme; il n'est qu'innocent; et voyez dans quel état affreux vous l'avez mis! *ecce homo.* La pitié et l'humanité ont-elles donc perdu chez vous tous leurs droits? Eût-il commis le plus grand crime, aurait-il

souffert un plus grand supplice ? *Ecce homo* :
le voilà, chrétiens, ce juste Abel, dont la
vertu et l'innocence ont donné une envie aussi
meurtrière. O vous qu'une passion aussi noire
sait dominer, ames-nourries de ce même fiel
dont la synagogue fut enivrée, apprenez de
Jésus même les excès où elle peut vous préci-
piter... Le voilà ce grand patriarche, Noë,
restaurateur de l'univers, plongé dans l'abîme
des eaux ; la vigne qu'il a planté ne l'a abreu-
vé que d'une liqueur la plus amère : et cette
maison d'Israël, figurée dans Isaïe par cette
vigne, elle l'a écrasé sous ses ruines : *ecce
homo.* Le voilà cet Isaac moins heureux qu'un
Absalom, qu'un père toujours irrité ne veut
et ne sait point pardonner... Le voilà ce Jacob
plein de foi, pris et reconnu pour Esaü, et
méritant, par l'effusion de son sang, une bénédiction générale pour tous les hommes....
Le voilà ce Joseph malheureux vendu par ses
frères, et immolé par son père.... Ce Jonas
plein de charité et d'amour, qui dans une
tempête horrible qui allait vous engloutir,
s'est précipité lui-même dans les eaux pour
vous en retirer : *ecce homo.* Le voilà ce généreux David, triste objet de l'envie et de la
haine d'un Saül qu'il a sauvé, et père infortuné d'un fils à qui il destine un trône, et dans
qui il ne voit toujours que des armes portées
contre lui : *ecce homo.* Voilà en un mot Jésus,
M. T. C. F., remplissant toutes les figures qui
l'ont annoncé par les symboles les plus frappans : *ecce homo.* Oui, le voilà cet homme,
l'auteur et le consommateur de notre religion
et de notre foi. Hommes charnels, voluptueux, en croirez-vous toujours le monde ?
Vous en croirez-vous toujours vous-mêmes

sur tout ce que vous accordez à votre corps,
ce corps où la volupté nourrit avec tant de
soins les flammes les plus ardentes et les plus
impures?... Femmes mondaines, serez-vous
les dernières à le reconnaître à cet étonnant
spectacle? Fallait-il que Jésus vous apprît, à
tant d'opprobres et à tant de douleurs, à vous
épargner des soins aussi aveugles et aussi dangereux, à être modestes, à être chrétiennes,
et à mortifier une chair aussi périssable, bien
loin, hélas! de l'embellir et de l'orner : il vous
fallait une leçon aussi sensible, et Jésus vous
aima jusqu'à vous la donner aussi touchante :
tant d'opprobres et tant de plaies opposées à
votre mollesse, à votre impénitence, ne déci-
deront-elles pas contre vous une éternité la
plus malheureuse? Ah! c'en est fait, le jugement de condamnation est porté; et le voilà
cet homme qui le prononce : *ecce homo*. . . .
Mais pourquoi nous arrêter, M. F., avançons.

L'état si déplorable de Jésus, l'air imposant
de Pilate ne peuvent rien gagner sur les cœurs
des Juifs. Eh! la noire envie connut-elle jamais la compassion et la pitié? Elle ne leur
fait que redoubler leurs cris homicides, et ils
n'en demandent que plus hautement le crucifiement de Jésus. Le crucifiement était le supplice destiné aux voleurs : Jésus n'avait pas
encore été accusé de l'être ; mais la comparaison avec Barrabas l'avait fait mettre à la
place de cet infâme ; et Pilate qui abandonne
enfin Jésus, Pilate qui a des troupes en main
pour arrêter une vile nation, quelque soulè-
vement qu'elle présente, s'il veut délivrer Jésus ; Pilate qui ne devait qu'obéir aux loix
romaines, qui donnaient dix jours au coupa-

ble, du jour de sa condamnation ; Pilate la prononce pour le jour même ; et Jésus à ses pieds se voit enfin condamné au supplice de la croix... Chargé du bois qui doit le consumer, déjà l'innocent Isaac marche vers la montagne, aussi vite que peuvent le lui permettre sa faiblesse et son épuisement. Quel pesant fardeau l'accable ; il succombe sous le poids ; la fureur de ses ennemis est forcée de lui accorder quelque soulagement ; et Simon est l'heureux mortel qu'ils engagent à porter la croix après lui. Il arrive enfin sur cette funeste montagne ; il y trouve deux voleurs destinés au même supplice. Les momens sont précieux ; on se précipite ; on dépouille de nouveau Jésus, et on le met nud avec de telles plaies, et dans un froid rigoureux : on prend ses jambes et ses bras ; on les étend sur la croix ; on les lie, et on les perce de gros cloux ; on place la croix, et Jésus paraît élevé entre le ciel et la terre ; son corps tombe de tout son poids sur les ouvertures de ses mains et de ses pieds... A un spectacle aussi horrible, toute la nature frémit, et les ténèbres couvrent la terre... Grand Dieu ! l'homme ne doit plus que vous paraître horrible dans l'état où il vous place : il a mit le comble à son crime en vous attachant à la croix : ces ténèbres extraordinaires, cette confusion générale de la nature en déclarent la noirceur et l'énormité ; et votre tonnerre ne se fait point entendre sur des têtes aussi coupables !... Non, M. F., Jésus ne doit pas penser comme vous, et il ne sait pas se venger comme vous. Les premières paroles qu'il profère sur la croix n'ont pour objet que le pardon de tous les oppro-

bres qu'il endure. Il élève la voix pour se faire
entendre de tous les hommes et de tous les
siècles : *Pater*, ah ! mon Père, oubliez, par-
donnez la rage aveugle de mes ennemis , puisqu'ils ne savent ce qu'ils font : le péché est
enfin lavé dans mon sang , et vous ne pouvez
que pardonner. Les hommes ne peuvent s'aimer ni être heureux que par le pardon des
injures ; ils ne pourront se le refuser , si vous
l'accordez à mes bourreaux mêmes : *Pater ,
dimitte illis , non enim sciunt quid faciunt...*
Jésus pardonne , sollicite le pardon de tant
d'injures qu'il a souffertes avec tant de patience ; il ne se venge pas , et il n'est pas encore
vengé ; et vous qu'une ridicule vanité soulève
aux attaques souvent mal interprétées que
vous vous croyez faites , vous voulez toujours
vous venger , apprenez enfin de Jésus sur la
croix à penser judicieusement sur le point
d'honneur et sur la vengeance , si les ordon-
nances sévères et toujours répétées du prince
ne peuvent pas vous arrêter... Un cher objet ,
un objet bien digne de ses larmes , s'il avait su
s'envisager lui-même , c'est Marie sa mère ,
cette mère de douleur qu'il voit , accablée et
mourante aux pieds de sa croix ; il la confie à
tous les soins d'un cher apôtre ; et ne voyant
plus que cet abîme immense de gloire où il va
rentrer , et qu'il acquiert à tous les hommes :
il n'est bien pénétré que de tout l'amour qu'il
va leur marquer en mourant pour eux. Il leur
dit : c'est-là cette soif ardente dont je suis dévoré , *sitio* : vous étiez condamnés à des flammes éternelles , et je les ai éteintes de tout
mon sang , ce sang versé avec tant de fureur ,
ce sang présenté avec tant d'amour dans mon

sacrement. Ah ! pécheurs plus durs que ces rochers qui se fendirent à ma mort , jusques à quand ce même sang vous trouvera-t-il insensibles ?... Vous en êtes lavés , ingrats, et vous ne savez ni le boire , ni l'adorer : impies, sacrilèges , vous le foulez encore à vos pieds , et vos cœurs deviennent toujours pour moi un sanglant Calvaire. Voyez , voyez donc enfin sur cette croix avec quel effort , avec quelle douleur il coule pour vous ; reconnaissez sur cette croix toute l'étendue de mon amour , toute la grandeur de ma puissance. . Ces globes immenses et lumineux qui vous éclairent et qui vous environnent , ils ne sont qu'une vile poussière et un jeu dans mes mains : mon chef-d'œuvre , l'œuvre de ma puissance et de mon amour, c'est votre rédemption opérée sur ma croix : ne sera t-elle donc encore à vos yeux et à vos cœurs qu'un scandale et une folie, cœurs enveloppés de bronze et de ténèbres ! Eh quoi ! n'y lisez-vous pas malgré vous la nécessité de m'aimer , et pouvez-vous encore vous refuser à mes empressemens , et échapper à mes bras toujours prêts à vous recevoir ? *sitio* .. Venez , jettez-vous avec la plus tendre confiance dans les bras d'un père que vous ne pouvez ni méconnaître , ni rebuter. Il s'est épuisé pour assurer votre bonheur ; il a tout fait ; il a tout souffert pour vous ; il n'en est sans doute que plus cher , plus accessible et plus aimable... Vous-mêmes , enfans parricides , vous-mêmes m'avez cloué , m'avez placé sur cette croix ; n'en rougissez que pour en marquer une plus douloureuse pénitence : vos péchés vous sont pardonnés ; ils sont lavés dans tout mon sang ; et il ne doit vous en coûter que de m'aimer ;

votre bonheur ne peut toujours consister qu'à m'aimer, et je meurs content si vous voulez enfin m'aimer... Pourriez-vous donc vous en défendre, M. T. C. F.; ce sont les dernières paroles de votre père, de Jésus mourant: *sitio*. Il meurt enfin, et il expire en prononçant que tout est consommé: *consummatum est....* L'empire du démon est détruit; l'homme est enfin régénéré à la grace et à la gloire. La lettre ne caractèrise plus un culte où l'Eternel ne se voyait jamais que la verge et le tonnerre à la main; l'esprit et la grace en adoucissent toute le majesté, et ne le présentent toujours qu'avec toute la miséricorde de Jésus: *consumsummatum est*. Jésus meurt sur la croix, et ce bois jusques-là si infâme, va bientôt voir à ses pieds l'univers l'adorer: tout jusques-là n'a pu qu'aigrir, que déshonorer la divinité, la croix de Jésus, la croix de Jésus va la dédommager; tout est réparé: *consummatum est*. Mystère tout adorable, M. T. C. F., où la sagesse de l'homme doit humblement fermer les yeux et s'éclipser; mystère de toute la sagesse de Dieu, dit l'apôtre; mystère de son amour: et que pouvait-il faire de plus pour les hommes? Mystère fondamental et le plus touchant de notre foi: *misterium fidei...* O pécheurs, ô impies, ô incrédules, hommes infortunés, malheureux esclaves de tant de passions, que ne jettez-vous enfin avec moi des yeux assez sincères et assez attendris sur Jésus mourant pour vous et pour moi! Attendrez-vous au dernier moment de votre vie à connaître Jésus, et à vous connaître? Faut-il que la mort, armée de son tonnerre, soit l'instrument terrible que Jésus emploie enfin pour se

faire

faire connaître et aimer de vous ? Cette croix
fumante encore de son sang répandu pour
nous , cette croix adorée dans tout l'univers
ne sera-t-elle donc toujours , hélas! pour vous
qu'une image indifférente et muette , et elle
ne vous dira rien de toute la gloire et de tout
l'amour de Jésus ? . . . . Allez , malheureux
Esaüs, vous avez perdu, vous avez vendu tous
vos droits sur la croix de Jésus. Toute la colère de Dieu , prête à éclater sur vos têtes, est
le trésor que vous accumulez , et tout ce feu
brûlant de vos passions ne doit s'éteindre que
dans celui de l'enfer même... O justes , ô chrétiens, Abels toujours sacrifiés par ces malheureux aînés du siècle , enfans privilégiés de
Jésus , vous qu'il enfante de plus en plus sur
sa croix et sur ses autels , enfans soumis et fidèles , qui faites ses plus chères délices , qui
composez sa gloire , ô le beau jour pour Jésus
et pour vous : souffrez que j'embrasse avec
vous sa chère croix , et que je sois le faible
organe de tout ce qu'il a à vous dire du haut
de cette chaire de son amour : ... oui , M. T.
C. F. , il a les plus tendres reproches à vous
faire : combien de partage , combien d'infidélité dans toute votre reconnaissance et dans
tout votre amour ! le monde n'est que mon
ennemi , et tout annonce chez vous les chères
liaisons que vous avez avec lui : vous le craignez ; vous lui applaudissez ; vous l'aimez ;
et vous savez toujours accommoder ses maximes aux miennes : il est cependant jugé , et
vous lisez toujours sa condamnation sur ma
croix... Il faut être détaché , mortifié , humble , charitable ; il faut toujours l'être et le
toujours paraître : il faut m'aimer , en un

mot, et vous ne m'aimez bien que pour vous-
mêmes : vous m'aimez, et je ne vois chez vous
qu'un cœur errant, bien moins à moi qu'au
monde et à vous-mêmes ; vous m'aimez, et
vous ne savez pardonner sérieusement à personne ; vous m'aimez, et vous ne savez pas
même vous mortifier pour vous conserver un
corps et un cœur plus fidèles et plus chastes ;
vous m'aimez, et mes autels souffrent les plus
grands outrages, et vous ne savez pas les en
venger, et vous ne voulez rien entreprendre
pour leur gloire ; vous m'aimez, et les pauvres ne voient qu'avec envie les aises et les
commodités trop délicates que vous vous accordez, et ils ne trouvent chez vous que des
oreilles, des mains trop indifférentes, et des
entrailles les moins sensibles... Vous me voyez
cependant toujours attaché à une croix, une
couronne d'épines sur la tête, des pieds
et des mains cloués, et tout mon corps meurtri de coups : ah ! qu'il est honteux ! ah ! qu'il
est dangereux, qu'il est terrible pour vous
d'adorer, de servir, d'aimer un maître aussi
pauvre, aussi humilié, aussi mortifié, et
d'être vous-mêmes aussi peu humbles, aussi
peu mortifiés, aussi peu détachés ! votre vie
n'est qu'une ombre passagère, et elle va bientôt cesser ; eh ! pourrai-je bien vous reconnaître à votre mort, ne trouvant dans vous
aucune conformité à la mienne, et voyant
sur ma croix ce que vous devriez être, et ce
que vous n'êtes pas : en vain vous vois-je
fondre en larmes à mes pieds ; elles ne peuvent que vous condamner et me déshonorer,
si elles ne sont pas sincères, si elles ne sont
pas durables. Ne pleurez donc sérieusement

que sur vous - mêmes , sur vos relâchemens ,
sur vos immortifications , sur vos infidélités ,
sur vos attachemens , sur une alternative aussi
ridicule que coupable d'un cœur toujours partagé entre le monde et moi... Que de justes
et de sanglans reproches , ô mon Dieu ! et que
votre justice a des droits contre notre insensibilité et notre inconstance ? Mais , Seigneur,
nous ne pouvons rien par nous-mêmes , et ces
cœurs ingrats , ces cœurs infidèles , ils sont
toujours dans vos mains ; brisez - en vous-
même toute la dureté. Tant de sang versé
pour nous est le gage assuré de votre amour ,
et il doit toujours rendre votre miséricorde
facile , et votre grace surabondante ; vous le
répandez encore sur vos autels , et vous en
remplissez nos cœurs ; que votre amour , que
votre miséricorde vous en loue elle-même
dans tous les siècles ; que nous n'ayons toujours d'autres soins plus chers , que celui de
vous louer , de vous aimer , et de mériter de
mourir pleins d'amour de votre croix. Ainsi-
soit - il.

DIMANCHE DE PAQUES.

RÉSURRECTION SPIRITUELLE.

LE prophète Jérémie se plaignait amérement
de la désertion de la ville sainte. Dans l'excès
de sa douleur , il voyait les rues de Sion se
répandre en torrens de larmes. Vous savez ,
M. T. C. F. , quel était le sujet de sa désola-

tion : Jérusalem pillée ou brûlée , le temple de Dieu abandonné, les cérémonies saintes de la religion ne fesaient plus l'ornement de cette ville autrefois si superbe : personne ne venait à ses solemnités ; les prêtres ne fesaient que gémir ; ses vierges étaient toutes défigurées de douleur ; en un mot la fille de Sion était plongée dans un abîme d'amertumes. Nous ne sommes pas animés de ces sentimens, M. T. C F., témoins de l'empressement avec lequel vous vous êtes rendus à la célébration des mystères adorables ; avec quelle joie , avec quel sentiment profond de reconnaissance , nous vous avons vus offrir avec nous , au Dieu de toute majesté , l'hommage de votre foi et de votre piété , et donner à son saint nom les louanges qui lui sont dues ! Comme le roi David , dans le transport de notre joie et de notre admiration, nous avons conjuré le Dieu de nos pères de conserver éternellement cette volonté dans vos cœurs , de faire qu'ils demeurent toujours fermes dans cette résolution de lui rendre toute la vénération et le culte qu'ils lui doivent : et ce n'est point dans la confiance en notre justice , que nous avons porté nos prières aux pieds de son trône , en nous prosternant devant sa majesté suprême , mais dans la vue de ses infinies miséricordes. Vous êtes son peuple, M. T. C. F. , vous lui appartenez à titre de conquête : c'est au prix du sang de son Fils unique , qu'il vous a rachetés. Nous aimons à croire qu'autant pour l'amour de lui - même , que pour votre bonheur , il jettera sans cesse les yeux sur vous ; qu'il soutiendra votre faiblesse par la puissance de sa grace ; qu'il donnera à votre vertu ce dégré de consistance qui en éloigne à jamais ces vicissitudes toujours humiliantes pour la piété, toujours injurieuses à la raison. Mais quelque puissans que soient les motifs qui animent, qui justifient notre confiance, ne pouvons-nous pas nous livrer à la crainte raisonnable, que notre confiance ne soit vaine ! Ce que vous avez été par le passé, peut-il nous rassurer sur ce que vous serez à l'avenir ? Chaque année vous a vu solemniser la pâque : enfans dociles de l'Eglise, vous vous êtes lavés, purifiés dans les bains salutaires de la pénitence ; vous vous êtes assis à la Table-Sainte ; vous vous êtes rassasiés avec les justes, de la chair de l'Agneau : mais chaque année n'a-t-elle pas vu renaître vos faiblesses ? Chaque année vous avez parus revêtus de l'homme nouveau, de l'homme céleste ; et peu de jours après, n'avez-vous pas repris les vêtemens du vieil homme, de l'homme terrestre ? Pourriez-vous calmer nos inquiétudes sur les effets durables de la participation aux SS. Mystères ? N'est-il pas à craindre que vous ne ressembliez trop parfaitement à ces gardes apposés au sépulchre de Jésus-Christ : l'ébranlement de la terre qui se fit à son tombeau les jetta dans l'épouvante ; la stupeur en fit des espèces de morts. N'est-ce pas là l'image de ce que vous êtes ? Ne paraissez-vous pas morts aux monde et à vous-mêmes sans l'être effectivement ? Le grand spectacle de la religion vous a frappés dans ces saints jours ; la majesté de nos mystères a fait quelque impression sur vos cœurs ; vous paraissez humiliés, mortifiés ; mais n'est-ce pas malheureusement une fausse apparence ? Ce n'est-là qu'un phantôme de conversion ; vous n'avez fait qu'interrompre le cours de vos désordres, et bientôt vous vous livrerez à la folle joie , à la dissipation la plus criminelle ; le frein que vous avez mis à vos passions , ne servira qu'à les rendre plus vives et plus tumultueuses. Le plaisir , l'intérêt, l'ambition , le jeu, les spectacles , la bonne-chère , la délicatesse , la mollesse , la sensualité reprendront tous leurs anciens droits ; vos fureurs , vos excès seront en raison de la contrainte que vous vous serez faite... Ne vous récriez pas , M. T. C. F., je ne veux d'autre preuve de ce que j'avance, que l'expérience du passé : est-elle propre à calmer nos inquiétudes ? Nos craintes à cet égard , nos défiances ne sont, hélas ! que trop légitimes et trop bien fondées. Soyez vous-mêmes juges dans votre propre cause : à quels traits se manifeste la réalité , la stabilité de votre résurrection à la grace ? Quelle conformité a-t-elle avec celle de Jésus-Christ? Il n'a pas seulement quitté le tombeau , il a aussi quitté les dépouilles de la mort. Mille témoignages évidens et palpables en ont attesté la vérité ; et vous , quels témoignages nous attestent votre renaissance spirituelle ? En sortant de la piscine salutaire , y avez-vous laissé les dépouilles du péché ? L'ange du Seigneur qui en a remué les eaux, pourrait-il nous garantir votre délivrance ? Mais qu'est-il besoin du ministère d'un ange pour nous apprendre que vous êtes encore sous l'empire de la mort ? Les faits parlent ici d'eux-mêmes , et publient hautement que vous n'avez fait que blanchir le sépulchre dans lequel vous êtes enfermés : vous traînez encore le joug

honteux de vos passions ; on remarque en
vous la même apreté pour le plaisir , même
fureur pour les richesses , même attachement
à l'idole de votre cœur : le lieu où votre ame
perdit la vie , la maison où elle fit naufrage à
son honneur , à sa foi , à sa droiture , vous
la chérissez encore ; la compagnie qui fut la
la funeste époque de la perte de votre pudeur ,
elle fait encore vos délices : vous êtes toujours
les mêmes ; les passions de l'orgueil , de l'ambition , de l'avarice , de l'intérêt , vous domi-
nent toujours ; vous en retenez le sentiment
et le langage ; vous appartenez toujours au
vieil homme ; vous confirmez pour votre malheur un oracle de l'Ecriture : comme cet évêque dont il est parlé dans l'Apocalypse ; vous
vous croyez vivants , mais vous n'en avez que
le nom et les apparences , et vous êtes réellement dans les bras de la mort. Voulez-vous savoir si véritablement vous êtes ressuscités , en
voici la preuve la plus certaine , la règle est
infaillible ; vous ne vous y tromperez jamais :
jugez de vous par vos œuvres ; qu'on dise de
vous ce que l'ange disait de Jésus ; il est ressuscité ; il n'est plus ici ; voilà l'endroit où on
l'avait placé... Prévenus par de fausses apparences , vous aviez prêté une oreille facile au
langage de la séduction ; vous vous étiez malheureusement égarés ; le déréglement d'une
vie licencieuse vous avait éloignés du bercail ;
rendus à vous - mêmes , vous avez rougi de
votre indocilité ; revenus de vos égaremens ,
vous faites la joie du troupeau , la consolation
du pasteur ; vous êtes ressuscités ; vos œuvres
attestent la réalité de votre résurrection. Cet
impie ne savait suivre que son penchant saty-

rique ; il ne fesait usage de ses talens que pour décrier ce qu'il y a de plus saint et de plus sacré dans la religion ; il ne savait respecter que ses productions malignes ; il ne cherchait qu'à affaiblir l'autorité des livres saints ; il en démentait à tout propos la vérité, l'authenticité ; ses critiques n'étaient que des railleries sacrilèges, des sarcasmes impies ; en un mot, il était incrédule, indocile, opiniâtre : mais il a réformé ses discours libertins ; pénétré des vérités éternelles, il ne sait parler qu'avec le plus profond respect de la religion et de son culte ; la grace a triomphé de sa résistance ; sensible à toutes ses impressions, il en suit tous les mouvemens ; soumis et docile, il ne sait qu'adorer les vérités les plus cachées, les mystères les plus incompréhensibles, les plus impénétrables ; il captive son entendement sous le joug de la foi ; le libertinage, l'incrédulité de son esprit, ne fait plus que le triste sujet de sa douleur et de ses larmes ; sa conversion est véritable, sa résurrection certaine : *surrexit vere...* Cet hipocrite cachait sous des déhors trompeurs une vie honteuse et criminelle ; toujours livré à la fureur de ses passions, à l'impétuosité de ses sens, il les contenait en apparence ; il en imposait à des surveillans attentifs, éclairés ; l'infâmie dominait son cœur ; il y portait la corruption la plus abominable ; il ne pouvait, il ne devait que répandre l'infection, qu'amollir, qu'empoisonner, que corrompre ; la piété même qu'il affectait, n'était qu'un moyen plus sûr pour parvenir à ses fins ; sous l'apparence d'une brébis innocente, il n'était réellement qu'un loup ravisseur... Il a frémi enfin sur son état aussi dangereux que déplorable ; le libertinage de son cœur lui a enfin ouvert les yeux : il a coupé, arraché les branches de ses amours illégitimes ; il a porté dans son cœur le fer et le feu par la mortification de ses désirs, par l'assiduité aux œuvres de la pénitence ; il adore enfin Dieu en esprit et en vérité ; il a célébré la pâque, non avec le vieux levain de la malice et de la corruption ; mais avec les azimes, les pains sans levain de le sincérité et de la vérité, comme parle l'apôtre : sa résurrection est certaine ; elle est véritable : *surrexit vere.* Passionné pour les richesses, cet avare les désirait avec avidité, les amassait avec injustice, les possédait avec inquiétude ; dur et impitoyable envers les pauvres, il leur refusait cette portion de ses biens dont Dieu l'a fait le dépositaire pour les assister dans leurs besoins : mais aujourd'hui, dans l'attente des biens invisibles que la foi lui fait espérer, il méprise les biens périssables de la terre ; touché de la misère des pauvres, il répand sur eux des aumônes abondantes ; non content de donner son superflu, il donne de sa propre subsistance : sa résurrection est certaine : *surrexit vere.* Enivrée de l'amour du monde, cette femme courait avec empressement après tous les objets qui pouvaient la charmer : idolâtre de son corps et d'une fragile beauté, elle négligeait le soin essentiel de son ame et de son salut ; les parures excessives, les jeux, les spectacles, les plaisirs, peut-être des intrigues criminelles, fesaient toute son occupation : mais depuis qu'elle est ressuscitée à la grace, elle a renoncé au monde, à ses pompes, à ses plaisirs ; la retraite, le silence, la lecture assidue des livres saints, la prière, les exercices de la religion et de la charité, des occupations convenables à son sexe, et qui ont pour objet les pauvres et les infortunés, ont pris la place de mille occupations inutiles et souvent criminelles... Le renoncement au péché, les œuvres de la pénitence, la fuite des occasions, l'éloignement du monde, le mépris de ses biens, le détachement de toutes les choses de la terre, accompagné du goût, du désir, de l'empressement, d'une sainte ardeur pour les choses du ciel, voilà les marques assurées d'une résurrection véritable ; c'est la pierre-de-touche pour s'assurer du changement produit par la pâque. . Vous reconnaissez-vous à ces traits, M. T. C. F. ? Votre résurrection à la grace dépend de votre conformité plus au moins grande à cette image. S'il est vrai que vous soyez ressuscités avec Jésus-Christ, vous ne devez pas seulement faire profession de croire et d'espérer les biens éternels : mais vos désirs, vos pensées doivent tendre uniquement vers le ciel, où Jésus-Christ votre chef est assis à la droite de son Père ; vous ne devez soupirer qu'après le bonheur de lui être réunis dans ce lieu de félicité, de gloire et de joie ; vous ne devez plus rechercher que les choses du ciel, que les biens éternels : *quae sursùm sunt sapite.* Les grandeurs de la terre, ces chers objets qui flattent si agréablement la vanité et l'ambition des hommes, ne sont que des distinctions chimériques, indignes de vos soins et de vos recherches. Le monde lui-même n'est qu'un beau songe, une figure et une figure qui passe. Les biens éternels sont les seuls so-

lides , les seuls durables. N'ayez d'esprit et de
cœur que pour le ciel ; ce doit être là l'unique
objet de vos désirs : point d'autre passion que
pour le ciel , point d'ardeur que pour le ciel ,
point d'empressement que pour le ciel : *quae
sursùm sunt sapite…* Sera-ce désormais votre
chère occupation , M. T. C. F. ? Votre vie sera-t-elle , comme celle de Jésus-Christ , une
vie toute céleste ? Morts au monde , crucifiés
au monde et à ses concupiscences , ne vivrez-
vous que pour Dieu , ne soupirerez-vous que
pour le ciel ? Nous osons l'espérer pour vous ,
M. T. C. F. , et nous le demandons bien instamment au Dieu de toute bonté. Eh ! quelle
douleur pour l'Eglise , si elle appercevait encore en vous quelque inclination pour le monde , quelque affection pour ses plaisirs , quelque goût pour ses honneurs et ses richesses !
Ah ! chrétiens , ne lui donnez pas ce chagrin ;
méprisez le monde , foulez aux pieds ses pompes et ses vanités , détachez-vous de ses faux
biens. Puisque , comme dit le grand apôtre ,
votre vie est cachée en Dieu , avec J.-C. par la
foi , que votre cœur soit donc toujours uni à
Jésus-Christ par la charité ; n'ayez de mouvement que pour Dieu ; de sensibilité , de goût
et d'affection que pour le ciel. Souffrez volon-
tiers que le monde profane vous regarde comme des hommes morts et ensévelis , qui ne
sont plus bons à rien. Que le monde soit mort
et crucifié pour vous ; que vous soyez de même
morts et crucifiés pour le monde… Vous n'êtes
pas seulement cachés en Dieu avec J.-C. , l'a-
pôtre vous assure que J.-C. est votre vie. Ecoutez , M. F. , et saisissez-bien la profondeur de
ce mystère : J.-C. est notre vie , parce que ,

comme chrétiens, nous n'avons de vie que par
J.-C. et en J.-C. ; parce que nous ne vivons et
ne subsistons que par sa grace , par ses sacremens , par son esprit ; parce que nous devons
vivre comme lui ; parce que notre vie doit être
une vive expression de la sienne ; parce qu'il
ne doit point y avoir en nous de pensée , de
sentiment , de mouvement , de parole et d'action , dont il ne soit le principe ; parce que
sans Jésus-Christ nous serions comme des corps
sans ame , sans vie , sans mouvement. Si J.-C.
est notre vie , il s'ensuit nécessairement que
nous devons mener la vie de Jésus-Christ. Et
quelle est , ô mon Dieu , l'étendue de ce juste
devoir ? vie retirée et détachée du monde ; vie
exempte des inquiétudes que l'on a coutume
d'avoir pour acquérir et conserver les faux
biens de la terre ; vie spirituelle , intérieure et
plus qu'humaine ; vie cachée en Dieu , mortifiée, laborieuse, pénible ; vie d'humiliation ,
d'ignominies , de persécutions , de souffrances et de croix : telle a été la vie de J.-C. sur la
terre , et telle doit être la nôtre : mais qui nous
donnera la grace de mener une vie si au-dessus de nos forces , si ce n'est vous , ô mon
Dieu , qui êtes le modèle et l'auteur de cette
vie ? Vous êtes cet excellent prototype auquel nous devons être conformes , si nous
voulons participer à votre gloire : mais vous
seul pouvez nous donner cette heureuse conformité. Formez donc par votre grace , formez vous-même en nous, accordez - nous en
ce saint jour une création nouvelle , qui nous
rende semblable à votre divine image , afin
qu'on puisse dire de nous en tout sens , que
vous êtes notre vie ; et qu'après avoir vécu

de vous et en vous dans cette malheureuse
vallée de larmes, nous vivrons en vous et
avec vous dans l'unité de votre Père et de l'Esprit-Saint dans l'éternité bienheureuse. *Amen.*

DIMANCHE DE QUASIMODO.

Excellence de la grace reçue dans le
Baptême, ou recouvrée par la Pénitence. A quelles marques on peut reconnaître qu'on l'a conservée ou recouvrée.

Tous ceux qui sont nés de Dieu sont victorieux du monde.
1. Joan. 5.

Telles étaient les paroles que l'Eglise em-
pruntait en ce jour de l'Evangéliste de la divinité de Jésus-Christ, et qu'elle adressait aux
nouveaux baptisés, le jour de l'octave de leur
baptême. En ce jour finissait la fête de cette
solemnité. Comme ils allaient être confondus
dans nos temples, avec les autres fidèles,
après avoir dépouillé les habits blancs qu'ils
avaient portés depuis le moment heureux qui
les avait régénérés en Jésus-Christ, l'Eglise,
cette mère tendre et charitable, leur rappellait
ces paroles de l'épitre de S. Jean, où il est
question de la naissance divine, de la régénération spirituelle qui se fait dans le baptême,
et qui rend les nouveaux baptisés enfans de
Dieu, nés de Dieu. Ils allaient rentrer dans
e monde, ce monde pervers où tout est dan-
ers, et pour lequel Jésus-Christ n'a pas prié.

Il était nécessaire de les prémunir contre tant
d'écueils, où leur innocence allait être exposée à des naufrages cestains et presque inévitables. Elle ne pouvait pas sans doute y mieux
réussir qu'en leur inculquant cet oracle sacré,
pour en faire l'objet de leurs méditations continuelles. Souvenez-vous, leur disait-elle,
qu'étant nés de Dieu, vous devez être victorieux du monde ; que celui-là est victorieux
du monde, qui croit que Jésus-Christ est Fils
de Dieu. N'oubliez jamais les biens et les avantages infinis que vous avez reçus de la miséricorde et de la libéralité toute gratuite de votre
Dieu. Vous allez vous dépouiller de vos habits
blancs ; mais gardez-vous de vous dépouiller
jamais de l'homme nouveau, dont ils sont la
figure ; cet homme nouveau qui a été créé selon Dieu dans la sainteté et la véritable justice
dont vous aviez été revêtus. Vous êtes nés
spirituellement de Dieu en J.-C. ; vous êtes indispensablement obligés de vous conduire en
tout comme de dignes enfans de Dieu.

Nous ne sommes pas nés, M. T. F. C., dans
ces tems où, hors les cas de nécessité, on n'ad-
ministrait le baptême qu'aux adultes, aux
veilles de Pâque, de Pentecôte, et même dans
l'octave de l'Epiphanie. L'Eglise a eu sans
doute les meilleures raisons de changer à cet
égard sa discipline ; mais son esprit n'est pas
changé ; il est, et il sera toujours le même.
Elle n'en exige pas moins qu'on rappelle avec
beaucoup de soin les oracles sacrés, les maximes sanctifiantes des apôtres, à ceux des fidèles qui ont été baptisés au moment de leur
naissance charnelle. Il est de son intention et
dans sa sollicitude, qu'on instruise les enfans,

sur-tout lorsque leur raison venant à se développer, ils commencent à faire usage de leurs
facultés intellectuelles ; elle exige un espèce
de cathécumenat rigoureux, c'est-à-dire, une
instruction solide et suivie, soit pour les disposer à la participation de nos divins mystères, soit pour leur faciliter la pratique constante des vertus qui doivent distinguer ses enfans, de cette société d'hommes qu'on nomme le monde, et où Jésus-Christ n'est pas
connu.

Quoique la solemnité baptismale ne soit pas
le même que dans ces premiers tems, ces tems
heureux de la splendeur et de la gloire du
christianisme, l'Eglise prescrit rigoureuse-
ment à ses ministres de rappeller aux fidèles
de tout âge, de tout sexe, de toute condition,
les paroles de S. Jean qu'elle adressait autrefois aux néophites, le dimanche qui suivait
immédiatement leur régénération, tel que
nous le célébrons encore aujourd'hui. Animée, conduite par l'esprit de Dieu, l'Eglise
ne fait rien, ne prescrit rien sans raison, sans
motif ; elle se détermine dans cette occasion
par l'importance de la grace de la régénération. L'excellence, la grandeur de la grace du
baptême, cette grace qui est au-dessus de tout
ce qu'on en peu dire et en penser, est l'objet dont elle rappelle le souvenir. Quoique
occupée à célébrer le triomphe que J.-C. a
remporté sur la mort et sur l'enfer, elle exige
de ses enfans de consacrer tous les ans quelques
jours à solemniser la mémoire de l'inestimable bienfait qui les a arrachés à la puissance
du prince des ténèbres. Les différentes parties
des divins offices n'ont pas d'autre but. Pou-

rait-elle se proposer autre chose dans les différentes stations qu'elle fait aux fonts baptistismaux, ou dans les prières qu'elle adresse à Dieu? Elle supplie le Dieu des miséricordes d'augmenter en ceux qui sont renés de l'eau et de l'Esprit-Saint, la grace qu'ils ont reçue.

L'Eglise suppose que ses enfans se sont acquittés de ce devoir, que la reconnaissance et la piété chrétienne leur imposait; qu'ils ont célébré, le mieux qu'ils ont pu, l'anniversaire de leur baptême; et qu'ils ont renouvellé, avec un nouveau zèle, les vœux et les promesses que les parrains et les marraines avaient alors faites pour eux. Mais elle craint qu'ils n'oublient bien vîte ces engagemens sacrés et solemnels : voilà pourquoi elle a soin de les entretenir de leur illustre naissance, en leur mettant sous les yeux l'épitre de S. Jean, qu'elle fesait lire autrefois aux nouveaux chrétiens ; elle les exhorte comme eux, à ne jamais dégénérer de la dignité éminente d'enfans de Dieu, dont ils ont été revêtus dans le bapême. Chrétiens, dit cette sainte mère à chacun de ses enfans, reconnaissez le haut dégré d'honneur où vous avez été élevés. Devenus participans de la nature divine, ne dégénérez jamais d'un état si élevé ; que vos mœurs répondent à votre seconde naissance.

Dirai-je encore que le dessein de l'Eglise est de nous faire regarder la pâque, comme le passage du Seigneur ; comme un passage de la mort à la vie ; du vieil homme au nouveau, du péché à la grace, du vice à la vertu, d'une vie mondaine, sensuelle, charnelle, à une vie spirituelle, céleste, divine ? Elle souhaite que nous sortions des eaux salutaires de la pénitence,

nitence, aussi purs, aussi saints, que nous
sommes sortis des eaux sacrées du baptême;
elle désire que nous naissions tous de nouveau
en Jésus - Christ; et que renouvellés par les
SS. Mystères auxquels nous avons en le bonheur de participer, nous commencions une
vie nouvelle, une vie sainte, une vie parfaite, une vie vraiement digne d'hommes qui
sont nés de Dieu, qui sont enfans de Dieu:
telles sont les vues que l'Eglise se propose en
nous mettant sous les yeux ces paroles de S.
Jean: Tous ceux qui sont nés de Dieu sont
victorieux du monde. Mais quelle est cette
naissance de Dieu dont parle l'apôtre?

C'est cette naissance admirable, miraculeuse, divine, que Jésus-Christ, dans son Evangile, attribue à l'eau et au Saint-Esprit. C'est
cette naissance que les plus savans de la sinagogue ne connaissaient point, et que les plus
simples d'entre les fidèles ne peuvent ignorer.
Vous le savez, M. T. C. F., vous le croyez
très-fermement: l'enfant engendré par la voie
ordinaire contracte dans le sein de sa mère,
au moment de sa conception, cette honteuse
tache, cette tache horrible que nous appellons
péché originel. Conçu dans l'iniquité, formé
dans le péché, le malheureux enfant d'Adam
naît ennemi de Dieu, vase de colère, esclave
du péché, enfant du démon, affreux aux yeux
de Dieu, digne de mort, destiné à périr, victime infortunée de la justice infinie de Dieu,
condamné à une mort éternelle, et à des supplices qui ne finiront jamais.

Mais dans le tems que l'Eglise lui confère le
sacrement auguste de la régénération, cette
seconde naissance répare avantageusement

tous les maux de la première ; il est lavé et purifié de toutes ses souillures ; il n'y a plus en lui d'iniquité , plus de tache , plus de péché ; enfant de grace , fils de Dieu , né de Dieu , agréable à ses yeux , il commence à vivre d'une vie nouvelle , intérieure , spirituelle , divine. Le Père-Eternel l'appelle à la société de son Fils ; il l'adopte et le reconnaît pour son fils et son héritier ; le fils de Dieu par nature le regarde comme son frère et son cohéritier ; le Saint-Esprit , en prenant possession de son cœur , lui rend témoignage de sa filiation divine , et du droit incontestable qu'il vient d'acquérir à tous les biens de la grace et de la gloire. Voilà , M. T. C. F. , ce que c'est que la naissance de Dieu dont parle le disciple bien-aimé : naissance que nous avons tous reçue dans le baptême ; naissance infiniment glorieuse , et dont les avantages sont incompréhensibles ; mais naissance dont un seul péché mortel fait perdre tout le fruit. N'en doutons pas chrétiens : quiconque , après être régénéré en J.-C. , a le malheur d'offenser Dieu considérablement , de commettre quelqu'un de ces péchés qui donnent la mort à l'ame , est aussitôt déchu , prive , dépouillé de tous les privilèges , de toutes les prérogatives que donne cette naissance ; d'enfant de Dieu , il devient esclave du démon ; il perd tous les droits qu'il avait aux biens célestes et éternels ; et il ne peut y rentrer que par le bienfait signalé de la justification , qui ne s'accorde ordinairement qu'aux dignes fruits d'une sincère pénitence.

Mais quelle est rare cette pénitence , et qu'il est difficile à un pécheur tombé après le

baptême de se relever , de se renouveller !
L'apôtre S. Paul se sert d'une expression qui
fait trembler , et qui jetterait dans le désespoir , si on la prenait à la lettre et dans toute
sa rigueur. Il est impossible , ce sont ses propres termes ; il est impossible que ceux qui ont
été une fois éclairés , qui ont goûté le don du
ciel , qui ont été faits participans du S.-Esprit ,
qui se sont nourris de la sainte parole de Dieu et
des merveilles du siècle à venir , et qui après
cela sont tombés ; il est impossible , dis-je ,
qu'ils soient renouvellés par la pénitence.

Quelque difficile que soit ce changement ,
ce passage , ce renouvellement , il n'est pas
impossible. Nous avons dû dans cette auguste
solemnité de pâques , faire tous nos efforts
pour renaître de Dieu en Jésus-Christ. Nous
avons pu , avec le secours tout-puissant de la
grace , passer de la mort à la vie : mais l'a-
vons-nous fait ? Pouvons-nous avec quelque
raison , nous flatter que sortant du baptême
laborieux de la pénitence , nous sommes véritablement nés de Dieu , enfans de Dieu ? C'est
ce que nous devons examiner avec soin ; c'est
ce que nous ne pouvons connaître que par
les marques que nous donne l'apôtre. Quelles
sont ces marques ? Comment pouvons-nous savoir si nous sommes véritablement nés de Dieu ?

La marque la moins équivoque de cette illustre renaissance , est la charité , par laquelle
nous aimons Dieu par-dessus toutes choses ,
pour lui-même ; et le prochain , comme nous-
mêmes , en Dieu et pour Dieu. Aimons-nous
Dieu de tout notre esprit , de tout notre cœur ,
de toute notre ame , de toutes nos forces ?
L'aimons-nous au-dessus de tout ? Sommes-

nous dans la disposition de le préférer à tout,
de lui sacrifier tout, même ce que nous avons
de plus cher au monde ? Aimons-nous nos
frères, comme nous nous aimons nous-mêmes ? Aimons-nous Dieu pour lui-même, de
cet amour pur, de cet amour chaste, comme
disent les Pères, de cet amour dégagé de tout
vil intérêt ? Aimons-nous nos frères d'un
amour spirituel, pur, saint, pour la gloire de
Dieu, pour leur salut? Aimons-nous, comme
parle S. Jean, celui qui a engendré et celui
qui est né de lui ? Aimons-nous le Père-Eternel et son Fils unique ? Aimons-nous J.-C. et
tous ses Membres? Si cela est, nous avons lieu
de croire que nous sommes enfans de Dieu,
que nous sommes véritablement nés de Dieu.

Une autre marque aussi certaine que la première, et qui n'en est qu'une suite nécessaire, est une victoire complette sur le monde : tous ceux, dit le disciple bien-aimé,
qui sont nés de Dieu, sont victorieux du
monde ; et ce qui nous fait remporter la victoire sur le monde, c'est notre foi. Tous ceux
qui sont nés de Dieu, tous, sans distinction
de sexe, d'âge et de condition, tous généralement croient en Jésus-Christ, non pas d'une
foi stérile, languissante, morte ; mais d'une
foi féconde en bonnes œuvres, d'une foi vive,
d'une foi opérante par la charité, d'une foi
qui fait observer toutes les loix, accomplir
tous les préceptes et garder tous les commandemens ; d'une foi qui leur fait reconnaître
leur faiblesse, espérer en Jésus-Christ, et demander en son nom tous les secours dont ils
ont besoin pour vaincre leurs ennemis ; d'une
foi qui les engage à prendre courageusement

ce que le grand apôtre nomme les armes de Dieu, pour combattre le démon, le monde et la chair, les plus dangereux et les plus terribles ennemis du salut ; d'une foi enfin qui ne leur permet pas de se reposer jusqu'à ce qu'ils aient entièrement vaincu ces ennemis.

Voulez-vous savoir, M. F., si vous vous êtes renouvellés dans cette pâque ; si vous êtes enfans de Dieu, nés de Dieu ? Examinez si, par un effet de votre foi, vous avez vaincu le monde ? Avez-vous entièrement renoncé à ses vanités et à ses pompes ? Ne soupirez-vous plus après ses biens, ses richesses, ses honneurs, ses dignités ? Ne recherchez-vous plus ses divertissemens, ses amusemens, ses plaisirs ? Vous êtes-vous défaits de ses manières, qui ne ressentent que l'orgueil et la superbe ? N'êtes-vous plus asservis à ses caprices et à ses modes ? Ne suivez-vous plus ses pernicieuses maximes ? N'êtes-vous plus animés de son dangereux esprit : esprit d'intérêt, d'avarice, de cupidité, d'ambition ; esprit de dissimulation, de ruse, d'artifice, de tromperie, de fraude, d'injustice, d'iniquité ; esprit, en un mot, qui inspire toute sorte de passions et de vices ?

Si cela n'est pas, vous n'avez pas bien solemnisé la pâque ; vous êtes encore engagés dans vos péchés ; vous êtes dans un état de mort et de damnation. Au contraire, si par une foi vive en Jésus-Christ, vous avez heureusement vaincu le monde ; si après l'avoir terrassé, vous le foulez aux pieds ; si vous avez une sainte horreur de ses manières, de ses principes, de ses maximes, de son esprit ; si vous ne craignez rien tant que de lui plaire ; si vous pouvez dire avec vérité, comme saint

Paul , que vous ne vous glorifiez en autre chose , qu'en la croix de N. S. Jésus-Christ , par qui le monde est crucifié pour vous , et par qui vous êtes crucifiés pour le monde ; vous pouvez vous flatter que vous êtes encore une fois nés de Dieu , et nous n'avons qu'à vous exhorter à continuer à combattre et à vaincre : il n'y aura de couronnés au dernier jour , que ceux qui auront combattu dans les règles et jusqu'à lafin : ceux qui seront demeurés victorieux.

Pourriez-vous craindre , M. T. C. F. , et douter de la victoire ? Quel est celui , dit S. Jean , qui est victorieux du monde , sinon celui qui croit que J.-C. est Fils de Dieu ? Dans le tems que le disciple bien - aimé parlait ainsi , tout l'univers était déclaré contre J.-C. Le monde était armé contre sa religion et son Eglise ; tous les amateurs du monde , grands et petits , savans et ignorans , mettaient tout en usage pour s'opposer au progrès de l'Evangile ; ainsi , pour être victorieux du monde , il fallait croire en J.-C. ; et il n'y avait de victorieux du monde , que celui qui croyait fermement que J.-C. est le Fils de Dieu.

Le monde , de nos jours , n'est pas moins déclaré contre l'Evangile ; J. - C. n'est pas moins violemment blasphémé, sa religion n'est pas moins outragée : ceux-là seuls peuvent être victorieux de tous ces scandales , qui sont nés de Dieu , et qui sont véritablement enfans de Dieu. Je m'adresse à vous , sur-tout , M. T. C. F. , qui avez eu le bonheur de faire la communion pascale. Vous vous êtes assis à la Table du Seigneur ; vous avez été admis à ce festin que Dieu donne à ses enfans; vous y

avez mangé , non un aliment commun et terrestre , mais le pain même des anges ; vous y
avez reçu l'auteur même de la vie , votre Sauveur , votre Dieu ; vous êtes sortis de cette
Table portant dans vous-mêmes celui que le
ciel ne saurait contenir , celui qui a vaincu le
monde , qui a aboli le péché , et qui a détruit
l'empire du démon. Quelle force , quel courage , quelle vertu ne doit point être en vous ,
si vous l'avez reçu dans des dispositions véritablement chrétiennes ! Quand vous avez été
baptisés , vous avez reçu une nouvelle naissance , un cœur nouveau , un nouvel amour :
mais vous avez souillé ensuite cette robe d'innocence par le péché , et Dieu vous l'a rendue
par le sacrement de Pénitence : il a plus fait ,
il vous a donné son propre corps pour vous
nourrir ; ainsi , non-seulement vous êtes nés
et renés de Dieu , mais vous avez été fortifiés
et engraissés même de Dieu, selon l'expression
de Tertullien. Vous êtes donc obligés de suivre l'inclination , et d'agir par l'esprit de cette
nouvelle naissance que Dieu a perfectionnée
en vous , et qui doit avoir formé en vous un
cœur nouveau et un saint amour.

Or , M. F. , écoutez et rappellez sans cesse
à votre souvenir ce que vous dit l'esprit de
Dieu : Tous ceux qui sont nés de l'esprit de
Dieu sont victorieux du monde ; ils doivent
regarder les cupidités du monde , les plaisirs
du monde , les richesses du monde , comme
un ennemi qu'ils ont déjà vaincu ; ils doivent
le fuir et le haïr souverainement , être toujours sur leurs garder , pour n'être pas surpris
par les coups qu'il porte continuellement contre les enfans de Dieu.

V 4

Si nous sommes véritablement chrétiens, non-seulement nous devons combattre le monde, cet ennemi dangereux, cet ennemi déclaré de notre bonheur, mais nous devons faire tous nos efforts pour le vaincre; nous devons opposer à ses maximes fausses et pernicieuses, celles de l'Evangile, qui sont les seules vraies et utiles. Nous devons nous défendre des menaces et des terreurs dont le monde tache de nous ébranler, par un courage véritablement chrétien, et en nous souvenant que la qualité d'enfans de Dieu et de disciples de Jésus-Christ nous doit faire préférer la vertu à toute chose, et nous la faire pratiquer au péril même de ce que nous avons de plus cher. Nous devons détruire les erreurs et les illusions du monde, en nous instruisant dans la loi de Dieu et dans celles de l'Eglise; nous devons enfin rejetter les plaisirs que le monde nous offre, parce que la fin de tous ces plaisirs n'est que honte et douleur. Voilà ce que doivent faire les enfans de Dieu; voilà ce que vous devez faire, chrétiens, vous qui, dans ces jours, avez eu le bonheur d'être nourris du corps du Fils de Dieu; qui, par le ministère d'un prêtre, avez reçu l'absolution de vos péchés; vous qui, aussi heureux que les anges, avez été admis aux nôces de l'Agneau: après cela, pouvez-vous encore être les esclaves de son ennemi? N'est-il pas juste, n'est-il pas nécessaire que vous le combattiez, et que vous évitiez de retomber dans ses fers, que vous ne vous laissiez point ébranler par les maux dont il menace; que vous ne vous laissiez point éblouir par les erreurs qu'il enseigne, et que vous ne vous laissiez point charmer par les plaisirs qu'il vous offre et qu'il vous présente? Si vous le faites, vous êtes véritablement les enfans de Dieu. Nous ne sommes véritablement libres, dit S. Augustin, que quand nous avons vaincu le monde avec ses terreurs, ses erreurs et ses plaisirs. Mais si, au contraire, vous suivez encore les maximes et l'esprit du monde, si vous vous laissez ébranler par la crainte des maux qu'il peut faire, si ses fausses maximes vous entraînent, si ses plaisirs vous enchantent, ne vous flattez pas, vous n'êtes point les enfans de Dieu, et vous êtes les enfans de son ennemi.

Ne croyez donc pas, M. T. C. F., avoir accompli tous vos devoirs après avoir fait la confession de vos péchés, et avoir communié dans cette sainte quinzaine : il vous reste encore bien des choses à faire ; la plus importante, c'est de vaincre le monde. Si vous n'en êtes pas victorieux à l'avenir, si l'on vous voit encore suivre ses maximes, rechercher ses plaisirs, aimer à lui plaire, et craindre de lui déplaire ; tremblez, et je tremble moi-même de vous le dire : votre confession et votre communion ne sont pas chrétiennes. Si vous avez reçu dans ce sacré tribunal et à la Table-Sainte l'esprit de Jésus-Christ ; si vous vous êtes fortifiés dans la naissance que vous avez en Jésus-Christ, vous devez donc vaincre le monde : car tout ce qui est né de Dieu est victorieux du monde : et si vous vous laissez vaincre vous-mêmes par le monde, tirez la conséquence, vous n'êtes point nés de Dieu : vous êtes donc encore esclaves du monde ; vous êtes encore sous l'empire du prince des ténèbres, qui est le prince du monde ; et vous serez condamnés comme lui et avec lui.

Mais, direz-vous encore, comment pourrons-nous vaincre un si terrible ennemi, qui en tout tems et en toute occasion nous poursuit et cherche à nous perdre? Le disciple bien-aimé vous en donne le moyen. La victoire, vous dit-il, par laquelle le monde est vaincu, est l'effet de notre foi. C'est la foi en J.-C. qui est notre force et qui nous rend invincibles; c'est elle qui nous fait connaître que les biens du monde, ses plaisirs, ses honneurs ne sont rien; qu'ils n'ont rien de solide ni de réel; qu'il n'y a de véritables biens que ceux de la grace, et ceux que Dieu nous réserve dans le ciel. C'est la foi en J.-C. qui nous fait connaître que les maux du monde, les afflictions, les maladies, les misères humaines, ne sont pas les véritables maux que nous devons craindre, qu'il y en a de plus terribles et de plus affreux pour nous, qui est de tomber entre les mains du Dieu vivant, pour les péchés que nous avons commis; c'est la foi en J.-C. qui attire en nous la grace d'aimer et de craindre ce qui est éternel, et qui nous fait mépriser ce qui est passager et périssable; c'est la foi en J.-C., animée, agissante par la charité, qui nous éclaire, qui nous conduit, et qui nous fait vaincre tout ce que le monde et le démon ont de plus terrible; c'est elle enfin qui nous met en main les armes de la prière, et qui nous donne du courage, en nous donnant de la confiance en Dieu: ainsi, M. T. C. F., je ne puis mieux finir cette Instruction que par ces paroles de l'apôtre S. Pierre: *Soyez sobres et veillez, car le démon, qui est le prince du monde, tourne autour de vous comme un lion* rugissant, cherchant qui il pourra dévorer. Il se sert du monde et des objets du monde, de ses plaisirs, de ses erreurs, de ses terreurs, pour vous corrompre. Résistez-lui donc, en demeurant fermes dans la foi, en méprisant ce que le monde estime, en vous élevant au-dessus des craintes qu'il inspire, en fuyant les plaisirs qu'il promet, puisque la foi vous le prescrit et vous l'ordonne ; c'est le vrai moyen de conserver l'esprit de Jésus-Christ, qui est le fruit de la communion pascale ; et après avoir participé ici-bas aux sacremens de son corps et de son sang, nous mériterons d'être un jour énivrés dans le ciel de ses délices éternelles. Dieu veuille bien nous en faire la grace.

Nota. *L'Ascension est dans le premier volume, pag.* 333.

PENTECOTE.

Le S.-Esprit est venu dissiper l'erreur, et enseigner la vérité.

Le Consolateur, l'Esprit-Saint que mon Père vous envoyera en mon nom, vous enseignera toutes choses.

Joan. 14.

L'auguste solemnité que nous célébrons en ce jour, M. T. C. F., elle est le complément de tous les prodiges que l'Homme-Dieu avait opérés dans son séjour parmi les hommes. Toutes les merveilles que renferme ce sublime mystère, sont au-dessus de nos expressions, comme au-dessus de nos pensées ; il n'en fut jamais de plus propre à nous instruire et à nous édifier. Les Pères de l'Eglise nous le représentent sous des formes les plus satisfesantes. Les uns le regardent comme l'excès de l'amour de Dieu pour les hommes ; sa puissance leur paraît s'être épuisée en leur faveur ; c'est une espèce de prodigalité qui n'a son principe que dans l'immensité de son amour pour nous. Non content d'avoir envoyé son Fils pour notre rédemption, il nous a envoyé son Saint-Esprit pour notre sanctification. O que la bonté du Rédempteur est ineffable, s'écrie saint Augustin ! il a emporté l'homme dans le ciel, et en échange il nous envoie un Dieu sur la terre. Par ce bienfait inestimable, s'établit un heureux et glorieux commerce entre le ciel et la terre. Le ciel a reçu la chair de l'homme, et la terre est remplie de l'esprit de Dieu : J.-C. est monté de la terre au ciel, et le Saint-Esprit descend du ciel sur la terre. Ainsi s'accomplit la promesse que J.-C. fit à ses apôtres en les quittant : Le consolateur, l'Esprit-Saint que mon Père vous envoyera en mon nom vous enseignera toutes choses. Ce divin consolateur vient remplir nos ames de paix, de joie, de grace et de sainteté ; il vient dissiper les ténèbres de nos esprits, purifier et embrâser nos cœurs ; il vient les délivrer de l'amour servile, de l'amour honteux des créatures, les détacher de toutes les choses sensibles, et les élever vers les biens invisibles du ciel.

Parmi la foule immense d'objets que nous présente cet auguste mystère, la descente du Saint-Esprit sur les apôtres, je m'arrête à deux principaux, qui feront le sujet de cette instruction. Le monde était plongé dans les ténèbres les plus épaisses : l'Esprit-Saint, qui descend du ciel, est un esprit de vérité qui dissipera ses erreurs, et le convaincra de mensonge. La loi écrite n'était qu'une loi de servitude ; elle ne pouvait justifier l'homme : l'Esprit-Saint qui descend du ciel est un esprit de charité, pour convaincre le moude de sa fausse justice. Daigne ce divin Esprit éclairer le mien, embrâser mon cœur, purifier mes lèvres, et porter lui même dans vos esprits et dans vos cœurs toutes les vérités qui vont sortir de ma bouche. Je vous demande quelques momens d'attention la plus favorable.

Quoique Dieu se fût manifesté aux hommes par le ministère des anges et par l'organe des prophêtes, cette manifestation eût été cependant incomplette, si Dieu, dans l'excès de ses miséricordes , ne nous eût parlé dans la personne de son Fils. L'homme , par son péché , avait outragé la majesté de Dieu qui est infinie ; pour réparer cet outrage , il fallait une satisfaction qui fût d'un prix infini. C'est pourquoi le Père-Eternel , par l'effet de son amour pour l'homme , a envoyé son Fils unique au monde , et l'a livré pour être la victime de propitiation pour nos péchés. Cette mission du Fils , que le péché de l'homme a nécessitée, a nécessairement manifesté le mystère adorable de la Trinité des personnes divines : et disons-le , sans le péché , l'homme n'aurait point connu sur la terre le mystère de la Sainte Trinité. Pour nous racheter , il a fallu nous apprendre la manière admirable dont s'est opéré notre salut ; il a fallu nous faire connaître que le Père a envoyé son Fils en ce monde pour notre rédemption , que le Père et le Fils y ont envoyé le Saint-Esprit pour notre sanctification. Cette mission du Fils et du S.-Esprit suppose absolument le mystère de la Trinité des personnes ; parce qu'il faut nécessairement qu'il y ait distinction de personnes entre celui qui envoie et celui qui est envoyé.

Délà il suit , et c'est pour nous une grande consolation, que les trois Personnes divines ont concouru à la consommation de l'ouvrage de notre salut. L'amour du Père l'a porté à nous livrer son Fils ; l'amour du Fils l'a porté à se livrer lui-même à la mort pour nous : mais tout cela nous eût été inutile , si le S.-Esprit , qui est l'amour même par la propriété de sa personne, ne nous l'avait appliqué , en nous le fesant connaître par la foi , et nous y fesant correspondre par l'amour. La bonté du Père qui a voulu pourvoir à notre rédemption, a été, du côté de Dieu, comme le premier acte qui a opéré notre salut. Les souffrances et la mort du Fils, qui nous l'ont mérité, ont été comme le second. Les dons et les graces du Saint-Esprit, qui nous l'ont appliqué, ont été comme le troisième. Le Père nous a adoptés, et nous a élevés à la dignité éminente de ses enfans ; le Fils nous a incorporés à lui, et nous a élevés à la qualité glorieuse de ses membres ; le Saint-Esprit nous a sanctifiés et consacrés, et a fait de nos ames et de nos corps mêmes les temples de sa divinité : et tout cela s'est fait en chacun de nous, lorsque nous avons reçu le saint baptême, au nom du Père, du Fils, et du S.-Esprit.

Voilà notre religion, M. T. C. F., voilà l'objet de notre foi et la matière sur laquelle s'exerce l'impiété du monde incrédule. Voilà les grandes vérités qui nous ont été découvertes, et que le Fils de Dieu est venu révéler sur la terre. Mais ce n'était pas assez de les découvrir et de les révéler, il fallait encore en convaincre le monde incrédule, qui, toujours attaché à ses sens, ne croit rien et ne veut rien croire que sur leur témoignage. Sans cette conviction, le monde les aurait infailliblement rejettées, ou comme étant trop au-dessus des hommes, ou comme étant trop au-dessous de Dieu ; c'est à l'Esprit-Saint, l'Esprit de vérité, qu'était réservée la conviction du monde incrédule ; et c'est aujourd'hui que cet Esprit adorable commence avec éclat cette conviction, prenant les hommes par leurs sens pour mieux persuader leurs esprits, leur fesant voir et entendre les merveilles de sa toute-puissance.

Pour vous en bien persuader, M. T. C. F., il suffira de vous exposer simplement les merveilles qui s'opèrent en ce jour. La mission du Verbe s'est faite dans l'infirmité, l'humilité et les abaissemens : la mission du Saint-Esprit se fait avec éclat ; il descend visiblement sur la terre ; sa descente est accompagnée et suivie d'une foule glorieuse de miracles. On entend venir du ciel un grand bruit, comme d'un vent violent et impétueux : des langues de feu se reposent sur chacun des apôtres ; remplis du Saint-Esprit, ils parlent aussitôt toute sorte de langues. Des Juifs de toutes les nations du monde, surpris et effrayés de les entendre parler chacun en sa langue, se demandent avec autant d'admiration que d'étonnement : Ces hommes qui parlent ne sont-ils pas tous Galiléens ? Et comment donc les entendons-nous chacun parler la langue de notre pays ? Nous les entendons tous parler chacun en notre langue, des merveilles de Dieu. Que veut dire ceci ? Sur quoi le prince des apôtres prenant la parole, leur dit: Dieu a ressuscité Jésus, et nous sommes tous témoins de sa résurrection : il a accompli la promesse que son Père lui avait faite, d'envoyer son Saint-Esprit ; il a répandu cet Esprit-Saint que vous voyez et que vous entendez maintenant. Les apôtres ont été les témoins oculaires de la résurrection de J.-C., et les Juifs, aussi-bien que les apôtres, sont témoins oculaires et auriculaires de la descente du Saint-Esprit. Voilà donc le Saint-Esprit

tout

tout visible et tout sensible. Que peut-on désirer, après cela, pour convaincre le monde incrédule ?

Ce seul changement si prodigieux qui s'est fait dans les apôtres, n'est il pas une preuve sensible que c'est l'esprit du Seigneur qui les anime, et par conséquent un témoignage authentique et incontestable rendu à la gloire et à la divinité de Jésus-Christ leur maître, aussi-bien qu'à la vérité de toutes les choses qu'il nous a révélées ? Quels étaient les apôtres avant la descente du Saint-Esprit ? Et quels sont-ils après cette descente ? Auparavant faibles, lâches, timides, ignorans, grossiers, imparfaits : maintenant forts, courageux, intrépides, parfaits savans, parlant magnifiquement des grandeurs de Dieu en toutes langues, et d'où leur viendrait cette force, ce courage, cette perfection de vertu, cette science si sublime, cette faculté de s'exprimer en toutes sortes de langues, cette puissance d'opérer toutes sortes de miracles ? Et sur-tout d'où leur viendrait cette intrépidité avec laquelle ils vont se présenter devant les Juifs, pour publier au péril de leur vie la gloire de Jésus-Christ leur maître, qui vient d'être par eux sacrifié, si ce n'est de l'esprit de Dieu qu'ils ont reçu ? Quelle différence entre Pierre reniant J.-C. à la voix d'une servante, et Pierre à la tête des apôtres, aujourd'hui ouvrant la bouche le premier, pour reprocher publiquement aux juifs le crime de leur déicide.

Mais ce n'est pas encore assez que toutes ces merveilles soient vues et entendues des Juifs, qui de toutes les nations sont venus à Jérusa-

lem , il faut qu'elles soient **vues et entendues**
par-tout l'univers. Comme l'Eglise de J.-C. doit
être composée des Gentils aussi-bien que des
Juifs , il faut que le Saint-Esprit descende visiblement sur les uns et sur les autres. C'est aussi
ce qui arrive dès la première fois que l'apôtre
prêche les Gentils. Il en fait lui-même le récit.
Aussi-tôt que j'eus commencé à leur parler ,
le Saint-Esprit descendit sur eux , comme il
était descendu au commencement sur nous. La
même chose arrive aux prédications de saint
Paul et à celles des autres apôtres. On ne voit
par-tout que des descentes du Saint - Esprit ;
que dons miraculeux et extraordinaires , de
langues , d'intelligences , de science , de sagesse , de prophéties , et de toutes sortes de
miracles. Dans la seule Eglise de Corinthe , il
y a un si grand nombre de prophètes , que S.
Paul est obligé de faire des réglemens sur la
manière de prophétiser.

C'est ainsi , M. T. C. F. , qu'a été formée
l'Eglise de J.-C. ; elle a pris naissance au-milieu d'une infinité de miracles , dont les plus
grands , sans doute , sont la conversion si
prompte de l'univers , la sainteté et l'innocence répandue par-tout , le courage des millions
de martyrs , de tout âge , de tout sexe , qui
aiment mieux s'exposer aux supplices les plus
cruels, que d'offrir un seul grain d'encens aux
idoles ; l'idolâtrie renversée , les temples des
démons détruits de tous côtés , et tombant
comme d'eux-mêmes à la voix des apôtres , de
la même manière que les murailles de Jéricho
tombèrent autrefois au son des trompettes.

Voilà ce que l'esprit d'erreur et de mensonge ne saurait imiter ; et voilà comme l'es-

prit de vérité, le Saint-Esprit, est venu convaincre le monde du péché de son incrédulité. Douter, après cela, des vérités de la religion chrétienne, ne pas se rendre à tant de preuves si éclattantes et si visibles, fermer les yeux à tous ces témoignages si forts et convaincans du Saint-Esprit, c'est les fermer à la lumière, c'est se refuser à l'évidence.

Mais j'entends l'incrédule me demander : Vous me proposez à croire les vérités de la religion chrétienne, faites-moi donc voir, faites-moi donc entendre les mêmes merveilles qui ont été vues et entendues des apôtres et des fidèles des premiers siècles. Il est facile de répondre, et d'une manière péremptoire, par un raisonnement bien simple. Est-il raisonnable d'exiger de Dieu qu'il fasse des prodiges autant de fois que le demandera le caprice de chaque incrédule ? Est-ce ainsi qu'on en agit dans le monde, lorsqu'il est question de croire quelque trait d'histoire, ou quelque fait extraordinaire dans l'ordre naturel ? Dieu a fait des miracles pour établir la religion chrétienne ; il les a faits quand il a fallu ; il en a fait autant qu'il était nécessaire, suivant les circonstances ; ces prodiges subsistent même aujourd'hui par la connaissance certaine que nous avons qu'ils ont été faits ; ils subsistent plus particulièrement encore dans leurs effets. Quel effet plus sensible, quel miracle plus frappant, que l'état de la religion parmi nous ? L'enfer a mis en mouvement tous ses ressorts, il a employé tous ses moyens pour la renverser : n'est-ce pas un miracle sensible qu'elle subsiste encore, malgré le grand nombre d'apostats, d'indifférens, d'incrédules dont nous sommes environnés ; malgré la dépravation et la corruption générale qui nous infecte ? Quel prodige plus sensible ! Ne nous laissons donc pas surprendre aux sophismes de l'incrédulité : croyons fermement ; ne demandons plus à Dieu des miracles pour croire, ne lui demandons que celui de notre conversion : ne lui demandons aucun de ces dons éclattans, autrefois nécessaires dans l'établissement de son Eglise ; mais qui ne nous sont plus utiles à présent, et qui pourraient même nous être dangereux : au-lieu du don des langues, demandons-lui le miracle de bien retenir la nôtre ; en sorte qu'elle ne prononce jamais de paroles contraires à la vérité, à la charité, à la pureté, à la piété, et que toutes nos conversations soient chrétiennes, charitables et utiles au prochain. Au lieu du don de la guérison des maladies corporelles, demandons-lui celui de guérir les maladies de nos ames, d'éteindre l'ardeur et le feu de leurs passions, et de leur rendre la vie par la pénitence, quand nous leur avons donné la mort par le péché. Au lieu de cette foi capable de transporter les montagnes, et de les envoyer dans le fond de la mer, demandons lui en une qui abaisse notre orgueil, qui change les mauvaises dispositions de notre cœur, qui nous fasse croire et aimer les vérités de la religion, et qui nous applique entièrement à nos devoirs. Prenons garde sur-tout qu'aucun d'entre nous ne se laisse corrompre le cœur par le péché de l'incrédulité, qui, plus que tout autre, nous sépare du Dieu vivant. Pour préserver notre cœur de cette corruption, renonçons à toutes ces curiosités de l'esprit, si dangereuses en

matière de religion. Fuyons avec grand soin
la société et les conversations des impies et
des libertins, dont les discours corrompus empoisonnent tout-à-la-fois, et les oreilles et les
cœurs.

Mais ce n'est point assez de nous conserver
dans la pureté de la foi, il faut rendre cette
foi agissante par l'amour. L'Esprit-Saint qui
descend aujourd'hui du ciel n'est pas seulement un esprit de vérité pour convaincre
l'incrédulité du monde, il est encore un esprit de charité pour convaincre le monde de la
fausseté de sa justice. Soutenez quelques momens d'attention.

Abandonné à lui - même après son péché,
l'homme ne trouvait dans son propre fonds,
que faiblesse, qu'impuissance. La loi naturelle, infiniment obscurcie, ne pouvait arrêter ni modérer la fougue et l'impétuosité de
ses passions. Dans l'économie de sa sagesse,
Dieu, il est vrai, lui donna un moyen; mais
ce moyen était trop faible pour guérir la profondeur de ses plaies : ce moyen n'était réellement propre qu'à lui faire sentir son mal, et
à lui faire implorer avec plus d'ardeur le secours tout-puissant de la grace dont il avait
besoin. La loi de Moïse lui montrait son mal,
mais ne lui donnait pas la force de s'en retirer.
C'était une loi purement extérieure, une loi
de crainte, écrite sur la pierre ; une loi
de péché et de mort, donnée au-milieu des
feux et des tonnerres ; une loi enfin propre
seulement à le rendre juste aux yeux des hommes. Il lui fallait une loi intérieure, une loi
d'amour, une loi écrite dans son cœur, une
loi qui l'attirât par les attraits de sa grace et la

douceur de ses promesses ; une loi de grace et de vie. Dieu l'avait promise long-tems avant de la donner ; il s'en était expliqué par ses prophêtes : Il viendra un tems, disait-il par le prophête Jérémie, il viendra un tems que je ferai avec la maison d'Israël une nouvelle alliance ; et voici l'alliance que je ferai avec les hommes, moi qui suis le Seigneur. J'imprimerai mes loix dans leur esprit, je les écrirai dans leur cœur.

Le tems est enfin venu de l'accomplissement de ces grandes promesses. C'est dans ce grand jour que Dieu fesant succéder la vérité à la figure, la Pentecôte des chrétiens à celle des juifs, envoie son Saint-Esprit sur la terre pour les accomplir, pour contracter avec les hommes une alliance toute nouvelle, pour écrire sa loi dans leurs cœurs par ce divin Esprit, qui est appellé le doigt de Dieu, pour y répandre son amour, pour les embrâser, pour y consumer comme un feu toutes leurs iniquités, pour les animer, pour les vivifier, les rendre justes et vivans, de pécheurs et de morts qu'ils étaient auparavant. L'amour de Dieu, dit Saint-Paul, la charité qui seule est capable de donner la vie à nos ames, a été répandue dans nos cœurs par le Saint-Esprit qui nous a été donné. C'est cet Esprit qui en répandant l'amour de Dieu dans les cœurs des hommes, vient leur apprendre en quoi consiste la véritable justice, et leur faire voir que jusques-là ils n'en avaient eu qu'une fausse, puisqu'elle avait été destituée d'amour ; que l'amour est l'accomplissement de la loi ; que pour être véritablement juste, il faut quitter la terre, quitter toutes les créatures, se quitter

soi-même, ne s'attacher à rien, pour s'attacher uniquement à Dieu, chercher les choses
d'en haut où Jésus - Christ s'es retiré, et où
il est assis à la droite de son Père.

Delà il faut conclure, M. T. C. F. , que la
véritable justice ne se peut trouver que dans
le véritable amour de Dieu. Mais quelle conséquence ! que de fausses justices donc parmi
les hommes ! C'est donc une fausse justice que
la vôtre, hypocrites qui honorez Dieu des
lèvres, mais dont le cœur est bien éloigné de
lui ; qui avez grand soin de laver le déhors,
mais dont le dedans est tout plein d'immon-
dices ; qui affectez de paraître observateurs
rigides des plus petites choses de la loi, pendant que vous violez ce qu'elle a de plus important ! C'est donc une fausse justice que la
vôtre, chrétiens, qui ne l'êtes qu'à demi, qui
prétendez partager votre cœur entre Dieu et
le monde, pratiquant à l'extérieur quelques
œuvres de charité, de piété, de pénitence,
pendant que vous laissez toujours régner dans
vos cœurs des passions secrettes ! C'est donc
une fausse justice que la vôtre, pécheurs, qui
dans vos conversions et dans vos pénitences
prétendues, n'avez aucun soin d'établir et
d'entretenir l'amour de Dieu dans vos cœurs ;
qui cessez les actions extérieures du péché,
parce que vous craignez les châtimens éternels qu'il mérite, mais qui en conservez toujours les affections au-dedant de vous-mêmes,
parce que vous n'aimez ni Dieu, ni sa justice !
Apprenez aujourd'hui, et laissez vous heureusement et salutairement convaincre par le S.-
Esprit, touchant la justice ; c'est-à-dire, laissez-vous bien persuader que la vraie justice,

la vraie piété et la vraie pénitence consistent dans l'amour de Dieu : et pouvez-vous , ingrats que vous êtes , lui refuser cet amour , après que , pour l'obtenir , il vous a envoyé son Fils et son S.-Esprit , c'est-à-dire , après qu'il vous a tout donné ?

L'amour du prochain pour Dieu vous est encore nécessaire pour être justes de la véritable justice. C'est pour nous l'apprendre que le Sauveur a donné son S.-Esprit à ses apôtres par deux différentes fois. C'est pour nous faire accomplir ces deux préceptes dans lesquels est comprise la charité qui seule peut accomplir la loi de Dieu. Une seule charité , et néanmoins deux préceptes ; un même esprit , mais donné deux fois : donné en la terre pour nous faire accomplir le précepte de l'amour du prochain avec lequel nous vivons sur la terre. Envoyé du ciel dans ce jour sacré , avec l'éclat et le bruit d'un vent violent et impétueux , parmi les flammes et les langues de feu , mais d'un feu qui éclaire , qui brille , qui brûle , qui embrâse les cœurs des apôtres , les ravit , les transporte , les remplit tellement de l'amour de Dieu , que l'on dit qu'ils sont yvres. Ils le sont en effet , dit S. Augustin ; mais ils ne le sont que d'amour , et non de vin ; ils le sont de cette yvresse dont le prophète a parlé , quand il a dit à Dieu : Vous avez visité votre terre , Seigneur , et vous l'avez enyvrée : ils le sont , ô mon Dieu , du vin de votre Esprit , dont ils vont enyvrer toutes les nations de la terre ; pleins d'amour pour leurs prochains , comme ils le sont pour vous.

Comme ces deux amours sont liés inséparablement, la vraie justice, qui consiste dans l'amour, les renferme essentiellement tous deux : et par-là, que de convictions encore des faux justes dans la descente du S.-Esprit? Venez-ici vous convaincre salutairement de votre fausse justice, vous tous qui croyez conserver la paix avec Dieu, en la rompant avec vos frères: considérez seulement avec un peu d'attention les circonstances et les suites du grand mystère de ce jour. Remarquez que si le Saint-Esprit descend sur les apôtres, c'est sur les apôtres unis dans un même esprit, et assemblés dans un même lieu. S'il leur confère le don des langues, c'est en réunissant en chacun d'eux toutes les langues du monde. Autrefois Dieu avait multiplié les langues pour mettre la division parmi les hommes, et les confondre dans une entreprise orgueilleuse ; aujourd'hui il réunit toutes les langues dans chacun des apôtres, pour attirer tous les hommes à l'humilité de la foi et à l'unité du corps de J.-C. son Fils. Le Saint-Esprit, enfin après être descendu, convertit les hommes par milliers ; mais il les unit tellement tous par les liens de la charité, qu'ils ne sont qu'une ame et qu'un cœur, et qu'entr'eux toutes choses deviennent communes.

Le Saint-Esprit, M. T. C. F., est aussi descendu sur nous tous, au moins à notre baptême. Nous avons tous été baptisés par un même esprit, dit S. Paul, pour ne former tous ensemble qu'un même corps : travaillons donc à conserver avec soin l'unité de ce même esprit par le lien de la paix : pour cet effet, bannissons de nos cœurs, non-seulement les envies, les jalousies, les haines, les inimitiés et tous les sentimens de la vengeance ; mais encore les amertumes, les aigreurs et les moindres refroidissemens ; parce que la paix, l'union, la concorde, sont les fruits de la douceur, de l'humilité et de la patience. Appliquons-nous fortement à la pratique de toutes ces vertus ; et sur-tout ne perdons point de vue la charité : *super omnia charitatem habete*. La charité, M. T. C. F., est maintenant l'unique marque à quoi nous puissions reconnaître que nous avons reçu le Saint-Esprit : nous n'en avons plus d'autres. Les dons des langues et des prophéties ont cessé ; mais que notre charité ne cesse point ; qu'elle soit sincère et véritable, sans fraude, sans artifice, sans dissimulation. Ne nous y trompons pas, il y a des hypocrites en charité, comme il y en a en piété. Si nous n'avons qu'une fausse charité, nous n'avons aussi qu'une fausse justice.

Esprit-Saint, Esprit qui êtes de Dieu, daignez descendre dans nos cœurs rébelles ; Esprit-Saint, source inépuisable de lumières ; Esprit de vérité, de sainteté, de charité, de douceur, de paix et de concorde, descendez aujourd'hui sur nous ; venez affermir les faibles, encourager les lâches, rassurer les timides, soumettre les rébelles, amollir les endurcis, réjouir les tristes, consoler les affligés. Nous ne vous demandons point que vous nous accordiez, comme aux apôtres, la puissance de faire des miracles ; nous ne désirons que celui de notre conversion. Triomphez de notre coupable résistance ; renouvellez l'intérieur de notre esprit ; ôtez-nous ce cœur de pierre que le monde nous a formé ; donnez-nous ce cœur

de chair qui soit souple et flexible aux mouvemens et aux impressions de votre grace ; formez en nous la vraie justice et la vraie sainteté, qui ne peut nous venir que de vous, qui
en êtes l'unique source ; faites-nous participer
à votre sainteté par l'abondance de vos graces
en cette vie, pour nous rendre en l'autre participans de votre félicité, par les richesses
immenses de votre gloire. *Amen. Amen.*

DIMANCHE DE LA TRINITÉ.

Sur le Mystère de la Trinité.

*Il y en a trois qui rendent témoignage dans le ciel, le
Père, le Verbe et le Saint-Esprit; et ces trois sont
une même chose.*

1. Jean. 5. 7.

LA solemnité que nous célébrons, M. T.
C. F., n'est point une pratique nouvelle,
comme tant d'autres qu'une piété peu éclairée a établies parmi nous, dans ces derniers
tems, et qui annoncent l'obscurcissement de
la foi et l'affaiblissement de la charité. Dès les
premiers jours de son existence, l'Eglise n'a
cessé de rendre gloire à la Trinité des Personnes, et à l'Unité de la nature en Dieu.
Dans tous ses cantiques, cette chaste épouse
honore à tous momens, et célèbre distinctement les trois Personnes, du Père, du Fils et
du Saint-Esprit. Il n'y a point de culte dans
notre religion, qui ne se rapporte à la Trinité. Il n'y a point de prière qui ne soit faite au
nom du Père, du Fils et du Saint-Esprit. Il

n'y a point d'hymnes, point de pseaumes où l'on ne rende gloire au Père, au Fils, au S.-Esprit. Il n'y a point de sacrifice qui ne s'offre au Père, par le Fils, dans le Saint-Esprit : c'est, pour ainsi-dire, une fête générale, un hommage continuel que nous rendons à la Trinité, et dont les vrais chrétiens s'occupent habituellement. Il paraîtrait donc inutile d'instituer une fête extraordinaire et plus solemnelle en l'honneur de ce mystère que l'Eglise célèbre tous les jours et à tous les momens de l'année. Aussi, M. T. C. F., souffrit-elle beaucoup de difficultés : elle ne fut d'abord établie que dans quelques cathédrales, dans quelques monastères ; et ce ne fut qu'au commencement du seizième siècle, qu'elle fut reçue par toute la France.

Quoi qu'il en soit de l'antiquité de cette fête ou de sa nouveauté, respectons les motifs qui en ont déterminé l'établissement : secondons les vues de l'Eglise : il est de son intention, il est dans son esprit, que nous nous occupions de ce mystère incompréhensible, l'Unité d'un Dieu en trois Personnes. C'est le dogme le plus essentiel, le dogme fondamental de la religion chrétienne. C'est au nom de la Trinté sainte, une et indivible, que s'opère en nous le mystère de la régénération, qui nous faits enfans du Père, frères du Fils et temples du Saint-Esprit. Il est malheureusement peu de chrétiens solidement instruits de cet auguste mystère : j'entreprends de le développer, autant que la grandeur, la profondeur et la sublimité du sujet peuvent le permettre à la faiblesse humaine. Dans une matière de cette importance, je n'hasarderai rien de moi-même, ni les pensées, ni les expressions ; je puiserai les unes et les autres dans les sources invariables des livres saints et de la tradition. L'Ecriture et les Pères me fourniront tout ce que vous devez croire de ce mystère. Je ne m'arrêterai pas seulement à établir le dogme de la Trinité , j'en tirerai des conséquences qui seront autant de leçons d'une morale la plus sûre et la plus avantageuse , et la plus analogue à la vie présente. Elevez vos esprits , M. T. C. F. , la sublimité du sujet que je vais traiter exige l'attention la plus suivie et la plus sérieuse... Dieu seul, Dieu unique en trois Personnes , Trinité sainte , Unité incompréhensible dans votre nature et dans votre essence , répandez sur nous quelques étincelles de cette lumière inaccessible que vous habitez ; tandis que mes faibles paroles frapperont nos oreilles , frappez fortement les oreilles de nos cœurs ; rendez-les sensibles à l'éclat de votre lumière , rendez-les dociles à la pluissance de votre grace.

Le mystère de la Sainte-Trinité est l'objet principal de notre foi , M. T. C. F. Si l'on entreprenait d'en sonder la profondeur et l'immensité par les seules lumières de la raison, ce serait une témérité coupable , qui renouvellerait les erreurs grossières qui ont éclatté dès les premiers siècles de l'Eglise. Telle fut d'abord celle des Sabelliens , qui confondant les Personnes divines , n'en voulurent reconnaître qu'une seule. Telle fut celle des Ariens, qui divisant les Personnes divines , prétendaient qu'elles étaient d'une nature différente. Celle des Macédoniens , qui reconnaissant la divinité du Fils , combattaient celle du Saint-

Esprit. Celle enfin des Grecs, qui, d'accord de la divinité de cette troisième Personne, soutenaient qu'elle procédait seulement du Père, et non du Fils. C'est ainsi que tout scrutateur de la divine Majesté sera toujours accablé sous le poids, et aveuglé par l'éclat de la gloire qu'elle répand. Bien différente, la foi, sans vouloir pénétrer l'abîme trop profond de ce mystère impénétrable, se contente de l'adorer, et de confesser hautement, avec simplicité, qu'elle croit le Père, le Fils, le Saint-Esprit, un seul et même Dieu résidant indivisiblement dans ces trois Personnes divines : elle croit que tout ce qui est au Père est au Fils, que tout ce qui est au Fils est au Père, comme tout ce qui est au Père, au Fils, est au Saint-Esprit ; parce que la substance divine est dans les trois, non-seulement dans une souveraine égalité, mais dans une unité, une indivisibilité, et une identité parfaite. Voilà ce qui avait été caché aux sages et aux prudens du siècle ; voilà ce qu'il a plu à Dieu de révéler aux simples et aux petits. Consultons l'Ancien-Testament ; osons lever ce voile mystérieux, nous verrons, à travers son obscurité même, la distinction des personnes. Au moment où il s'agit de la création de l'homme, Moïse nous représente Dieu comme délibérant et consultant d'autres que lui : fesons l'homme à notre image et à notre ressemblance. Sans doute Dieu n'adressait pas ces paroles aux anges : et comment des créatures bornées et limitées auraient-elles pu concourir à la création ! L'homme n'a point été fait à l'image des anges, mais à l'image de Dieu. C'est donc Dieu le Père qui adresse ces paroles au Fils et au Saint-Esprit. Ce sont-là, dit saint Chrysostôme, ses coopérateurs dans la création de l'homme. Les paroles qui suivent dans l'Ecriture, Dieu créa l'homme à son image et ressemblance, réunissent ces trois Personnes divines en une même nature, et enseignent que toutes trois ne sont qu'un seul Dieu... Le Seigneur, dit Moïse, apparut à Abraham. Dans cette vision mystérieuse, ce patriarche, le père des croyans, apperçut trois hommes : c'était-là sans doute une image de la Trinité sainte et de la parfaite égalité des trois Personnes divines, dans l'unité d'une même essence. Pourquoi, dit S. Augustin, Abraham qui vit trois hommes, les réunit il en un seul, pour rendre ses hommages et ses adorations, *tres vidit et unum adoravit*, si ce n'est parce que ces trois ne sont qu'un, et ne font qu'un seul Dieu et un seul Seigneur ?

Le Prophète Isaïe rapporte qu'il a vu le Seigneur assis sur un trône sublime et élevé ; les séraphins, qui environnaient ce trône, chantaient : Saint, Saint, Saint est le Seigneur des armées. Ce cantique divin que les séraphins chantent sans cesse dans le ciel, et que l'Eglise répète tous les jours sur la terre dans la célébration des SS. Mystères, nous représente celui de l'adorable Trinité, et nous apprend que les trois Personnes divines ont, avec leur distinction, une égalité de gloire et une unité de nature.

Je ne dois pas disconvenir, M. T. C. F., que ces passages de l'Ancien Testament ne présentent des difficultés ; que la révélation de ce mystère n'ait ses nuages, ses obscurités : mais combien est-elle marquée plus distinctement

dans l'Evangile , et proposée plus clairement
à notre foi , pour en être le principal objet ,
aussi-bien que celui de nos adorations ? Quoi
de plus clair en effet que la manifestation qui
nous en a été faite au baptême du Sauveur ?
Je vois les cieux s'ouvrir pour nous faire distinguer ces trois Personnes à-la-fois : le Père ,
qui déclare hautement que c'est-là son Fils
bien-aimé , en qui il a mis toute son affection ; le Fils , dans cet Homme-Dieu marqué
et désigné par ces paroles ; le Saint - Esprit ,
dans cette colombe , sous la figure de laquelle
il descend visiblement sur le Sauveur. Leur
distinction n'est-elle pas clairement annoncée
par ces paroles de S. Jean , qu'il y en a trois
qui rendent témoignage dans le ciel , le Père ,
le Verbe et le Saint-Esprit , et que ces trois
ne sont qu'un ? Le Fils étant Dieu , et le Saint-
Esprit étant Dieu , ils ne peuvent avec le Père
établir qu'un seul Dieu : et d'ailleurs le Père
ayant envoyé son Fils en ce monde , et le
Père et le Fils ayant envoyé le Saint-Esprit ,
la distinction des personnes nous est clairement enseignée , et nous devons la joindre à
l'unité d'un Dieu , puisque celui qui envoie
doit être nécessairement distingué de celui qui
est envoyé... Cette doctrine est admirablement
renfermée dans ces paroles de J.-C. : mon Père et
moi ne sommes qu'un. Mon Père et moi, voilà
la distinction des personnes : nous ne sommes
qu'un ; n'est-ce pas-là l'unité de l'essence ? Qui
oserait désormais confondre ces personnes ?
Qui oserait encore blasphémer la divinité de
Jésus-Christ ? Au commencement , dit le disciple bien-aimé , au commencement était le
Verbe , et le Verbe était avec Dieu , et le
Verbe

Verbe était Dieu. Le Verbe est le Fils unique de Dieu ; il réside dans son sein ; il est sorti de ce sein. Tout ce que le Père fait, le Fils aussi le fait comme lui. Celui qui n'honore point le Fils, n'honore point le Père. Celui qui voit le Fils, voit le Père ; c'est lui qui est le vrai Dieu et la vie éternelle. Pour confondre les ennemis de la divinité du Fils de Dieu, serait-il nécessaire d'ajouter les témoignages de S Paul, cet homme élevé jusqu'au troisième ciel ? Peut-on en parler plus fortement que de l'appeller le propre Fils de Dieu, la splendeur de sa gloire, le caractère de sa substance ; que c'est en lui qu'habite corporellement toute la plénitude de la divinité, c'est-à-dire, réellement, non en ombre et en figure, comme dans l'arche ; non par participation, comme dans les justes sur la terre, et dans les bienheureux dans le ciel, mais dans sa plénitude, et dans toute sa plénitude ; c'est-à-dire, qu'il possède généralement tout ce que la divinité contient, sa nature, ses perfections, ses propriétés, ses droits ?

A l'égard de la divinité du Saint-Esprit, n'est-elle pas prouvée par tous les effets de sa descente visible, par une foule de prodiges, par l'effusion sensible de tous ses dons extraordinaires et merveilleux, par la conversion de tout le monde, par tout ce qu'ont fait et souffert les apôtres et les saints, qui n'ont agi et souffert qu'autant qu'ils ont été animés de sa grace, et soutenus de sa vertu? Les preuves les plus certaines de sa divinité fourmillent à chaque page, dans le Nouveau-Testament : il y est appellé l'Esprit de Dieu, l'Esprit du Fils, l'Esprit de J.-C., l'Esprit de vérité qui procède du Père. Tous les caractères de la divinité lui sont attribués ; c'est lui qui sanctifie les hommes ; c'est lui qui remet les péchés ; qui répand les graces sur qui il veut, comme il veut, quand il veut ; c'est lui qui sonde nos cœurs, qui habite dans nos corps comme dans ses temples ; c'est lui qui fait tout ce que Dieu fait, qui pénètre tout, même ce qu'il y a en Dieu de plus caché. Blasphémer contre le Saint Esprit, c'est commettre un péché irrémissible dans le siècle présent et dans le siècle futur : mentir au Saint-Esprit, c'est mentir à Dieu même.

Rien donc de plus solidement établi par les Ecritures, que le mystère ineffable de la Trinité et de l'Unité de Dieu en trois Personnes. La tradition n'est ni moins précise, ni moins claire sur ce grand objet. Dès le second siècle, Athénagore s'explique ainsi dans son Apologie. On accusait les chrétiens d'athéisme ; voici comme il réfute cette calomnie. Les chrétiens adorent un Dieu créateur de tout, qui n'a point commencé ; parce que ce qui est, ne commence pas, mais ce qui n'est point, et qui a tout fait par son Verbe. Nous croyons un Dieu éternel, invisible, impassible, incompréhensible, immense, qui ne peut être connu que par la pensée. Nous concevons encore que Dieu a un Fils. Et qu'on ne traite pas cette croyance de ridicule : car ce que nous croyons de Dieu et de son Fils, ne ressemble pas aux fables des poëtes, qui ne représentent pas leurs dieux meilleurs que les hommes. Le Fils de Dieu est le Verbe du Père, c'es-à-dire, son idée et sa vertu. Tout a été fait par lui, et le Père et le Fils sont un. Le Fils est dans le Père , et le Père est dans le Fils , par l'union et la vertu de l'Esprit ; et le Fils de Dieu est la pensée du Père , et le Verbe du Père. Que si , par la sublimité de votre génie, vous voulez pénétrer ce que veut dire ce nom de Fils , je le dirai en peu de mots : c'est une production du Père : non qu'il ait été fait , car dès le commencement , Dieu étant un Esprit éternel , avait en lui le Verbe , la raison éternelle ; mais il a procédé , pour être la forme et la cause efficiente de toutes les choses matérielles. C'est ce que dit l'Esprit prophétique : le Seigneur m'a créé au commencement de ses voies pour ses ouvrages. Et ce même Esprit , qui agit dans les prophètes , nous disons aussi que c'est un écoulement de Dieu , qui en procède comme le rayon du soleil. Qui ne s'étonnera donc pas que l'on nomme athées , ceux qui disent qu'il y a un Dieu Père , un Fils Dieu , et un Saint-Eprit qui sont unis en puissance et distingués en ordre ?

Le Verbe de Dieu est son Fils , disait Théophile, patriarche d'Antioche , non comme disent les auteurs des fables , que les dieux ont des enfans , engendrés à la manière des hommes , mais comme la vérité le raconte du Verbe , qui était toujours dans le cœur de Dieu : car avant que rien fût fait , il l'avait pour conseiller , et il était sa pensée et sa prudence. Mais quand Dieu voulut faire tout ce qu'il avait résolu, il engendra ce Verbe proféré , premier né de toute créature. Non qu'il demeurât vuide de son Verbe ; mais l'ayant engendré , il conversa toujours avec lui. Ainsi Théophile reconnaît le Verbe co-éternel au Père ; mais il nomme génération , suivant le

stile des anciens théologiens, cette progres-
sion par laquelle il s'est manifesté au-dehors,
lorsque le Père a produit par lui les créatures.
Il ajoute que Dieu le Verbe, né de Dieu,
est envoyé par le Père, quand il veut. Il dit
encore : les trois jours qui ont précédé la
création des astres, sont les figures de la Trinité de Dieu, de son Verbe et de sa Sagesse,
entendant par la Sagesse le Saint-Esprit qui
la donne.

Dieu a créé ce monde par sa parole, sa raison et sa puissance : ainsi s'exprimait Tertullien dans son Apologétique. Nous disons encore que la propre substance du Verbe, de la
Raison et de la Vertu par laquelle Dieu a tout
fait, est l'Esprit ; que Dieu l'a proféré, et en
le proférant, l'a engendré : c'est pourquoi il
est nommé Fils de Dieu, et Dieu à cause de
l'unité de substance ; car Dieu est Esprit.
Quand le soleil pousse un rayon, la substance
n'est pas séparée, mais étendue. Ainsi le Verbe est esprit d'un esprit, et Dieu de Dieu,
comme une lumière est allumée d'une autre
lumière. Ainsi ce qui procède de Dieu est Dieu
et Fils de Dieu, et les deux font un. Un esprit
procède de l'esprit, et un Dieu de Dieu : autre
en propriété, non en nombre ; en ordre, non
en nature : il est sorti de son principe sans le
quitter. Donc ce rayon de Dieu, comme il
avait toujours été prédit, est descendu dans
une certaine Vierge, a été fait chair dans son
sein, est né Homme uni à Dieu. Cette chair
soutenue de l'Esprit se nourrit, croît, parle,
enseigne, opère, et c'est le Christ... Tertullien ajoute dans un autre endroit : je déclare
que je les nomme deux, Dieu et son Verbe,

le Père et son Fils ; et le troisième , après Dieu
et son Fils, qui est l'Esprit Souvenez-vous toujours de la règle que j'ai établie , que le Père ,
le Fils et l'Esprit sont inséparables l'un de
l'autre. Quand je dis que le Père est autre que
le Fils et que le Saint-Esprit , je le dis par nécessité ; non pour marquer diversité , mais ordre ; non division , mais distinction : il est
autre en personne, non en substance. Le Père
est toute la substance , le Fils est un écoulement : aussi , dit-il , le Père est plus grand que
moi. Autre est celui qui engendre , et celui
qui est engendré ; autre celui qui envoie , et
celui qui est envoyé ; autre celui qui fait , et
celui par qui il fait. Le Seigneur même a usé
du mot d'autre , en la personne du Paraclet ,
en disant : je prierai mon Père , et il vous en-
verra un autre consolateur. Cet Esprit consolateur procède du Père , et a été envoyé par le
Père aussi-bien que le Fils : mais il est autre
que le Fils ; et il n'est dit nulle part qu'il soit
Fils ni engendré : il est nommé également en
la forme du baptême : allez , baptisez au nom
du Père , et du Fils , et du Saint-Esprit. Donc
c'est une troisième Personne , mais le même
Dieu. Voilà , M. T. C. F. , comment les Pères
ont prouvé le mystère de la Trinité , non par
des raisonnemens philosophiques , mais par
l'autorité de l'Ecriture et de la Tradition : non
sur des principes de métaphysique , mais sur
les paroles expresses de J.-C , et sur la pratique constante de l'adorer avec le Père , et de
glorifier le Saint-Esprit avec l'un et l'autre. Le
Saint-Esprit est Dieu ; ce qui lui est attribué
ne convient qu'à Dieu, comme d'être sancti-
fiant , vivifiant , immuable , immense. En un

mot, dit saint Augustin, la Sainte-Trinité n'a qu'une même divinité ; elle n'est toute qu'un seul Dieu, et il n'est pas permis d'y joindre une créature ; cela suffit aux fidèles. La connaissance humaine ne va pas plus loin : les chérubins couvrent le reste de leurs ailes.

Tenons-nous donc fermes sur cet important objet, M. T. C. F. ; attachons-nous à la sainteté, à la vérité, à l'immobilité de la parole de Dieu dans nos Écritures, expliquées et interprêtées par son Église. Tenons-nous à couvert à l'ombre de la foi, contre les funestes impressions de l'erreur et de l'incrédulité de nos jours, toujours plus hautement déclarées contre la divinité de l'auteur et le consommateur de notre foi. Nous n'aurons pas, à la vérité dans cette vie, une connaissance claire et parfaite du mystère de la Sainte-Trinité ; mais celle que nous aurons sera aussi sûre qu'elle est avantageuse. Tirons de ce mystère ce qu'il nous présente de moral, pour y conformer notre conduite : examinons avec respect, pourquoi Dieu nous le propose pour objet principal de notre foi, et met notre salut à croire un mystère incompréhensible, qui surpasse infiniment notre raison, qui l'éblouit, et qui même l'anéantit, lorsqu'elle veut entreprendre de le pénétrer. Soutenez quelques momens d'attention ; ouvrez vos cœurs pour recevoir avec fruit la parole de Dieu.

L'humilité est d'une nécessité absolue pour le salut ; et c'est pour nous tenir dans cette humilité si nécessaire, que Dieu nous propose à croire l'ineffable mystère de la Trinité. L'homme livré à lui-même est si orgueilleux !

il voudrait mesurer la grandeur et la majesté
de Dieu, à la faible lueur de sa raison : parce
qu'il a plû à Dieu de le rendre capable de connaître, d'une manière très-imparfaite dans
cette vie, une nature divine toute sage, toute
puissante, qui a fait le monde, qui le conserve, qui le gouverne, qui le conduit, il s'i-
magine que cette raion lui suffit pour connaître tout ce qui est en Dieu, et comprendre
cet Etre éternel qui est incompréhensile à tout
autre qu'à lui-même. Quoi de plus propre à
humilier l'homme, à abaisser son orgueil, que
de l'obliger d'adorer, dans un religieux silence, ce qu'il ne peut expliquer par ses paroles,
ni concevoir par sa pensée ? Et quel moyen
plus propre à réussir dans ce dessein, que de
proposer à l'homme le mystère adorable de
l'Unité d'un Dieu résidant et subsistant en
trois personnes distinctes. Ma raison se perd
dans ce grand objet ; je m'anéantis à la vue
de l'immensité, de l'ineffabilité, de la majesté
d'un tel mystère. Les séraphins se voilent la
face de leurs ailes ; ils disparaissent à leurs
propres yeux, à la vue de cet incomprensible
mystère : ébloui, accablé sous le poids et sous
l'éclat de la grandeur infinie du Dieu trois fois
Saint, enveloppé de mon néant et de toute
ma faiblesse, je renonce à ma raison, je sa-
crifie mes lumières, et j'adore dans toute l'humilité de mon cœur cet Etre infiniment grand,
infiniment parfait : cette double soumission
fait ma sûreté ; et la vivacité de ma foi, qui
ne reconnaît que Dieu pour maître, me rassure bien plus que toute la vaine science des
philosophes et des sages du monde.

Une seconde raison pour laquelle Dieu nous

propose le mystère de la Sainte-Trinité , et qu'il en fait le point capital , le point fondamental , le point indispensable de notre religion , c'est pour donner plus de mérite à notre foi. L'esprit ne se soumet que difficilement au joug de la foi. Captiver son entendement sous son autorité , c'est un acte qui ne demande pas moins de fermeté dans l'ame , que d'humilité dans le cœur. La foi ne raisonne pas : la simplicité en fait le caractère essentiel ; c'est cette simplicité qui fit tout le mérite , le grand mérite du père des croyans. Abraham , dit S. Paul , crut ce que Dieu lui avait dit , et sa foi lui fut imputée à justice. Il ne s'affaiblit point dans sa foi ; il n'hésita point ; il n'eut point la moindre défiance que la promesse de Dieu ne dût s'accomplir : mais il se fortifia par la foi, rendant gloire à Dieu , et étant pleinement persuadé qu'il est tout - puissant pour faire ce qu'il a promis. Il n'y a pas moins de mérite dans la foi des mystères de Dieu , que dans celle de ses promesses , principalement dans la foi du mystère ineffable et incompréhensible de la Trinité-Sainte. Que si Abraham avait besoin de se fortifier dans la foi d'une promesse de Dieu , qui paraissait être détruite par son commandement ; s'il lui fallait une grandeur d'ame et une fermeté de courage héroïque, pour continuer de croire qu'il serait le père d'une grande postérité par son fils Isaac , en même tems que Dieu lui ordonnait de l'immoler ; de même nous avons besoin de nous-fortifier dans la foi, pour croire que le Père , le Fils et le Saint-Esprit ne sont qu'un seul Dieu , quoiqu'ils soient trois personnes distinctes. L'esprit humain , la raison , cette raison orgueilleuse , tant vantée de nos jours , cet oracle infaillible de nos prétendus philosophes , la raison ne peut accorder l'Unité de Dieu avec la Trinité des Personnes ; l'une lui paraît incompatible avec l'autre : mais comme Abraham rendit gloire à Dieu en croyant , et eut un grand mérite à se tenir ferme sur la promesse que Dieu lui avait faite : de même nous honorons Dieu , nous lui rendons gloire , nous avons du mérite dans l'humble soumission de notre esprit , croyant fermement par notre foi , la vérité d'un mystère que notre esprit ne peut comprendre.

Enfin le dernier motif dont je veuille faire usage pour votre instruction , pour lequel Dieu a voulu révéler aux hommes ce grand mystère , c'est afin de nous donner dans cette Unité indivisible , qui fait que le Père , le Fils et le Saint-Esprit ne sont qu'un seul Dieu , un puissant motif et un modèle parfait de la paix , de la concorde , de l'union et de l'unité même qui doit être entre nous. Je ne crains pas de le dire , c'est la fin principale de la révélation que Dieu nous a faite de ce mystère ; et pour en être persuadés , il ne faut qu'entendre le Fils de Dieu fesant de cette unité des fidèles , le sujet de ses plus ferventes prières , la veille de sa passion. Je vous prie , mon Père , qu'ils soient un comme nous sommes une même chose , et qu'ils soient consommés en l'unité. Vous savez , M. T. C. F. , quels furent les merveilleux effets de ces divines prières sur les fidèles dès le commencement de l'Église : l'Ecriture nous apprend qu'ils n'étaient tous qu'un cœur et qu'une ame dans le Seigneur : l'unité de leur foi , de leur espérance , de leur charité était l'image , et pour-ainsi-dire l'imitation de cette unité adorable , d'une même essence dans les trois Personnes divines. . . . Hélas ! M. F , pourrions-nous trouver maintenant dans l'union des fidèles une pareille preuve du mystère de la Très-Sainte-Trinité ? Nous en sommes malheureusement venus à ces tems prédits par le Sauveur , où l'iniquité s'est accrue , où la charité d'un grand nombre s'est refroidie : cette preuve ne subsiste plus. Nous fesons profession de croire , d'adorer cette admirable unité , et jamais on ne vit tant de divisions ; la discorde règne dans les familles ; les haines , les vengeances se couvrent du prétexte ridicule de la religion , et déchirent cruellement tous les cœurs dans tous les états , dans toutes les classes de la société. Cette opposition monstrueuse de nos mœurs et de notre croyance est le plus terrible fléau de la colère de Dieu sur nous. Jésus-Christ demande à son Père que nous nous aimions comme lui-même l'a aimé : nous rendons inutile cette touchante prière. Où trouver parmi nous cette union de charité que J.-C. a pour son Père , et que le Père a pour son Fils ? Si nous sommes unis , n'est-ce pas ordinairement pour l'intérêt , le plaisir , et peut-être pour le crime ? Hélas ! nous ne nous aimons point de cet amour qui naît de Dieu , et qui ne tend qu'à Dieu ; nos liaisons ne sont inspirées que par la chair et le sang , et ne dérivent point de cette divine charité qui doit être la source , le principe et la fin de notre amour. Rougissons , M. T. C. F. , de nos égaremens , demandons à Dieu que son esprit détruise , annéantisse en nous les funestes impressions de la cupidité. Soyons continuellement occupés à reconnaître, à respecter, à adorer la Trinité dans l'Unité, et l'Unité dans la Trinité : mais en ce jour plus particulièrement, rendons la gloire qui est due dans tous les siècles au seul Dieu en trois Personnes. Rendons gloire au Père, parce que tout est de lui; au Fils, parce que tout est par lui; au Saint-Esprit, parce que tout est en lui : au Père, qui nous a créés; au Fils, qui nous a rachetés; au Saint-Esprit, qui nous a justifiés et sanctifiés : rendons graces au Père, qui nous a prédestinés; au Fils, qui nous a appellés, lavés et purifiés dans son sang; au Saint Eprit, dans qui nous espérons d'être éternellement glorifiés... Soupirons sans cesse après cet heureux moment où dépouillés de ce corps mortel, de ce corps de péché, où unis aux Principautés, aux Puissances, aux Dominations, au Thrônes, nous chanterons éternellement avec les Séraphins ce cantique immortel : Saint, Saint, Saint est le Seigneur, le Dieu des armées, toute la terre est remplie de la grandeur de son nom. Dans l'attente de cet heureux moment, ayons toujours dans le cœur et sur les lèvres ces paroles que l'Eglise ne cesse de chanter; disons tous dans le même esprit, dans les mêmes sentimens : Gloire soit au Père, au Fils et au Saint-Esprit.

Fin de la deuxième Partie.

N. B. Les amis de M. Brugière ayant engagé l'Auteur du recueil dont il est parlé à la page 17 de la préface de son *Mémoire Apologétique* à en mouler, à la plume, une copie, qui forme un grand *in-4°.* de 202 pages , qu'ils ont fait relier très-proprement , et qui a été déposée , le 12 messidor an 13 (premier juillet 1805), à la Bibliothèque Impériale, sous ce titre : « Recueil de chants pour le service di- » vin en français , et dont on a fait en grande » partie usage aux saluts , en l'église Sainte- » Marie , pendant tout le tems que M. Bru- » gière , curé de Saint-Paul , y a exercé le » culte catholique ; c'est - à - dire , depuis la » Toussaint 1800 , jusqu'au dimanche de *Qua-* » *simodo* 1803 , *composé et recueilli par M.* » *Renaud son ami , ancien Instituteur aux* » *Ecoles Chrétiennes du faubourg S.-Antoine ,* » 1805 ».

On y a déposé en même temps un Recueil d'environ 700 pages *in-8°.* , d'ouvrages imprimés en faveur de l'usage de la langue vulgaire dans le service divin.